History is Record,
Record is Future.

역사는 기록이고, 기록은 미래다.

스마트 노멀
Smart Normal
智 能 常 态
スマート ノーマル

– 산업 데이터로 세계 경제를 선도할 대한민국 제조 혁명 –

저자 : 이영규, 윤혜진

번역 : (영　어) 기영은
　　　 (중국어) 이지윤, 위짜우디
　　　 (일본어) 카메이 유리코

표지 : 오영은

목차

PREFACE

서   문

저자소개

■ 서문

오랜 기간, '스마트 노멀'에 관한 글을 모아, 책을 정리하는 동안 내내 아주 마음이 무거웠다. 이 글을 정리하는 순간에도, 한국을 비롯한 전 세계가 하루 종일 코로나에 관련한 불안한 뉴스로 가득하기 때문이다. 이 책이 출판되었을 때는 제발 코로나의 이야기가 우리 사이에서 종결되길 바랄 뿐이다.

이 책은 새로운 시대를 맞이할, 아니, 이미 닥친 시대적 문제에 좀 더 실질적이고 추진력 있는 행동을 요구하고, 촉구하는 글들이 주를 이룬다. 거의 3년간의 글들을 모아 정리했기 때문에, 그 당시에 제시한 예시들이 지금의 시대와는 조금 상이한 내용들도 있어, 내용을 수정하려고도 했다.

하지만 지금의 코로나 사태처럼, 지나간 모든 것들은 우리의 결이 되어 남게 되고, 그 결이 또 다른 역사의 두께(긍정적인 방향이길 기대하지만...)를 만들어 간다고 생각한다. 그래서 가능한 수정하지 않고, 그대로 이 책에 옮겼다. 그러한 이유로 조금은 현재의 상황과 맞지 않거나, 나의 주장을 표명하기 위한 예시들 또한 조금 변한 것도 있지만, 읽으시는 분들의 크나큰 양해를 바랄 뿐이다.

그리고 출판비를 지원해 주신 기관에는 면목 없지만, 번역본을 다시 출판할 여유도 없거니와, 현장감을 적나라하게 표현하기 위해서라도 4개 국어(한국어, 영어, 중국어, 일본어)를 한 권에 모아 출판하게 되었다. 굳이 변명을 덧붙이자면, 한참 IT에 빠져 연구하던 시절 영어나 그 외의 외국어로 된 원서를 보면서, 누군가가 한국어로 바로바로 번역해 줬으면 좋겠다는 막연한 헛된 꿈을 꾼 적이 있었다.

지금 우리 회사에도 중국인과 인도인(영어로 소통), 일본인 등의 외국인들이 근무하고 있고, 그 친구를 비롯한 전 세계 친구들이 그냥 다양한 언어로 이 책의 의견들을 공유해 주길 바랄 뿐이다. 많은 분의 협조와 노력으로 완성하게 됨을 다시 한번 진심으로 감사드린다.

이 책은 우리가 가지고 있는 시대적 편견, 아니, 고집에 관한 글이 많다. 현장에서 30년간 몸을 담아 온 나로서는 스마트 시티와 스마트 노멀이라는 시대적 흐름이 너무나 현장을 무시한 채로 진행되는 것을 보면서 많은 부분 안타까웠다. 어쩌면 우리 사회 자체가 현장직에 대한 무시와 혐오를 잠재하고 있기 때문이리라. 그것은 우리가 코로나 사태를 맞이하면서 중국과 중국인에 대한 혐오, '시노포비아(시노: 중국의, 포비아: 병적 공포)'가 잘 말해 준다.

이전 에볼라의 발원은 콩고였고, 메르스는 사우디아라비아였다. 이번 신종 코로나바이러스가 중국에서 발원되긴 했지만, 우리나라도 언제든지 전염 바이러스의 발원지가 될 수 있다. 그 나라에서 발원되었다고 해서, 그 나라 국민을 무지하고 비위생적인 민족으로 몰고 가는 것, 그것이야말로 이 글로벌 시대의 '야만'이 아닐 수 없다.

글로벌이 '일상'이 되고, 스마트 사회가 '노멀'인 시대에서, 스마트한 시민 의식이 결여되어서는 절대 안 될 것이다. 역지사지의 입장으로, 나와 내 가족 모두가 언제든 그 입장이 될 수 있음을 반드시 인지해야 할 것이다. 철저한 사실

정보에 기반한 분석과 확인만을 통해, 두려움에서 비롯된 혐오와 차별을 극복해 나가는 것이야말로, 다 함께 더불어 공존하는 이 시대의 통찰이 아닐까 생각해 보는 마음으로 이 책을 출간하게 되었는지도 모르겠다. 현장의 기술자들이 진정한 새 시대를 맞이할 밑거름이 되길 기대하며, 이만 인사 글을 마치고자 한다.

2020. 02. 26.
이 영 규

■ 저자 소개

이 영 규

現 ㈜아이티공간 대표이사(개발 및 경영) / 울산정보산업협회 회장

미국 코헨 대학교로부터 지성 데이터 기술 명예박사 학위수여
세계 최초 전류 예지보전 시스템/솔루션 개발 적용 및 공급
스마트데이터(한국/중국/미국) 특허발명 107건 발명가
스마트팩토리 시스템 개발 및 관리 전문 실적 29년

'2018 국가생산성대회' 4차 산업혁명 선도기업특별상 국무총리표창
'2018 자본재산업발전 유공 포상식' 국가산업발전공로 국무총리 표창
'2017 SW산업발전대전' 과학기술정보통신부 장관표창
'에너지플러스 2016' 산업통상자원부 장관표창

초중고 야구선수 출신으로, 전국 고교야구 4강 수상
서울대학교 융합기술연구원 월드클래스 이수
유니스트 경영대학원 최고기술 전문경영자 취득
서울대학교 웰니스 최고위 취득

TCB기술평가 T3(우수) 등급 획득(코스닥상장요건)
3년 연속 글로벌 스타 벤쳐기업 선정, GS인증 1등급 획득
과학기술정보통신부 2019년도 우수 기업연구소 선정

국내 특허 출원 64건, 국내 상표 출원 43건, 국내 디자인 출원 7건
PCT 출원 외, 해외특허 출원 및 등록(독일/멕시코/인도/일본/중국)
국외 인증 (GS 인증 3건 LUDAv1.0, LUDA SA v1.0, UYeG v10.3 / IP 인증/
KC 인증 4건 UYeG, UYeG GATEWAY, IPC, UYeG-SM / CE, CB, KOLAS 인증)

■ 서문

 중국 우한(武漢)에서 퍼지고 있던 신종 코로나바이러스의 존재를 세상에 처음으로 알렸다가 당국에 끌려가 처벌을 받았던 의사 리원량(李文亮·34)이 2월 7일 신종 코로나바이러스 감염증으로 사망했다. 리원량은 신종 코로나바이러스 발생 초기 이 사실을 은폐·축소하려던 중국 당국의 어두운 모습을 드러낸 상징적인 인물로 평가된다. 그는 작년 12월 30일 사스 확진 환자 7명이 발생했다는 병원 문건을 얻게 됐다. 리원량은 그날 동창인 의사 7명이 같이 있는 사회관계망서비스(SNS) 단체 대화방에서 화난(華南) 수산물도매시장에서 사스 확진 환자들이 발생했다는 글을 올렸고, 이후 이 사실은 인터넷에 급속히 전파돼 세상에 알려지게 됐다.

 이후 공안은 리원량과 다른 의사 친구들을 데리고 가 이들이 유언비어를 퍼뜨려 사회 질서를 해쳤다면서 '훈계서'를 받았다. 신종 코로나바이러스 사태로 중국 정부의 부실했던 초기 대응에 대한 비판이 커진 가운데 그를 의로운 '내부 고발자'로 높이 평가했다. 그는 신종 코로나바이러스 확산 초기 마스크 등 아무런 보호 장비 없이 환자를 돌보다가 감염됐다. 이 사건을 계기로, 신종 코로나바이러스 사태와 관련해 시진핑(習近平) '1인 체제' 중국의 통치시스템이 근본부터 흔들리고 있다.

 이와 대비되게 한국의 집단 지성이 만들어 낸 소수의 사이트와 앱이 인기를 끌면서 다수 대형 기술 기업이 이들을 지원하면서 큰 관심을 받았다. 대표적으로 웹 개발 전공자 한 명 없이, 코로나바이러스 확진자 이동 경로 맵을 개발한 대학생들로 인해 시민들은 각종 커뮤니티에서 '정부가 못 한 일을 해냈다'며 칭찬하는 댓글이 줄을 이었다. '코로나 알리미'로 알려진 고려대생 4명은 1월 31일 금요일 오후 8시 30분에 '코로나 알리미' 사이트를 만들기로 결정했다. 밤새 작업해 13시간만인 다음날 오전 9시 30분에 코로나 알리미가 완성되었고, 그들은 "한시라도 빨리 서비스를 만들어 사람들한테 신종 코로나바이러스 확산을 조금이라도 막을 수 있는 정보를 주고 싶었다."라고 밝혔다.

그리고 개발 아이디어에 관해서는 "정부가 정보를 잘 전해 주고 있는데, 직관적으로 와 닿지는 않아 보기 편하게 지도로 만들면 어떨까 하는 생각에서 출발했다"며 "사용자 입장에서도 내 주변의 확진자들이 갔던 곳을 더 궁금해 할 것 같다고 생각했다"고 하면서 정부를 두둔하기까지 했다. 이에 네이버를 비롯한 카카오, 아마존웹서비스 등의 굴지의 기업들이 지도 API 무상 제공 및 서버 이용료 지원과 더불어, 신종 코로나바이러스와 관련한 정보를 확인할 수 있는 서비스들을 전폭 지원하기로 결정했다. 이 같은 맵을 개발하지 못한 일부 비판에 대해서는 정부는 "행정 절차도 있고, 저희는 그런 족쇄가 없다"라고 밝히며 언제나 변명을 되풀이했다.

이번 코로나를 통해 알게 된 우리의 교훈은 '연결'이다. 이미 진행 중인 4차 산업혁명의 시대에서는, 고갈되어 버리는 물질적 자원보다 데이터와 속도, 그리고 연결이 가장 중요한 자원이 된다. 클라우스 슈바프는 과거에는 큰 물고기가 작은 물고기를 잡아먹는 시대였다면, 미래에는 빠른 물고기(Fast Fish)가 큰 물고기를 잡아먹는 시대가 될 것이라 말했다. 중국을 비롯한 관료 사회와 WHO와 같은 관료조직은 이번 사태를 통해 Fast Fish가 될 수 없었음을 자각해야 한다. 기하급수적으로 바뀔 세상의 쓰나미에 우리도 어느새 쓸려 버릴지도, 쓸려 버리고 말았다는 것을 확인할 수 있었던 코로나 교훈이길 바란다.

2020. 02. 27.

윤 혜 진

■ 저자 소개

윤 혜 진

現 ㈜유예지 CEO / 스마트노멀 팩토리스페이스 It's room 글로벌 총책임자

울산광역시 중구 창조도시기획단 단장
대구광역시 시청 도시디자인총괄본부 도시브랜드 담당
부산광역시 소속 오사카부산무역투자유치실 교류협력팀 팀장
일본 아키보이스 도시기획계획부 부장

일본 교토시립예술대학교 환경도시디자인학 박사(Ph.D)
가토아사오 국제장학재단 장학생 선발(박사전과정 연구비&학비 지원)
일본전통정원기술사 / 일본 이케바나 최상문 특기사
미국 스탠퍼드 대학교 디자인 씽킹 과정 수료
한국과학기술대(카이스트) 창조경영정책 대학원

국토교통부 국정과제기여 장관표창
일본 국제친환경공간 공모전 최우수
일본 세키스이하우스 1:1 스케일 공개전 시민투표 대상
K-Global@China2019 K-Pitch 최우수
K-Global 실리콘밸리(SliconValley) 혁신기업가 선정
한국과학기술대(카이스트) 창조경영정책 최우수
대구광역시 시정제안 공모 최우수
울산광역시 최다국비확보 최우수
울산대학교 산학협력교수 최고우수 지도자상

01

The reality that refuses autonomic competition

01 자율 경쟁을 거부하는 현실

REINVENTING
CAPITALISM
IN THE AGE OF
BIG DATA

데이터 자본주의

폭발하는 데이터는 자본주의를 어떻게 재발명하는가

빅토어 마이어 쇤베르거 · 토마스 람게 지음

빅토르 마이어 쇤베르거(52)
1966 오스트리아 출생
      잘츠부르크대학교 법학 학사·석사
1986 이카루스 소프트웨어 설립
1989 미국 하버드대학교 법학 석사
1992 영국 런던정치경제대학교(LSE)
      경제학 석사
1998 하버드대학교 케네디스쿨 교수
2001 오스트리아 그라츠대학교 이학 박사
      싱가포르국립대학교 교수
2010 영국 옥스퍼드대학교 교수

18

우리 애는 공무원 준비 중

대부분 친척 모임 자식 거취 관심 많아
가장 많은 답변으론 "공무원 준비 중"
정부, 공무원 증원으로 청년 실업 접근
막무가내식 정책 다음 세대에 짐일 뿐

벌써 아이의 진로 상담을 고민하는 친구들이 늘어나기 시작했다. 늦은 나이에 장가든 덕분에 이제 6살짜리 어린 딸과 작년에 겨우 돌을 지난 아들을 둔 나에게는 주변 친구들의 이런 고민은 아직은 아주 먼 일인 것 같다. 그러고 보니 명절이나 가족 행사에 친지들이 모이면, 으레 자식들의 향후 거취를 두고 참 말이 많은 거 같다. 꼭 관심이 있어서라기보다는, 어색한 대화를 시작하는 '꺼리'로써 물어본 것 같기도 하다. 이런 질문에 내가 가장 많이 받은 답은 '우리 애는 공무원 준비 중'이 아닐까 싶다. 공포의 청년 실업 사회 분위기 속에, 질문에 답해야만 하는 부모들 마음에는 분명 큰 돌덩이가 하나씩 들어앉아 있을 것이다. 그런 탓에 요즘 젊은이들은 명절이나 가족 행사를 피해, 여행을 가거나 혼자만의 시간을 보내는 것에 더 익숙해졌다고들 한다.

이러한 시대적 분위기 속에 최근 참으로 이색적인 상권 하나를 발견했다. 달동사거리의 기존 한복집 자리에 멋스러운 대형 프랜차이즈 커피 전문점이 들어섰다. 그 인근에는 대형 마트와 전자 상가, 병원들이 줄지어 들어서 있고 유동 인구가 많기 때문에, 커피 전문점이 들어설 것이라는 예상은 누구나 했었다. 그러나 의아한 것은, 그 커피 전문점의 2층이었다. 결코 조용하다고는 할 수 없는 그곳에 '독서실'이 들어선 것이다. 독서실의 작고 세련된 간판은, 유심히 주의 깊게 보지 않으면 잘 보이지도 않는다. 기성세대인 내가 경험했던 '독서실'이라는 곳은, 골목 후미진 곳에 조용히 자리 잡은 '절간' 같은 곳이었다. 40대 중반을 넘은 대부분의 한국인이라면 칸막이 책상에 몸을 밀어 넣고 '열공' 했던 독서실의 추억을 누구나 갖고 있을 터이다. 사무실로 돌아와 젊은 직원들에게 그 세련되고 도도한 독서실의 정체를 묻고 나서야, 나는 그곳의 정체를 조금이나마 이해할 수 있게 되었다.

그 독서실은 최근 사회적 대세로 떠오른 '프리미엄 독서실'이라는 곳으로, 우리가 생각하는 기존 독서실의 인터넷 열람실과 세미나실, 그리고 카페와 공용 스터디 공간 등의 다양한 시설과 성적 관리 시스템을 접목한 서비스를 제공한다고 한다. 상호를 밝힐 순 없지만, 이 독서실은 브랜드 론칭 2년여 만에 본사의 전문적 시스템과 안정적 자본력을 바탕으로 210호점 달성을 이뤘다. 2013년 이전 48개였던 국내의 전국 프리미엄 독서실 업체는, 매년 2배씩 증가하면서 그 지점 수가 현재 1,400여 개에 달한다. 과거의 독서실이 주로 입시를 준비하는 중고생을 대상으로 했다면, 최근의 프리미엄 독서실은 취업 준비생과 직장인을 타깃으로 시가지와 학원가를 중심으로 기하급수적으로 그 점포 수를 늘리고 있다고 한다.

그것도 그럴 것이, 최근 청년 실업률이 최악으로 치솟고 있는 가운데, 조선 업종 불황으로 고용 위기를 겪고 있는 울산은, 28일 환경미화원(울산 동구) 모집에 113명이 지원하면서 37.6대 1의 경쟁률을 기록했다고 한다. 환경미화원 모집에 청년층을 비롯한 지원자들이 대거 몰린 이유로는, 초임 연봉이 휴일근무수당 등을 포함해 4,000~4,300만 원 수준으로, 승진은 없지만 정년(만 60세)이 보장되고, 공무원과 똑같이 고등학교 자녀 학자금도 지원받을 수 있다고 한다. 현실이 이러니 사업체를 운영하는 나로서도 공무원 준비를 위해 사직서를 내미는 직원을 원망할 수만은 없는 일이다.

 현재 정부의 비정규직 제로 방침이 청년 백수들의 어깨를 짓누르고 있다. 청년 5명 중 1명이 사실상 실업 상태로 전락하면서 이곳저곳 옮겨 다니는 메뚜기 알바가 넘쳐나고 있다. 직장인으로서 첫발을 떼기도 전에 일자리를 구하지 못한 일부 청년들은 먹고살기 위한 대출로 빚더미에 앉게 되는 빈곤 청년도 증가하고 있다. 특히 마음이 무거운 것은, 이 어린 청춘들이 자신의 처지를 감추려 들면서 친구나 친인척과의 만남을 피하고, 나아가 우울증과 공황장애 등 정신적 고통에 시달리는 사례가 늘고 있다는 것이다.

 저출산으로 인구가 줄어들고 있는데 문재인 정부는 오는 2022년까지 공무원 17만 4,000명을 증원하겠다고 했다. 일자리가 부족하니 공무원 정원을 대폭 늘린다는 방침 아래, 지방자치단체도 마구잡이식 증원에 나서고 있다. 공무원 인건비는 모두 국민 세금이다. 한 번 채용하면 해고도 거의 불가능하다. 불과 얼마 전 IMF 외환 위기 때, 우리는 공무원을 비롯한 모든 분야에서 뼈를 깎는 인력 감축을 감행했어야만 했다. 현 정부의 막무가내식 공무원 증원은 두고두고 국가 재정뿐만 아니라, 다음 세대의 짐이 될 수밖에 없을 것이다. 어릴 적 기억에 아버지 직업란에 공무원 계장이라 적은 친구보다, 개인택시 한다고 쓴 친구가 더 대접을 받은 기억이 난다. 지금 6살 딸과 2살 아들이 사업하는 이 아빠의 직업을 자랑스러워할지 진정 고민되는 하루다.

2018. 12. 20. Ulsan Maeil

My kid is studying to be a civic servant.

Most of them have a lot of interest in their kids
Most of their kids are "preparing for the civic servant"
Government tries to solve youth unemployment by increasing government officials
Such policies are just a burden for the next generation

My friends worry about their kids' career already. Come to think of it, when relatives gather at a holiday or for a family event, it seems to me that there are many things to say about their children's future. Rather than being interested, I ask questions as an ice breaker. I think the answer I received the most is 'My child is preparing for a civic service.' In the fear of youth unemployment, it must be stressful for parents who have to answer questions. That's why young people prefer to travel or spend time alone, avoiding meetings with relatives on holidays and family events.

At this time, I recently discovered a quite unusual business. In the place of the Hanbok house on Daldong crossroad, a nice large franchise coffee shop opened. Anyone would have expected a coffee shop to open because there were a lot of supermarkets, e-shops, and hospitals in the vicinity and the floating population. But it was the second floor of the building that caught my attention. There was Dokseosil(studying area where you can study quietly). The 'Dokseosil' that I experienced was a place like 'Buddhist temple', quietly located in the back alley. After returning to the office and asking young staff about the stylish and sophisticated Studying space, I was able to understand the identity of the place.

This so called 'Premium Dokseosil', which has recently emerged as a social trend, provides services with various facilities such as computer room, seminar room, cafe and common study space, and grade management system. Although I cannot really name the brand, the Dokseosil has now 210 stores thanks to the company's professional system and stable capital after its launch. The number of domestic premium Dokseosil in Korea was 48 by 2013, and has doubled every year, and the number of branches is now 1,400. While Dokseosil in the past were mainly aimed at middle and high school students preparing for examinations, the recent premium Dokseosil is aimed at job seekers and office workers, and the number of stores is increasing exponentially in the center of the city and school.It is no wonder that the recent unemployment of youth and Ulsan, which is suffering from the employment crisis due to the shipbuilding industry recession, recorded a 37.6:1 ratio as 113 people applied for recruitment of the Environmental Sanitation Center (Ulsan Dong-gu) on 28th. It attracted a large number of applicants, including young people, due to their income which ranges from 40 million to 43 million won, including holiday work allowances. There is no promotion but it guarantees the retirement age (60 years old). One can receive tuition fee for their kids. These perks make employees have second thoughts. Even as a business owner, I cannot resent the employees who just submit their resignations to be public servants.

At present, the government's zero-irregular employment policy is crushing young generation. One out of every five young men falls into unemployment, flooding part timers. Even before taking their first steps as office workers, some young people are already in debt. Especially the fact that these young people are hiding their situations, avoiding encounters with friends and relatives, and suffering from mental distress such as depression and panic disorder makes my heart broken.

The population is shrinking due to low birth rates, and the Moon Jae-in administration has said it will increase 174,000 officials by 2022. Under the policy of greatly increasing the number of civil servants due to the lack of jobs, local governments also grow in size. Labor costs are all from national taxes. Once hired, firing is almost impossible. Just a few years back in IMF crisis, we should have cut manpower in all sectors, including government officials. It will be a burden not only for the national finance but also for the next generation. When I was younger, I remember a friend who wrote a private taxi driver for his dad's job and people thought it was better than a public official. I wonder my kids would be proud of my job in the future.

2018. 12. 20. Ulsan Maeil

我们的孩子正在准备公务员

大多数亲戚对其他孩子的新闻感兴趣。
回答最多的是"正在准备公务员"
政府通过增加公务员人数来解决青年失业问题
盲目的政策对下一代来说只是负担

已经开始有越来越多的朋友开始考虑孩子的前途。托晚婚晚育的福,相对6岁的小女儿和去年才刚满2岁的儿子来说,身边朋友的这种苦恼对我来说似乎还太遥远了。试想一下,当亲戚朋友聚会度假或家庭聚会时,似乎有很多关于孩子未来的话题。好像不是一定要关心对方,而是作为开始尴尬对话的忌讳提问。对于这样的问题,我得到最多的答案应该是"我们的孩子正在准备公务员"。在可怕的青年失业社会氛围中,不得不回答问题的父母肯定会心中有一大块石头。因此,据说现在这些年轻人已经习惯于旅行或独自消磨时间,回避度假和家庭活动。

在这样的时代环境下,我最近发现了一个与众不同的商业街。在达洞十字路口(蔚山小区名称)以前的韩服店旧址上,开了一家大型连锁咖啡店。因为附近有大型超市,电子商店,医院等,流动人口很多,谁都预测会有咖啡店入驻。但令人诧异的是,这家咖啡店的二楼。在这个绝对不能安静的地方建起了"读书室"。读书室小而时尚,不留心看都发现不了。我经历过老一代的"读书室",一个安静地像"寺庙"的地方。如果是超过40岁中期大部分韩国人,谁都会记得隔板放在桌子上认真学习的读书室。回到办公室并问了年轻的职员那个时尚的地方是什么,我才了解了这些。

据说,该阅览室是最近出现的一种社会趋势"高级读书室"。我们是在网上阅读室和会议室,以现有的阅读室认为,这提供各种设施和服务相结合的分级管理系统。虽然不能透露店名,但该图书馆在创立品牌2年多后,以总公司的专业系统和稳定的资本实力为基础,实现了210号分店的目标。2013年以前只有48家的韩国国内高级阅读企业,每年增加两倍,目前其分店数已达1400多家。如果说过去的图书馆主要以准备高考的初高中生为对象,那么最近的高级读书室则是以就业准备生和上班族为目

标，以市区和学院为中心，以几何级数增加店铺数量。

最近，在青年失业情况最糟糕的情况下，因造船行业不景气而面临就业危机的蔚山，28日有113人报名参加环境美化院(蔚山东区)的招聘，竞争率达到了37.6比1。据悉，以青年层为首的申请者大举参加环境美化院的招募的原因有，初任年薪包括休息日工作津贴等4000万~4300万韩元，虽然没有升职，但可以保障退休年龄(满60岁)，还可以和公务员一样得到高中子女的学费。现实如此，运营企业的我也不能埋怨为准备公务员而提出辞职的职员。

目前,政府的"非正规职方针"正在压住青年无业游民的肩膀。随着每5名青年中就有1人失业,到处流动的"蚂蚱打工"正在泛滥。作为上班族,还没迈出第一步就找不到工作的部分青年,因生计贷款而负债累累的贫困青年也在增加。特别让人心情沉重的是,这些年少的青年人开始试图掩盖自己的处境,避免与朋友或亲戚见面,甚至患上抑郁症和恐慌障碍等精神痛苦的事例越来越多。

由于低生育，人口正在减少，文政府表示,到2022年将增加17.4万名公务员。由于工作岗位不足,在大幅增加公务员定员规模的方针下,地方自治团体也在进行盲目的增员。公务员的人工费都是国民税金。一旦录用,解雇也几乎是不可能的。就在不久前的IMF外汇危机时,韩国在包括公务员在内的所有领域里都不得不进行"刻骨铭心"的裁员。现政府的盲目增加公务员不仅会成为国家财政的负担,还会成为下一代的负担。记得小时候在父亲职业栏里写比起公务员系长,我们更喜欢私人出租车的朋友。现在6岁的女儿和2岁的儿子在事业上是否为这个爸爸的职业感到骄傲,为此苦恼的一天。

2018. 12. 20. Ulsan Maeil

うちの子は公務員準備中

大部分親戚の集まりで子どもたちの進退に関心
最も多い回答として"公務員準備中"
政府、公務員の増員で青年失業にアクセス
強引な政策は次の世代に負担になるだけ

　すでに子供の進路相談に悩む友達が増え始めた。遅く結婚したおかげで今6歳の幼い娘と昨年満一歳の息子を置いた私には、周辺の友人たちのこのような悩みは、まだとても遠く感じる。そういえば、名節や家族行事に親戚が集まれば、決まって子供たちの将来ついて話が多いようだ。必ず関心があってというより、ぎこちない会話を始めるのが嫌で聞いたような気もする。このような質問に一番多かった答えは、「うちの子は公務員準備中」ではなかったかと思う。恐怖の青年失業社会雰囲気の中で、質問に答えなければならない親たちの心には、だぶん大きな重荷であるだろう。そのため、最近の若者は、名節や家族行事を避けて、旅行に行ったり、一人だけの時間を過ごすことに慣れているという。

　このような時代的雰囲気の中で、最近、実に異色な商圏が一つ見つかった。タルドン交差点の既存の韓服店の場所に、素敵な大型フランチャイズコーヒー専門店が出店した。その近くには大型スーパー、電子商店街、病院が軒を連ね、流動人口が多いため、コーヒー専門店がオープンするという予想は誰もがしていた。しかし、けげんなのは、そのコーヒー専門店の2階だった。決して静かとは言えないそこに「読書室」ができたのだ。読書室の小さくて洗練された看板は、注意深く見るとよく見えない。既成世代である私が経験した読書室という場所は、路地裏に静かにたたずむ「切間」のような場所だった。40代半ばを超えた大半の韓国人なら、仕切りの机に体を押し入れて、一生懸命勉強した読書室の思い出を、誰もが持っているはずだ。オフィスに戻り、若い職員たちにその洗練された読書室の正体を尋ねると、私はその場所の正体が少しでも理解できた。

　その読書室は、最近社会的な流れとして浮上している「プレミアム読書室」という場所で、私たちが考える従来の読書室にインターネット閲覧室やセミナー室、そしてカフェや共

用勉強会などの様々な施設と成績管理システムを組み合わせたサービスを提供するという。 相互名を明らかにすることはできないが、この読書室はブランド製品発売から2年ぶりに本社の専門的システムと安定的資本力を基に、210号店の達成を成し遂げた。 2013年以前48個だった国内の全国プレミアム読書室業者は、毎年2倍ずつ増加しつつ、その地点数が現在1400社に達する。 過去の読書室が主に入試を準備する中高生を対象としたとすれば、最近のプレミアム読書室は就業準備生とサラリーマンをターゲットに、市街地と学習塾街を中心に幾何級数的にその店舗数を増やしているという。

それもそのはず最近、青年失業が最悪に跳ね上がっている中、造船業種の不況と雇用危機を経験している蔚山は、28日、環境美化員(蔚山東区)の募集に113人が志願し、37.6対1の競争率を記録したという。 環境美化員募集に青年層を含む支援者たちが多く殺到した理由は、初任の年俸が休日勤務手当てなどを含め、4000万~4300万ウォン水準で、昇進はないが、定年(満60歳)が保障されて、公務員と同様に高校生の学資金の支援も受けることができるという。 現実がこうだから、事業体を運営する私としても、公務員準備のために辞職届を出す職員を恨むわけにはいかない。

現在、政府の「非正規職ゼロ」方針が、若者失業者らの肩を押さえつけられている。 青年5人のうち1人が事実上失業状態に転落し、あちこち転々とするフリーターバッタバイトがあふれている。サラリーマンとして第一歩を踏み出す前に職につけなかった一部の若者は、生計を立てるための融資で借金だらけになる貧困青年も増えている。 特に心が痛いのは、この若者たちが自分の立場を隠そうとして、友人や親戚との出会いを避け、うつ病や恐慌障害などの精神的苦痛に悩まされるケースが増えていることだ。

少子化で人口が減っているのに、文在寅(ムン・ジェイン)政府は今年2022年まで公務員17万4000人を増員するとした。 雇用が足りないため、公務員の定員を大幅に増やすという方針の元、地方自治体も増員に乗り出している。 公務員の人件費はすべて国民の税金だ。 一度採用すれば解雇もほぼ不可能だ。 つい先日の通貨危機の際、我々は公務員をはじめ、全ての分野で骨身を削る人員削減を行うべきだった。 現政府の頑固な公務員の増員は、長らく国家財政だけでなく、次世代の重荷にならざるを得ないだろう。 幼い頃の記憶で、父親の職業欄に公務員係長と書いた友達より、個人タクシーだと書いた友達のほうが待遇を受けたことを思い出す。 今6歳の娘と2歳の息子が事業するこの父親の職業を誇らしく思うかどうか本当に悩みとなる日々だ。

2018. 12. 20. Ulsan Maeil

● 연도별 특허출원 현황

한국, 미국, 일본, 유럽 및 국제 출원된 특허들에 대해 특허존속기간 20년을 고려한 1999년 부터 출원된 특허들을 살펴본다.
특허출원 후 특허공개 전까지로 18개월의 미공개 구간이 존재한다.

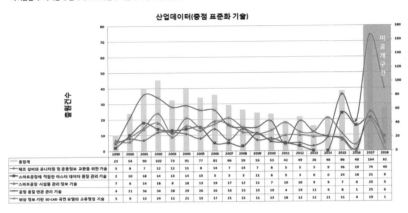

산업데이터(중점 표준화 기술)

	1999	2000	2001	2002	2003	2004	2005	2006	2007	2008	2009	2010	2011	2012	2013	2014	2015	2016	2017	2018
종합계	23	54	90	102	73	91	77	81	66	59	55	53	42	49	36	48	86	40	164	61
제조 설비의 모니터링 및 운용정보 교환을 위한 기술	5	8	7	12	12	11	8	14	7	14	7	8	5	5	3	9	36	19	74	40
스마트공장에 적합한 마스터 데이터 품질 관리 기술	2	10	18	14	15	16	9	7	5	3	11	6	5	3	0	0	24	16	21	14
스마트공장 시설물 관리 정보 기술	7	6	14	18	9	16	15	19	17	12	11	7	10	10	9		7	0	25	5
공장 품질 연관 관리 기술	4	21	36	34	28	29	26	26	16	15	15	14	4	19	12	9		1	25	6
위상 정보 기반 3D CAD 곡면 모델의 고유명칭 기술	5	9	15	24	11	21	15	17	21	15	11	13	18	12	12	21	11	4	19	1

선수는 없고, 본데없는 코치들만 가득

지속적 고용 쇼크 국민 불안 심리 확산
정부 고용 정책 불구 취업자 수 하락세
민간 주도적 일자리 창출 중요하지만
4차 산업혁명 반영 능동적 제도 우선

지난 9월 28일 '추적 60분'에서 '2018, 대한민국 갑질 잔혹사'의 2부로 '어느 중소기업 사장의 죽음'을 방송했다. 대한민국 우수기업상을 받을 정도로 성실했던 중소기업 사장의 자살 이유는, 그가 남긴 10권의 수첩에서 모두 드러났다. 그 애절하리만큼 간절한 수첩에는 원청 업체의 만행에 가까운 갑질 행적들이 고스란히 기록돼 있었다. 더욱 경악을 금하지 못했던 것은, 억울한 하청 기업의 힘이 돼 줘야 할 대한민국의 공정거래위원회 역시, 그 사장의 억울한 죽음에 일조한 범죄자 집단이었음을 방송은 적나라하게 보여 줬다.

대기업에 속수무책으로 당하는 중소기업들을 외면한 공정거래위원회의 공무원들은, 최근 10년 동안 47명의 퇴직자 중 41명이 대기업 혹은 대형 로펌으로 재취업한 것으로 밝혀졌다.

문재인 정부 들어 지속 가능한 경제 활성화를 위한 정책들이 쏟아졌었다. 하지만 지금의 현실은, 소비·투자 하락세로 경제성장률은 급격하게 추락하고 있으며, 재난이라고도 불리는 고용 쇼크로 국민들 모두 언제 나락으로 떨어질지 모른다는 불안 심리만 확산되고 있을 뿐이다.

정부는 그동안 공무원 증원과 함께 공공기관의 비정규직을 정규직으로 전환하는 정책에 집중해 공공 일자리 81만 개를 창출하겠다고 했다. 그에 반해, 기업 스스로가 고용을 늘릴 수 있도록 하는 민간 기업의 투자 대책에는 너무나 무심했었다. 정부의 탓만 할 순 없지만, 지난해까지도 매월 20~30만 명씩 늘던 취업자 수가, 올해 들어서는 10만 명까지 추락하더니 결국 지난 8월에는 3,000명에 머물고 현재는 취업자 수가 마이너스로 치달았다고 한다. 경제 구조와 시스템을 바꿔야 한다고 한국의 그 수많은 전문가와 정부 관계자들이 그렇게 외쳐대면서 진작 종목만 내세울 뿐, 이 고질적 병폐에 대한 구조적 전환에 대해서는 모두가 외면하고 있는 듯하다.

이런 급박한 현실 속에, 이제 와서 정부는 '경제는 민간이 책임져야 한다'는 양보 아닌 양보의 입장으로, 당장의 결과를 위해 대기업과 재벌들에게 양질의 일자리를 애원, 아니 명령하고 있다. '민간 기업이 일자리를 만들 수밖에 없다'는 대통령의 발언은 너무나 당연한 지적이지만, 세금으로 만든 일자리는 결국 서민들의 호주머니에서 나와야만 하는 돈이다. 문제는 그 방법에 있다.

많은 전문가들은 기존의 생산, 유통, 마케팅, 자본을 모두 독점하고 있는 재벌 구조는 현재의 4차 산업 혁명적 글로벌 경쟁에서 곧 밀려날 수밖에 없다고 경고한다. 그럼에도 불구하고 대한민국 정부는 악순환이 되풀이될 것을 알면서도, 또다시 재벌 대기업들에게 일자리를 기대하고 있다. 총체적 위기 상황 속에 재정 확대를 통한 경제 회복에 정부도 고군분투 중이지만, "경제는 없고, 정치만 있다"는 여론만 높아지고 있는 것이 지금의 현실이다.

정부가 일자리를 만들라고만 하면 당장 양질의 일자리를 만들 수 있는 대기업이 이 세상 어디에 있겠으며, 현재 기업 양극화의 최대 수혜자인 대기업들이 정부 관료들의 말 한마디에 서슴없이 그들의 기득권을 포기하면서까지,

일자리 만들기에 과연 전력을 다할 수 있을까.

 현재 세계 시장은 지금까지 경험해 왔던 글로벌 환경과는 전혀 다른, 이질적인 경제 패러다임이 형성되고 있다. 지금까지 나를 비롯한 대부분의 한국 중소기업들은 정부가 정하는 국가 정책에 따라 성장해 왔기 때문에 독자적인 방향 설정에 서툴렀다. 그래서 변화에 둔감할 수밖에 없었다. 이를 타파하기 위해서는 대한민국 기업들의 우수한 역량을 발휘할 수 있도록, 새로운 기술과 서비스가 자유 경쟁으로 시장에 진입하게 하는 이노베이션(Innovation)형 규제 개혁이 선행돼야만 한다. 그 이노베이션은 정부가 아니라, 수많은 혁신적 민간 기업의 성장으로만 이뤄진다는 기본 중의 기본을 망각해서는 안 된다.

 이제라도 성숙한 사회적·정책적 논의와 제도 마련을 통해, 새로운 성장 시대를 서둘러 조성해야 한다. 우리 사회가 능동적으로 지금의 이 4차 산업혁명의 기회를 살리지 못한다면, IMF라는 경제 파멸의 혹한기를 또다시 대비해야 할지도 모른다.

2018. 10. 10. Ulsan Maeil

No players but coaches

Shockingly low unemployment rate causes fear among public
Decline in employment despite government employment policy
Creating private-driven jobs is important
Proactive policy applying the 4th Industrial Revolution should come first

On September 28, The 60 Minutes' broadcasted 'The Death of a President of a Small Business' which is a sequel of 'Korea's abuse of authority'. The cause of the suicide of a small and medium-sized business owner, who was faithful enough to receive Korea's Best Enterprise Award, was shown in his ten note books. The book recorded the traces of the brutality of the project company. What was more appalling was that Korea's Fair Trade Commission, which was supposed to protect subcontractors, was an accessory to the president's unjust death.

41 out of 47 retirees of the Fair Trade Commission, which neglected SMEs getting beaten by big companies, were found reemployed at large law firms in the last decade. Moon Jae-in government poured out so much of sustainable economic policies. However, the reality is that economic growth is falling sharply due to the decline in consumption and investment, and only fearmongering that drags the nation down with employment shock is spreading.

The government has said that it will create 810,000 jobs by increasing the number of public officials and focusing on the policy of converting non-regular workers of public institutions into regular workers. On the other hand, they were too indifferent to investment measures by private companies that allowed them to increase employment. The government is not the one which is to be blamed, but last year, the number of employees which had increased from 200,000 to 300,000 every month fell to 100,000 this year. Many of South Korea's experts and government officials are calling for a change in economic structure and systems but everyone seems to be ignoring the structural shift to overcome this chronic disease.

In this urgent reality, the government made no concession saying that "the economy should be the responsibility of the private sector" as they order big companies and conglomerates to create quality jobs. President's remark on responsibility of quality jobs is right, though the problems is money. The jobs created with taxes are the money that should eventually come out of the pockets of the common people. The problem is how.

Many experts warn that the business conglomerate structure (Chaebol structure), which monopolizes existing production, distribution, marketing and capital, will soon be fallen behind the current fourth industrial revolution. Nevertheless, the ROK government knows that the vicious cycle will repeat, it expects jobs from big conglomerates again. The government is also struggling to recover the economy through financial expansion in the face of a total crisis, but people think that there is no economy but politics in reality.

If the government asks them to create jobs, will there be any companies which can create high-quality jobs right away? Can large corporations, the largest beneficiaries of corporate polarization, give up their vested interests in the words of government officials, and can they do their best to create jobs?

At present, the global market is forming a heterogeneous economic paradigm that is completely different from the global environment. Until now, most Korean SMEs, including ITSROOM, have been poor at setting their own directions because they have grown according to the national policy set by the government. So we all were insensitive to a change. In order to overcome this problem, innovation-based regulatory reforms that let new technologies and services enter the market through free competition must be preceded in order to demonstrate the superior capabilities of Korean companies. We all should remember the basics of the basics that it is made not only by the government but by the growth of numerous innovative private companies.

Now, mature social and policy discourse and institutional system should be used to foster a new era of growth. If our society does not take advantage of this opportunity for the Fourth Industrial Revolution, we may have to prepare for another cold weather like IMF.

2018. 10. 10. Ulsan Maeil

没有选手，只有教练

持续的雇佣危机导致国民不安心理扩散，
尽管政府制定了就业政策，但就业人数仍在下降趋势
创造民间主导性的工作岗位固然重要，
但反映第4次产业革命的首要条件是能动性制度

9月28日在《追踪60分钟》中播出了《2018大韩民国滥用职权》的第二部《某中小企业社长的死亡》。韩国优秀企业奖的企业社长的自杀原因，他留下的10本笔记都被公开。令人绝望的笔记本记录了原始承包商的残忍。广播更是赤裸裸地播放，更令人感到震惊的是，应该受韩国公平贸易委员会保护的分包商，也是一群导致社长不公平死亡的罪犯。

公平贸易委员会的公职人员对大公司无能为力 对中小型企业视而不见，他透露，过去十年来，在47名退休人员中，有41名已重新就业大公司或大型律师事务所。

在文总统政府中，制定了可持续经济振兴政策。然而，目前的现实是，由于消费和投资的下降，经济增长率急剧下降，就业危机使国民产生了不知何时会跌入深渊的不安心理，整个国家的恐慌正在蔓延。

政府表示：此前，与公务员增援一起，将公共机关的非正规职转换为正式职的政策，创造81万个公共工作岗位。这对私营企业的投资措施，让企业自己增加雇佣.虽然不能只怪政府，但是去年为止，每月增加20~30万名的就业者人数，今年以来一直下降到10万名，结果8月只停留在3000名，现在的就业人数就被减为负。韩国的许多专家和政府相关人士这样呼喊，只能振作项目，对这种固质病弊的结构转变似乎都在不理睬。此前，政府曾表示，在增加公务员的同时，将集中实施将公共机关的非正规职转换为正规职的政策，创造81万个公共工作岗位。相反，对于让企业自己增加雇佣的民间企业投资对策，他却非常漠不关心。虽然不能一味责怪政府，但据说去年每月增加20万至30万人的就业人数，今年已降至10万人，最终今年8月

停留在3000人，现在就业人数已经出现负增长。韩国的无数专家和政府相关人士都高呼"要改变经济结构和体系"，只是提出"早点进行项目"，而对于这种痼疾性弊端的结构性转换，所有人都回避。

在这种紧迫的现实下，政府现在以"经济应该由民间负责"的让步，而这不是让步的立场，并正在乞求或命令大型公司和财阀以求立即取得成果换来优质的工作岗位。总统的"民间企业只能创造工作岗位"的发言虽然没错，但是用税金创造的工作岗位最终只能从老百姓的口袋里掏出来。问题怎么做。

很多专家警告称，现有的生产、流通、营销、资本等全部垄断的财阀结构，在目前的第4次产业革命性的全球竞争中只能被赶出去。尽管如此，韩国政府明知恶循环会重演，但还是再次期待财阀、大企业能够找到工作。在总体危机状况下，政府也在通过扩大金融来恢复经济，但现实是"没有经济，只有政治"的舆论正在高涨。
如果政府要求他们创造就业机会，会有哪家公司能做到，马上创造高质量的就业机会？大公司是最大的受益者，企业两极分化，用政府官员的话放弃既得利益，他们能尽力创造就业机会吗？
目前，全球市场正在形成一种异形经济模式，完全不同于全球环境。到目前为止，大多数韩国中小企业，
包括ITSROOM在内，在制定自己的方向方面一直很差，因为他们按照国家制定的政策成长。因此没有独立的方向设定，为了打破这一点，创新监管改革让新技术和服务通过自由竞争进入市场是必须，韩国企业要发挥优秀的力量，新技术和服务要通过自由竞争进入市场的革新(nnovation)的规制改革必须先行。这些基础不仅是政府制定，而是以许多创新民间企业的成长为基础。
但随着众多创新型私营公司的发展。现在，应该利用成熟的社会政策话语和制度体系开创新的增长时代。如果我们的社会不利用这个机会，第四次工业革命，那么也可能再次应对所谓"IMF"经济破灭的严寒时期。

2018. 10. 10. Ulsan Maeil

選手はいないし、見栄えのコーチばかりいっぱい

持続的な雇用ショック、国民の不安心理の拡散
政府「雇用政策の不備就業者数」が下落傾向
民間主導的な雇用創出は重要だが
4次産業革命反映、能動的制度、まず

　この9月28日'追跡60分'で'2018、大韓民国強気の残酷史'の2部に'ある中小企業社長の死'を放送された。大韓民国優秀企業賞を受けるほどで真面目だった中小企業社長の自殺の理由は、彼が残した10冊の手帳でいずれも明らかになった。その切なる切実な手帳には、元請会社の蛮行に近い甲質行為がそのまま記録されていた。 さらに驚愕を禁じ得なかったのは、無実の下請企業の力となるべき大韓民国の公正取引委員会も、その社長の無実の死に一助した犯罪者集団であったことを、放送は赤裸々に示した。

　大企業に手をこまねいている中小企業を無視した公正取引委員会の公務員たちは、最近10年間、47人の退職者のうち41人が大企業あるいは大型ローファームとして再就職したことが明らかになった。文在寅(ムン・ジェイン)政府に入って持続可能な経済活性化に向けた政策が打ち出された。だが今の現実は,消費・投資の下落で経済成長率は急激に墜落しており,災難とも呼ばれる雇用ショックで国民みんながいつ奈落に落ち込むか分からないという不安心理が広がっているにすぎない。

　政府はこれまで公務員の増員とともに、公共機関の非正規職を正規職に転換する政策に集中して公共部門の雇用81万個を創出すると話した。 それに対し、企業自らが雇用を増やせるようにする民間企業の投資対策にはあまりにも無知だった。 政府のせいにばかりできるわけではないが、昨年までも、毎月20万～30万人ずつ増えていた就業者数が、今年に入って、10万人まで墜落していたが、結局この8月には3,000人にとどまって、現在は就業者数がマイナスにチダッアッダコする。「経済構造とシステムを変えなければならない」と、韓国の多くの専門家と

政府関係者がそのように叫んでいながら、早くから銘柄だけを掲げているだけで、この慢性的な弊害に対する構造的な転換に対しては皆がそっぽを向いているようだ。

　このような切迫した現実の中、今になって政府は「経済は民間が責任を取るべきだ」という譲歩ではなく譲歩の立場で、当面の結果のため大企業と財閥に良質の雇用を哀願、命令している。「民間企業が雇用を創出するしかない」という大統領の発言は、あまりにも当然の指摘だが、税金で作った雇用は結局庶民の懐から出さなければならない金だ。問題はその方法にある。

　多くの専門家たちは、既存の生産、流通、マーケティング、資本をすべて独占している財閥の構造は現在の4次産業革命的グローバル競争はすぐに引き下がるしかないと警告する。それにもかかわらず、韓国政府は悪循環が繰り返されるのを知りながら、再び財閥の大企業に雇用を期待している。総体的な危機的状況の中で、財政拡大による経済回復に政府も孤軍奮闘中だが、「経済はなく、政治だけがある」という世論が高まっているのが今の現実だ。政府が職場を作れとばかり言ったら、すぐに良質の働き口を作ることができる大企業がこの世のどこにあるのだろうが、現在、企業両極化の最大の恩恵者である大企業が政府官僚たちの一言に躊躇なく彼らの既得権を放棄してまで、職場作りに果たして全力を尽くすことができるのか。

　現在、世界市場はこれまで経験してきたグローバル環境とは全く異なる、異質な経済パラダイムが形成されつつある。これまで、私をはじめ多くの韓国中小企業は、政府が定める国家政策によって成長してきたため、独自の方向付けが苦手であった。そのため、変化に鈍感にならざるを得なかった。これを打破するためには、韓国企業の優秀な力量を発揮できるよう、新しい技術とサービスが自由競争で市場に進出させるイノベーション型の規制改革が先行されなければならない。そのイノベーションは政府ではなく、数多くの革新的民間企業の成長だけで実現するという基本中の基本を忘却してはならない。

　今からでも成熟した社会的・政策的議論と制度づくりを通じて、新たな成長時代を急ぐべきである。韓国社会が能動的に今のこの4次産業革命の機会をいかすことができなければ、IMFという経済破滅の酷寒時期を再び備えなければならないかもしれない。

2018. 10. 10. Ulsan Maeil

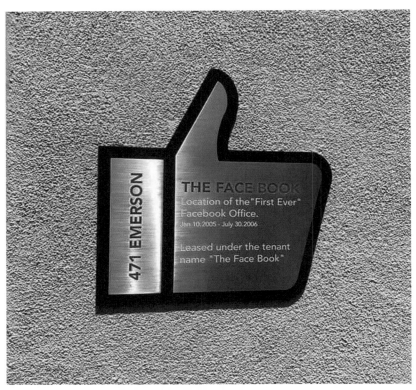

For Smart factory

Predicting what's coming,
It's the technology we make.

2020.01

Website : www.itsroom.co.kr / Investment : info @ itsroom.com

기업이 기업을 창조한다

각종 규제·반대에 가로막힌 한국 기업
국민 일자리 창출·소득 증대 원한다면
정부는 기업하기 좋은 환경부터 조성을

　요즘 전류 예지보전 솔루션이 어느 나라에도 각광을 받고 있는 터라 필자는 해외 출장을 자주 간다. 특히 중국으로 자주 가는 편인데, 중국으로 갈 때는 환전을 거의 하지 않는다. 시장 노상 할머니와 길거리 작은 사찰의 시주조차도 핸드폰의 큐알(QR) 코드만 있으면 모든 게 해결되기 때문이다.

　한국은 '정보기술(IT) 강국'이라는 자만과 높은 규제 장벽으로 과감한 도전이 실종된 지 오래다. 중국에 일반화된 안면 인식 기술과 시내 도로를 활보하는 디디추싱(차량공유 업체)은 편리했다. 각종 규제와 기득권의 반대에 막혀 옴짝달싹 못 하는 한국과 대비됐다. 기술 경쟁과 시장 선점에서 뒤처진 결과는 당장은 국민의 불편이지만 다음은 기술 종속으로 이어질 수 있다는 생각에 새삼 두려워진다.

　이를 대변하듯, 지난해 새로 출범한 문재인 정부에 대한 기대감이 높았고 각종 정책이 '새 정부 효과'를 누리며 높은 점수를 받은 측면이 있었다. 하지만 작년 말 집권 2년 차 분석 대상 40개 정책에 대한 점수가 전반적으로 하락했다. 특히 정책의 효과가 의문시되고 만족도가 낮다는 부정적 평가가 많았다. 더욱이 문재인 정부에 대한 기대감이 컸던 20대 청년들의 실망감은 날로 커지고 있다. 정부가 1년 반 사이 일자리 분야에 쏟은 세금이 54조 원에 달하지만, 지원이 끊기면 사라질 가짜 일자리만 늘렸다.

이러한 분위기 속에 최근 성공했다는 창업인들의 가장 주된 조언조차도 "웬만하면 창업하지 말라"라고 한다. 현재 대한민국에서 창업하는 분야는 농업에서 로봇, 앱(app)까지 다양했지만, 솔직히 가까운 지인에게 창업을 권하겠다는 사람은 별로 없다. 우리나라 정치인들과 소위 깨어있는 어른들이 너도나도 대기업에 의존치 말고 '창업 대한민국'을 만들라고 한다. 하나같이 '대기업과 공무원에 목매지 말고 과감하게 도전하라'고 얘기한다.

하지만 현실은 무엇을 해도 장벽 그 자체다. 외국에서 사업을 펼친 필자가 아는 젊은 후배는 한국에서는 창업 자체는 쉽지만 그게 끝이라고 했다. 자금 마련을 위해 금융회사를 찾아가면 매출 실적에, 담보에 험난한 기준들을 요구하기 일쑤라고 했다. 대기업을 나와 사업을 한다 해도 성공의 기준이 대기업 다닐 때 보다 많이 버냐? 라는 질문에 위축되기 일쑤였다고 한다.
최근 문 대통령이 혼밥 또는 혼술을 한다는 이야기가 청와대 안팎에서 끊이지 않고 있다. 혼밥, 혼술 자체가 문제 될 건 없지만 계속 이런 이야기들이 거론되고 있다는 것 자체는 우려스럽다. 야당과 관계자들의 협조 없이는 뭐 하나 제대로 결론짓기 어렵기 때문에 대통령의 소통하려는 노력은 중요할 수밖에 없다.

트럼프 대통령은 과감한 규제 완화로 기업이 규제 비용 부담으로 투자를 주저하는 분위기를 뒤집어 놓았고, 아베노믹스는 친기업·친투자 정책을 위해, 일본 재계 인사들과 만나 기업 애로사항을 청취하고 정부 정책에 반영했다. 프랑스의 에마뉘엘 마크롱 대통령 역시 강도 높은 경제 개혁에 착수했다. 정부가 주도하고 민간과 지자체가 따라오는 체계로는 성공하기 어렵다. 민간과 지자체가 자유롭게 역량을 발휘하고 정부가 이를 뒷받침하는 방식이 필요하다.

피터 드러커는 "기업은 단순히 '기업'이 아니다. 기업은 민주주의를 이끄는 경제적 기관이다."라고 명명했다. 자본주의 경제 사회에서 기업은 단순히 돈을 벌기 위한 수단이 아니라, 이 사회를 지탱하기 위한 중요한 기둥 역할을 담당한다는 의미일 것이다. 기업이 잘 돼야 일자리도 생기고 노동자 몫도 늘어난다. 일자리 창출은 유연한 노동 시장이 작동할 때 가능하며, 기업의 사기를 북돋고 기업하기 좋은 환경을 제공함으로써 일자리와 투자에 나서도록 유도해야 한다. 기업이 도시를 살리려면 기업하기 좋은 도시부터 만들어야 한다. 그래야 도시도, 나라도 산다.

2019. 01. 06. Ulsan Maeil

Businesses Create yet another Businesses

Korean companies blocked by various regulations and opposition
To create job opportunities and increase income,
the government should improve business environment

South Korea has long been lost its interest in challenging itself due to its pride thinking that we are on top when it comes to "information technology (IT)" and high regulatory barriers. Facial recognition technology popularized in China and Didi Chuxing (vehicle sharing company) navigating the city roads made people's lives convenient. It was contrasted with South Korea where advancement and development of technology is stuck by opposition, various regulations and vested interest groups. The result of falling behind in technology and market share might make people uncomfortable for now but the biggest fear is that following may lead to technological encroachment.

There was a high expectation for the newly launched Moon Jae-in administration last year, and various policies received high scores while enjoying the "new government effect". At the end of last year, however, the overall scores for the 40 policies dropped. In particular, there were many criticisms on the effectiveness of policies and low satisfaction. Moreover, young people in their 20s, who had high expectations for the Moon Jae-in government, have expressed their disappointment. The government has put 54 trillion won in taxes on the job sector for a year and a half, but only short term jobs have increased that will disappear when the money cuts off.

But the reality is that no matter what you do, there is always a barrier. Someone I know ran his business abroad and said it is easy to start a business in Korea, but that is it. When they go to a financial company to raise funds, they are often asked for sales performance and tough standards like collateral. Even if you do business partnered with a big company, you get hassled with questions like "Do you earn more money than the time you worked in the big company?", which made him less confident about his job.

Recently, people are told the story of Mr. Moon's Honbab(eating alone) or Honsool(drinking alone). Honbab and Honsool itself is not a problem, but it is worrying that such stories are being told. Without the cooperation of opposition parties and officials, it is hard to conclude anything, so the president's efforts to communicate are indispensable.

Trump's deregulation promises to rid companies of excessive rules lessen the burden on the companies and Shinzo Abe promised to make business-friendly moves like cutting taxes to encourage investment and meeting up with Japanese entrepreneurs to listen to what they are struggling to. French Emmanuel Macron also embarked on intense economic reforms. It is difficult to succeed with a system led by the government and followed by private and local governments. Private and local governments should exercise their rights along with the government's support.

Peter Drucker says, "Company is not just a company. Business is an economic institution that drives democracy." In a capitalist economy, firms will not simply be a means of making money, but will also play an important role in supporting this society. Good business leads to more jobs and more workers. Job creation is possible when a flexible labor market is in operation, and it is necessary to encourage jobs and investments by encouraging corporate morale and providing a good environment for businesses. In order to save a city, it must create a city that is good for business first. That's how cities and countries live.

2019. 01. 06. Ulsan Maeil

企业创造企业

被各种限制和反对阻挡的韩国企业
如果想创造国民工作岗位,增加收入
政府要从营造良好的创业环境做起

最近,电流预知保全解决方案在任何国家都受到关注,笔者经常去海外出差。尤其是经常去中国,去中国的时候很少换钱。因为市场里的老奶奶和小寺庙的交钱处(功德箱),只要有微信或支付宝的二维码就能解决所有问题。

韩国因"信息技术(IT)强国"的自豪感和高度的限制壁垒, 早已失去了大胆的挑战。在中国普及的面部识别技术和在市内道路上的滴滴出行(车辆共享企业)非常方便。这与因各种限制和已得利益者的反对而动弹不得的韩国形成了鲜明的对比。在技术竞争和抢占市场方面落后的结果虽然眼下给国民带来不便, 但是想到接下来可能会继续从事技术, 再次感到害怕。

正因为如此,人们对去年新上台的文在寅政府的期待很高,各种政策也享受到了"新政府效果",获得了高分。但是去年末对执政第二年分析对象40个政策的分数全面下降,特别是很多人对政策的效果持怀疑态度,满意度很低的否定评价。尤其是对文政府充满期待的20多岁青年的失望感与日俱增。政府在1年半的时间里对工作岗位领域投入了54兆韩元的税金,但 如果援助中断, 只会增加消失的假工作岗位。

在这样的氛围中, 最近成功创业的创业人最主要的建议也是"尽量不要创业"。虽然现在大韩民国创业的领域从农业到机器人、应用程序多种多样, 但说实话, 很少有人会推荐亲近的人创业。韩国的政客和所谓的"清醒的人们"都要求不要依赖大企业, 要打造"创业大韩民国"。他们一致表示"不要被大企业和公务员牵着鼻子走, 要大胆地挑战"。

但是，无论做什么，现实都是壁垒本身。在外国开展事业的笔者认识的年轻后辈说:"在韩国创业本身就很容易,但这就是结束。"他说,为了筹集资金,经常去金融公司要求销售业绩和担保条件。即使从大企业出来做生意,成功的标准也比在大企业工作时挣得多吗?对于这样的问题,经常会感到畏缩。

最近,青瓦台内外不断传出文总统要独自吃饭或独自喝酒的消息。一个人吃饭,一个人喝酒本身没有问题,但是一直谈论着这些话题本身就令人担忧。如果没有在野党和相关人士的协助,任何事情都很难得出结论,因此总统努力沟通是很重要的。

美国总统特朗普大胆的放宽限制，扭转了企业因负担限制费用而犹豫投资的氛围，安倍经济学为了亲企业、亲投资政策，与日本企业界人士见面听取企业困难事项，并反映在政府政策上。法国的马克龙总统也着手进行了高强度的经济改革.以政府主导、民间和地方自治团体追随的体系很难取得成功。民间和地方自治团体需要自由发挥力量，政府提供支持的方式。

彼得德鲁克表示:"企业不是单纯的'企业'.企业是引领民主主义的经济机构"。在资本主义经济社会中，企业不是单纯为了赚钱，而是为了支撑这个社会而起着重要的支柱作用。只有企业发展好，工作岗位才会增加，劳动者的份额才会增加。创造工作岗位只有在灵活的劳动市场启动时才有可能，应该鼓舞企业的士气，通过提供有利于企业发展的环境，引导企业进行工作岗位和投资。企业要想拯救城市，首先要打造有利于创业的城市。只有这样，城市和国家才能生存下去。

2019. 01. 06. Ulsan Maeil

企業が企業を創造する

各種規制反対に阻まれた韓国企業
[社説]国民雇用創出、所得増大を望むなら
政府は「企業にやさしい環境から造成」

　最近、電流予知保全ソリューションがどの国にも脚光を浴びているため、筆者は海外出張にしょっちゅう行っている。特に中国によく行くが、中国へ行く時は両替をほとんどしない。市場のおばあさんや街角の小さなお寺のお布施さえも、携帯電話のキューアール(QR)コードさえあれば、すべてが解決されるからだ。

　韓国は「情報技術(IT)強国」という慢心と高い規制障壁で果敢な挑戦が喪失されたのは昔である。中国に一般化された顔面認識技術と市内道路を闊歩するディディチュシング(車両共有会社)は便利だった。各種規制と既得権の反対に阻まれ、身動きが取れない韓国と対比された。技術競争と市場の先点で遅れを取った結果は、直ちに国民の不便だが、次は技術従属につながるという考えは、いまさらながら恐ろしくなる。

　これを代弁するように、昨年新たに発足した文在寅(ムン・ジェイン)政府に対する期待感が高く、各種政策が'新政府効果'を享受しながら、高い点数を受けた側面があった。しかし、昨年末、政権2年目の分析対象の40の政策に対する点数が全般的に下降した。特に、政策の効果が疑問視され、満足度が低いという否定的な評価が多かった。さらに、文在寅(ムン・ジェイン)政府に対する期待感が大きかった20代の青年たちの失望感はますます大きくなっている。政府が1年半の間雇用分野に費やした税金が54兆ウォンにものぼるが、支援が絶たれれば、去っていく雇用のみ増やしている。

　このような雰囲気の中、最近成功したという起業家でさえアドバイスも最も多くに「できれば起業はするな」と言う。現在、大韓民国で起業する分野は、農業からロボット、アプリまで多様だったが、正直に言って、親しい知人に起業を勧めるという人はあまりいない。韓国の政治家やい

わゆる「目覚めた大人」たちは、猫も杓子も大企業に依存せず、「創業大韓民国」を作れと言っている。一様に「大企業と公務員にこだわらず、果敢に挑戦せよ」と話す。

しかし、現実は何をしても障壁そのものだ。外国で事業を展開した筆者が知っている若い後輩は、「韓国では創業自体は簡単だが、それで終わりだ」と話した。資金調達のために金融会社を訪ねると、売上実績や担保に厳しい基準を要求するのが常だという。大企業を出て事業をしたとしても成功の基準が大企業に通う時より多く儲かるのか。という質問に萎縮するのが常だったという。

最近、文大統領が「婚礼」または「婚礼」をするという話が大統領府の内外で絶えない。婚礼、婚礼そのものが問題になることはないが、このような話が取り上げられていること自体は憂慮される。野党と関係者たちの協力なしでは、何一つまともに結論を下すことが難しいため、大統領の疎通を図る努力は重要にならざるを得ない。

トランプ大統領は果敢な規制緩和で企業が規制費用負担で投資をためらう雰囲気を覆し、アベノミクスは親企業・親投資政策のため、日本の財界関係者と会って企業の苦情を聞き取り、政府政策に反映した。フランスのマークロン大統領もやはり強力な経済改革に着手した。政府が主導し、民間と自治体がついてくるシステムでは成功は望めない。民間と自治体が自由に力量を発揮し、政府がこれを支える方法が必要だ。

ピータードラッカーは企業は単なる企業ではない。企業は民主主義を導く経済的機関だ」と命名した。資本主義経済社会において、企業は単に金を稼ぐための手段ではなく、この社会を支えるための重要な柱の役割を担うという意味だろう。企業が成り立ってこそ雇用も生まれ、労働者の分も増える。雇用創出は柔軟な労働市場が作動する時に可能であり、企業の士気を高め、企業によりよい環境を提供することで、雇用と投資に起動にのるように誘導しなければならない。企業が都市を再生するためには、「企業にやさしい都市」から作らなければならない。そうしてこそ、国も生きる。

2019. 01. 06. Ulsan Maeil

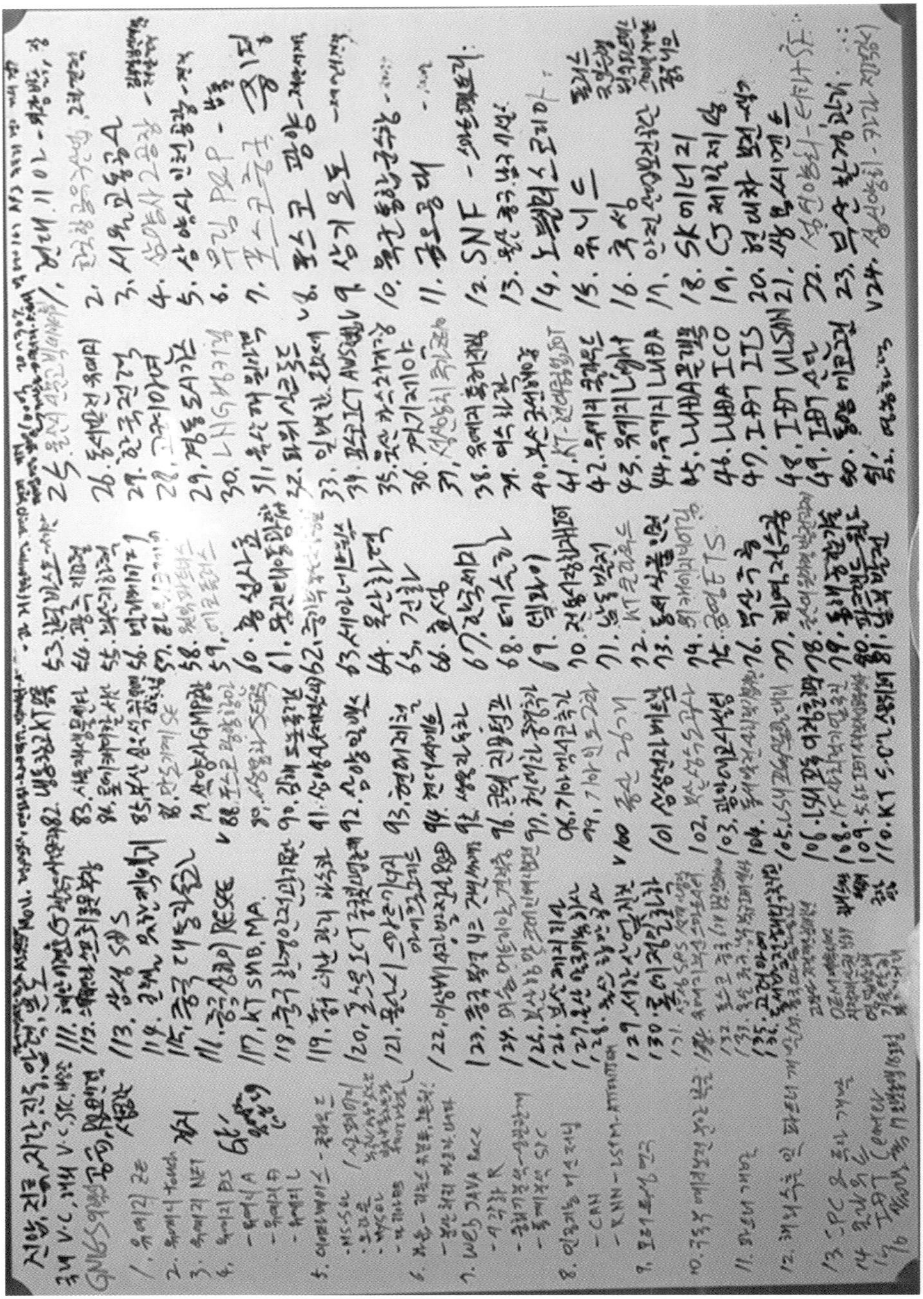

성장이 창업을 부른다

기업은 육아가 아니다
비즈니스 생태계는 정글과 같아서 내던져져도 살아남아야만 하는 전쟁터
생명력과 번식력이 강한 자생적 창업이야말로, 대한민국 4차 산업혁명 성
공의 키워드
기업은 인프라 구축을, 정부는 이를 위한 규제 완화로,
산과 관의 밀접한 협력 체계를 지금이라도 서둘러야만

혼만 빼고 제도까지 다 바꾸겠다는 메이지 유신 '화혼양재(和魂洋才)'의 성
공 비결은 제도 혁신이었다. 이 혁신으로 일본은 산업혁명에 편승하는 데 성
공할 수 있었다. 새로운 도약을 준비하는 일본이 경기 성장 한계로 이어진 침
체를 극복하기 위한 수단은 협력이었다.

4차 산업혁명을 디딤돌로 상호 연결이 강화된 사회를 구현하는 일본의 소사
이어티 5.0은 더욱더 산관학(産官學)의 협력을 강조한다. 수렵, 농경, 공업,
정보 사회 이후의 5번째 소사이어티 5.0의 다양한 '연결'이 새로운 가치를 창
출할 것이고, 이것을 주도하는 활용 기술은 인공지능(AI)과 빅데이터로 예상
하고 있다. 이에 일본 경제산업성은 현재 AI, 로봇 등을 활용한 이노베이션·
기술 개발 가속화와 규제 샌드박스 등을 통해 4차 산업혁명을 전략적으로 대
응하고 있다.

일본은 특히 4차 산업혁명을 눈에 보이는 실체로 가시화하기 위해 건설 및
자동차 부품에 연결된 축적 데이터의 자료 분석을 기반으로 고장을 예방하고
생산 공정을 개선하는 것으로 기존 업무의 효율성을 제고하고 있다. 이러한

실현을 기반으로 데이터 확보를 위한 환경 구축, 데이터 사이언티스트 육성, 반복되는 업무는 로봇·AI 활용, AI 연구에 강한 벤처기업과 제휴 등을 기업에게 권장하고 있다. 이러한 세계적 정세 속에 한국은 아직도 구체적 산업 정책마저 마련되지 못했다는 비판이 여기저기서 제기되고 있다.

네이버를 비롯한 우리나라 정보기술(IT) 분야를 이끄는 벤처 산업들이 대부분 김대중 정부 때 탄생했고, 노무현 정부가 이를 이어나갔다. 그러나 느닷없는 4대강 사업의 이명박 정부 때부터 창조경제의 박근혜 정부가 이어지면서 한국의 경제는 정지해 버렸다. 아마 이때부터 산업 정책은 줄줄이 실패로 이어지고, 기업 투자도 유도하지 못했다. 이후 경제 성장과 일자리 창출은 쓰러지는 도미노처럼 연속 실패로 이어져 나갔고 출범 2년이 되어가는 지금의 문재인 정부도 큰 성과를 거두지 못하고 있는 실정이다.

이 지경에까지 이르게 된 가장 큰 원인은, 정부는 기업을 이용 수단만으로 취급하고 육성에는 힘쓰지 않았다는 것이다. 그저 말로는 기업이 잘돼야 우리 경제가 잘된다고 강조하면서도, 현실은 기업을 압박했다. 각종 규제로, 포퓰리즘과 정략을 위해, 기업을 이용하려고만 했지 글로벌 경쟁력을 키워주기 위한 그 어떠한 실체 있는 정책을 펼치지 못했다.

문재인 정부는 지난 세월 소득 주도와 혁신 성장의 갈림길에서 길을 잃었고, 그 결과는 고스란히 기업가들에게 참담한 부담을 안겼다. 신산업 육성 실패는 고용 감소와 내수 부진, 경제성장률 저하로 이어졌다. 그러는 사이 경쟁국들은 제조업의 대대적인 구조조정과 육성에 힘써 4차 산업혁명에 주력했다.

일본의 소사이어티 5.0을 비롯한 중국 제조 2025 전략의 10대 핵심 산업, 독일 인더스트리 4.0이 그 대표 사례다. 어떻게 보면 나를 비롯한 대한민국 기업 스스로도 글로벌 경쟁력을 높이기 위한 노력이 부족했다. 하지만 이웃 나라 일본과 같이 대한민국 정부가 김대중, 노무현 대통령의 경기 활성화 정책을 지속적으로, 안정되게, 제대로만 이어 나가 줬다면 이 지경은 피할 수 있지 않았을까. 지금이라도 저성장의 늪에 빠져 허우적거리는 한국 경제를 살리기 위해서 문 정부 표 산업 정책이 성공하려면 포퓰리즘의 유혹에 대항해야 한다.

기업은 육아가 아니다. 비즈니스 생태계는 정글과 같아서 내던져져도 살아남아야만 하는 전쟁터와 같다. 그러나 이 거대하고 처절한 생태계는 서로가 함께 이뤄나가야만 나도 너도 생존할 수 있는 삶의 터전이 된다. 그래서 아무 보잘것없는 거추장스러운 바위가 내 몸을 가려 주기도 하고 발에 걸리는 돌부리가 내 무기가 될 수도 있는 것이다.

지금 현 정부는 창업 지원에 총력을 다한 덕분에 여기저기서 창업 교육 열풍이다. 성과형 숫자 늘리기 창업 정책에 열정을 다해 가세한 젊은이들 중, 100에 하나가 겨우 그 사업을 유지한다고 한다. 창업 정책이라는 온실에서 벗어나자마자 바로 상실을 체험한 젊은이들은 결국 공무원 준비라는 구실 좋고 명분 좋은 길을 택하고 마는 것이 한국 창업 경제의 고질적 패러다임이다.

현 정부의 성과를 창업 수로만 하지 말고 성장 기업 10년 이상 기업들의 유지와 지속 또한 성과로 해 줄 수 있는, 그런 시스템이 더 절실하지 않을까. 그리고 공급 측면에서의 일자리 정책으로 제조업 경쟁력을 높일 수 있는 산업 정책에 승부를 둬야 한다. 생명력과 번식력이 강한 자생적 창업이야말로, 대한민국 4차 산업혁명 성공의 키워드다. 기업은 인프라 구축을, 정부는 이를 위한 규제 완화로, 산과 관의 밀접한 협력 체계를 지금이라도 서둘러야만 지금 잠시 졸고 있는 대한민국 기업 경제의 잠재성을 깨울 수 있으리라 확신한다.

2019. 02. 12. Electimes

How do ventures survive?

- Business is not like child care.
- The business ecosystem is like a jungle, so you have to survive when thrown in it.
- Entrepreneurship that could survive with strong vitality and reproductive power is the key to success of the Fourth Industrial Revolution in Korea.
- Companies should build infrastructure, governments loose regulation and the close cooperation system between the industry and the government organization should be operated now.

The key to success of the Meiji Restoration, "HwaHon Yangjae", to change everything except the soul, was institutional innovation. With this innovation, Japan succeeded in winning the industrial revolution. Cooperation was the means to overcome the stagnation, which led Japan to prepare for a new leap.

Japan's Society 5.0, which embodies a society with a strong interconnectedness as a stepping stone for the 4th industrial revolution, emphasizes the cooperation of industry and academy. The various 'connections' of the 5th society 5.0 after the phase of hunting, agriculture, industry and information society will create new value, and the utilization technologies that lead this are expected to be AI and big data. The Ministry of Economy, Trade and Industry (METI) is now strategically responding to the fourth industrial revolution through the acceleration of innovation and technology development using AI and robots, and the regulatory sandbox.

Japan is improving the efficiency of its existing business by preventing the breakdown and improving the production process based on data analysis of accumulated data linked to construction and auto parts in order to visualize the fourth industrial revolution as a visible reality. Based on this, they are encouraging companies to establish environment for securing data, foster data scientists, and collaborate with venture companies that are strong in AI and AI research. In this current global situation, there are criticisms that Korea still does not have concrete industrial policies.

Most of the venture industries leading the information technology (IT) sector including Naver were established during the Kim Dae-jung administration and the Roh Moo-hyun government succeeded them. However, since the Lee Myung-bak administration initiated the Four Rivers project, the creative economy of the Park Keun-hye government has resulted in the Korean economy being suspended. From this point on, industrial policy has kept failing, and it has not led to corporate investment. Since then, economic growth and job creation have led to successive failures like the falling dominoes, and the current government, Moon Jae-in, which is now turning two, has failed to get noticeable results.

The main reason for this was that the government treated the business as a means of their own good and did not try to foster it. It only pressured the companies in reality while stressing that the economy is going to be better only if the enterprise is good. What they did was to regulate the industry using populism and their strategy, and did not implement any substantive policies to enhance global competitiveness.

Moon's administration has lost its way in the path of income-led and innovation-driven growth, and the result has been a terrible burden on entrepreneurs. Failure to foster new industries led to a decline in employment, sluggish domestic demand, and a slowing economic growth rate. In the meantime, the competing nations focused on the restructuring and fostering the manufacturing industry and stayed focused on the fourth industrial revolution.

China's Ten major industries of the 2025 strategy, including the Japan's

Society 5.0, and the Germany's Industry 4.0 are examples of this. Come to think of it, Korean companies, including myself, lacked efforts to improve their global competitiveness. But if the Korean government, like neighboring Japan, continued to steadily promote the economic stimulation policies of Kim Dae Jung and President Roh Moo hyun, would not it have been avoided the worst situation? In order to save Korea's economy, which is now paddling in a swamp, we must fight the temptation of populism.

Business is not like child care. The business ecosystem is like a jungle where you have to survive when thrown. But in this huge and cruel ecosystem we need to cooperate each other. The stones that I stumbled upon can be my weapon.The government is now enthusiastic about entrepreneurship education, thanks to its dedication to supporting business start-ups. One out of every 100 young people who are enthusiastic about entrepreneurial policy can only maintain its business. It is typical in Korean entrepreneurial economy that young people who fail their business just go straight to study to get a job as a civil servant.

I believe it is more urgent for such a system to make the companies with more than ten years of experience survive, not just counting numbers of startups every year. In addition, we need to focus on industrial policies that can increase manufacturing competitiveness through employment policies. Venture companies with full vitality and productivity are the key to success of the 4th Industrial Revolution in Korea. I am confident that the only way to realize our potential is for companies to build infrastructures and the government to deregulate them and that will lead our industry grow.

2019. 02. 12. Electimes

成长带动创业

企业不是育儿
商务生态圈就像一个丛林,即使被扔出去也要生存的战场
生命力和繁殖力强的自主创业才是大韩民国第四次产业革命成功的关键词
企业要构建基础设施,政府要为此放宽限制
哪怕是现在,也要尽快建立产业和官营之间的密切合作体系

明治维新"和魂洋财"的成功秘诀是制度创新。这一革新使日本赶上了产业革命了。准备实现新飞跃的日本为了克服经济停滞而采取的手段是合作。以第四次产业革命为垫脚石,体现相互联系强化的社会,日本社交5.0更强调产官学的合作。狩猎,农耕,工业,信息社会之后的第五个社交5.0的多种"连接"将会创造新的价值,而主导这一领域的应用技术肯定是人工智能和大数据。对此,日本经济产业省目前正在通过加速利用AI,机器人等的革新技术开发和沙盒监管等战略应对第四次产业革命。

为使第四次产业革命成为看得见的实体,日本特别以建筑及汽车零部件连接的积累数据资料分析为基础,预防故障,改进生产工艺,提高工作的效率。以这些实现为基础,鼓励企业构建确保数据的环境,培养数据专家,利用机器人和AI,与擅长AI研究的风险企业合作等。
在这样的世界局势下,到处都有人批评,韩国到现在还没有制定具体的产业政策。

包括Naver,引领我国信息技术(IT)领域的风险投资产业大部分都在金大中政府时期诞生,卢武铉政府也延续了这一趋势。但是,从四大江河治理工程的李明博政府时期开始,随着创造经济的朴槿惠政府的不断推进,韩国的经济也停止了。也许从那时起,产业政策接连失败,企业投资也没能引导。此后,经济增长和创造工作岗位就像倒下的多米诺骨牌一样接连失败,而上台2年的文在寅政府也没有取得大的成果。

造成这种局面的最大原因是，政府只把企业当作利用手段，没有致力于培养。只是口头上说'企业发展得好，我们经济发展得好'，反而现实上施压企业。由于各种限制，为了民粹主义和政略，只试图利用企业，却没能展开使企业培养全球竞争力的任何实质性政策。文在寅政府在过去的岁月里，在收入主导和革新成长的岔路口上迷失了方向，结果给企业家带来了沉重的负担。培育新产业的失败导致雇佣减少，内需不振，经济增长率下降。在这期间，竞争国家致力于制造业的大规模结构调整和培养，致力于第四次产业革命。

日本社交5.0，中国制造2025战略的10大核心产业，德国工业企业4.0就是其代表性事例。从某种角度看，包括我的韩国企业自身为提高全球竞争力而做出的努力不足。但是，如果像邻国日本一样，大韩民国政府持续，稳定地延续金大中，卢武铉总统的景气活跃政策，不就可以避免这种局面吗？
哪怕是现在，为了拯救陷入低增长泥潭的韩国经济，文政府的产业政策要想取得成功，必须对抗民粹主义的诱惑。企业不是育儿。商务生态界就像丛林，扔出去也要生存下去。但是，这个巨大而凄惨的生态系，只有彼此共同实现，我和你都可以生存的家园。所以，任何不起眼的巨石都会遮蔽我的身体，绊脚的石头可能会成为我的武器。

如今，由于现在政府全力支援创业，到处掀起了创业教育热潮。据说，在热衷于"成果型数字增长创业"政策的年轻人中，只有百分之一勉强维持这一政策。韩国创业经济的痼疾是，从创业政策的温室中摆脱出来后，立即体验到丧失感的年轻人最终选择"准备公务员"的名分好的道路。
不要只把现政府的成果当作创业数，而应该把发展企业10年以上的维持和持续作为成果，这样的体系是不是更切实呢？另外，在供给方面，要通过就业政策提高制造业竞争力。生命力和繁殖力强的自主创业才是韩国第四次产业革命成功的关键词。企业要构建基础设施，政府要为此放宽限制，现在也要尽快建立密切的合作体系，这样才能唤醒目前暂时困倦的大韩民国企业经济的潜在性。

2019. 02. 12. Electimes

成長が創業を招く

ビジネスの生態系はジャングルと同じで、
投げ出されても生き残らなければならない戦場。
生命力と繁殖力が強い自生的な創業こそ、
大韓民国4次産業革命の成功のキーワード
企業はインフラの構築を、政府はそのための規制緩和に、
産官と官の密接な協力体制を今からでも急がなければならない。

「魂を除いて制度まで変える」という明治維新の「和魂洋才」の成功の秘訣は制度革新であった。この革新により、日本は産業革命に便乗し成功することができた。新しい跳躍を準備する日本が、景気成長の限界につながった低迷を克服することができたのは協力という手段であった。

　4次産業革命を踏み台に相互連結が強化された社会を具現する日本のソサエティー5.0(Society 5.0)はますます産官学の協力を強調してる。狩猟、農耕、工業、情報社会以降の第5番目、ソサエティー5.0の多様な'連結'が新しい価値を創出するであろうし、これを主導する活用技術は人工知能(AI)とビックデーターで予想している。これに日本経済産業省は現在AI、ロボットなどを活用したイノベーション・技術開発加速化と規制サンドボックスなどを通じて4次産業革命を戦略的に対応している。

　日本は特に4次産業革命を目に見えた実体として可視化するため、建設や自動車部品に連結された蓄積データの資料分析を基盤に、故障を予防して生産工程を改善することで既存業務の効率性は向上している。こうした実現を基盤にデータ確保のための環境構築、データサイエンティストの育成、繰り返される業務はロボット・AIの活用、AI研究に強いベンチャー企業と提携などを企業に推奨している。

このような世界的な情勢の中で、韓国はまだ具体的な産業政策さえまとまっていないという批判があちこちから提起されている。

　ネイバー（NAVER）をはじめ、我々韓国情報技術(IT)分野を率いるベンチャー産業の大半が金大中(キム・デジュン)政府の時誕生し、盧武鉉(ノ・ムヒョン)政府がこれをひきついた。しかし、不意に4河川事業を進めた李明博(イ・ミョンバク)政府時代から創造経済の朴槿恵(パク・クンヘ)政府へと移り、韓国の経済は停止してしまった。おそらく、この時から産業政策は相次いで失敗につながり、企業投資も誘導できなかった。以後の経済成長と雇用創出は倒れていくドミノのように連続失敗につながっていき、発足2年となる今の文在寅(ムン・ジェイン)政府も大きな成果を収めることができずにいる実情である。

　このような状況にまで至った最大の原因は、政府が企業を利用手段としてだけ扱い、育成の為には努めていないことである。口先では、「企業が成り立ってこそ、韓国経済が成り立つ」と強調しながらも、現実は企業に圧力をかけた。各種規制で、ポピュリズムと政略のため、企業を利用ばかりしただけで、グローバル競争力を育てるための何らかの実となる政策を打ち出せなかった。
　文在寅(ムン・ジェイン)政府はこれまで所得の主導と革新成長の岐路で道を失い、その結果はそのまま企業家たちに惨憺たる負担をもたらした。新産業育成の失敗は雇用減少と内需不振、経済成長率の低下につながった。その間、競争諸国は製造業の大々的な構造調整や育成に全力を挙げて4次産業革命に尽力した。

　日本のソサエティー5.0をはじめ、中国製造2025戦略の10大の核心産業、ドイツ・インダストリー4.0がその代表事例である。見方を変えれば、私をはじめ、韓国企業自らもグローバル競争力を高めるための努力が足りなかった。しかし、隣国日本と一緒に大韓民国政府が金大中(キム・デジュン)、盧武鉉(ノ・ムヒョン)大統領の景気活性化政策を持続的に、安定させ、まともに続けていったとしたら、このような状況は避けることができたのではないだろうか。今後、低成長の泥沼にはまり、もがく韓国経済を立て直し、文政権票の産業政策が成功するには、ポピュリズムの誘惑に対抗しなければならない。

企業は育児ではない。ビジネスの生態系はジャングルと同じで身捨てられたとしても生き残らなければならない戦場のようだ。しかし、この巨大で凄絶な生態系は、お互いが共に成してこそ、私も生存できる生活の場になる。まさに、使い道のないじゃまな岩が私の身体を覆ってくれたり、つまづいた小石が自分の武器になることもあるのだ。

　現政権は創業支援に総力を尽くしたおかげで、あちこちで創業教育ブームが起きている。成果型数字増やすこと創業政策に情熱を尽くして加勢した若者たちの中で, 100の内 1 がやっとそれをの持続し維持するという。創業政策という温室から脱してすぐ喪失感を味わった若者たちは、結局は公務員準備という口実によく、なお名分のある道を選んでしまうのが、韓国創業経済の慢性的なパラダイムだ。
　現政府の成果を創業の数だけでせず、成長企業10年以上の企業の維持と持続も成果とされる、そのようなシステムがもっと切実ではなかろうか。そして、供給面での雇用政策で製造業の競争力を高める産業政策に勝負をつけなければならない。生命力と繁殖力が強い自生的な創業こそ、大韓民国4次産業革命の成功のキーワードだ。企業はインフラ構築を、政府はそのための規制緩和で、産官と官間の密接な協力体系を今からでも急いでこそ、今しばらく居眠りしている韓国企業経済の潜在性を悟らせることができると確信する。

2019. 02. 12. Electimes

02

Let's get started

02 첫술은 떠 보자

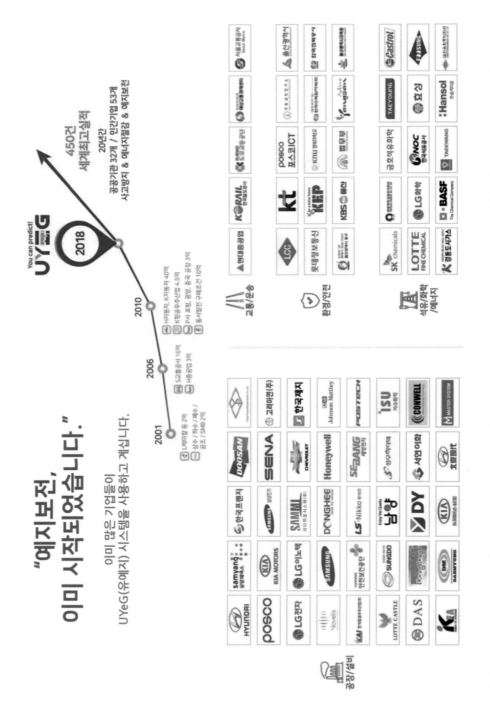

"예지보전,
이미 시작되었습니다."

이미 많은 기업들이
UYeG(유예지) 시스템을 사용하고 계십니다.

울산, 스마트 시티로서의 기로

4차 산업혁명 대비한 정부의 스마트 시티
신도시 건설 같은 외적인 디자인 도시 아냐
울산, 빅데이터 기반 플랫폼 혁명 시작해야

　예술적 오브제의 개념을 다시 정의한 월리드 베쉬티(Walead Beshty)의 작업을 간략하게 소개하고자 한다. 그의 작품들은 보통 국내뿐 아니라 해외로 많이 배송되는데, 작가는 일부러 그 과정에서 본인의 작품이 수많은 타인(제삼자)에 의해 조작, 이동, 학대당하길 기대한다. 작가는 그 자체가 작품이 될 페덱스(FedEx)라는 유명 국제 운송 업체의 빈 박스를 이용한다. 이 박스들은 우리에게 어디에서, 누가, 무엇을, 누구에게 가는지에 대한 오브제의 맥락을 적나라하게 보여 준다. 결국 작품을 만들어가는 건 이 박스를 대하는 제삼자들인 것이다. 박스 오브제는 수신자의 서명이 적힌 발송지부터 운송장 스티커, 명세서까지 온갖 딱지들이 붙여지면서 다양한 이동의 흔적을 보여준다. 박스 안 작품들이 손상되기도 하고, 심지어 안이 들여다보이는 유리 박스들은 수많은 지문과 함께 상당한 훼손의 흔적도 있다. 그런데 이 흔적과 상처는 보는 사람으로 하여금 '너에게 오기까지 나 많은 고생을 했다'라는 떠돌이 방랑자의 흔적을 그대로 보여줌으로써 상당한 공감을 불러일으킨다. 월리드 베쉬티는 이처럼 예술을 맥락과 역사를 연구해야 진정한 가치가 발휘될 수 있다는 것을 아주 쉽게 잘 설명해 주고 있다.

　얼마 전 세종시(5-1 생활권)와 부산시(에코델타시티)가 스마트 시티 국가

시범 도시로 선정됐다. 문재인 정부는 이 두 도시는 향후 5년간 세계 최고 수준의 스마트 시티로 거듭나게 될 것이며, 가까운 미래에 각 지방 혁신 도시에도 스마트 시티 기술을 적극적으로 접목할 것이라고 밝혔다. 하지만 그 직접 수혜자가 될 시민에게는 여전히 스마트 시티가 무엇인지, 정부가 왜 그렇게까지 스마트 시티를 필요로 하는지에 대한 사회적 공감대를 불러일으키지는 못하고 있다. 최소한 4차 산업혁명에서 말하는 스마트 시티는 이러한 신도시 건설과 같은 디자인 도시가 아니다. 4차 산업혁명으로 혁신적 성과를 내고 있는 많은 사례가 눈앞에 있음에도 불구하고 아직도 우리나라는 그 모든 것을 정부가 손에 쥐고 그 플랫폼을 꾸려나가려 하고 있다.

우리는 정부 기관을 흔히 관(官)이라 부른다. 박명흠 의장(지방분권개헌국민행동)의 말대로 다스리는 관(官)이 아니라 공평할, 공적인 공(公)으로서의 역할을 기대할 뿐이다. 스마트 시티는 단순히 시민들이 편리하게 삶을 누리는 외형적 똑똑한 디자인 도시가 아니다. 그 도시에 축적되고 내장된 사회적, 역사적 맥락 등이 플랫폼으로 구축되고, 그것들이 자율적으로 네트워킹 디자인화돼야만 폭발적 진화가 가능하다. 보물이 보물인지도 모르고 있는 울산시나, 보물이 없어도 이력이 출중한 도시 기획가가 어떻게 잘만 만들면 스마트 시티가 금세 탄생할 것이라 기대하는 국가 정책도 여전히 아쉬울 따름이다.

얼마 전 부산 벡스코에서 개최된 4차 산업혁명의 성공 전략 콘퍼런스에서 고영삼 교수(동명대학교 4차 산업혁명연구센터장)는 전 세계의 데이터 기반 행정 사례로 미국 오픈 데이터부터 부산시 빅데이터 포털 등을 설명하면서, 부산시도 이런 좋은 포털을 구축해 놓았지만, 정보 누출 등과 관련돼 아직 빅데이터가 될 정보가 거의 없다고 했다. 생사를 눈앞에 둔 기업들이 과연 그게 돈이 된다면 동참하지 않을 이유가 있을까. 이에 울산을 비롯한 경남 일대 200개 이상의 기업과 기관들이 합류한 울산정보산업협회는 이미 30여 년간 우리만의 정보와 기술로 네트워킹하여 현재 태화강을 기반으로 한 혁신 도시, 장현 첨단산업단지, 호계 와우시티를 한데 묶은 세계 최초 산업 IDT 센터를 구축하기 위해 고군분투 중이다.

 울산의 기업들은 지금까지 정부의 방침에 크게 좌지우지되지 않았다. 그 이유는 정부 기관에서 정하는 커트라인에 맞게 형식화된 기업이 거의 없기 때문이다. 우리 협회 소속 사장들 중엔 대기업 출신 공장장들이 많다. 각자의 노하우와 기술로 전 세계 수출 실적을 쌓아가고 있다. 그래서 울산이 대기업이 흔들려도 지금까지 버티는 이유도 이 막강한 중소기업들의 끈질긴 자생적 생명력 때문일 것이다. '전화'라는 기능이 스마트폰의 작은 앱에 불과한 것처럼 한국 산업 발전을 담당해 온 울산 기업들의 플랫폼 혁명은 이제부터 시작이다. 남은 것은 관(官)이라 불리는 울산시만이 그 산을 넘느냐 넘지 못하느냐의 기로에 서 있을 뿐.

2018. 08. 02. Economy Column

Ulsan, at the turning point towards smart city

Government's Smart city plan for the Fourth Industrial Revolution
Not like new town construction where it only shows off external factors
Ulsan needs to launch big data-based platform revolution

Here is a brief introduction to the work of Walead Beshty, who redefines the concept of artistic objects. His works are usually delivered not only in Korea but also abroad, and the artist intentionally expects his works to be manipulated, moved and expanded by numerous others (thirds). The artist uses an empty box from a well-known international transport company called FedEx, which will be his work. These boxes give us a glimpse into the context of the object of where, who, what, and who goes to. After all, it is the third parties who deal with this box.

Box objects show signs of various movements, with all kinds of tickets being sent from the sender's signature to the waybill sticker to the statement. The works inside the box are damaged, and even the inner glass boxes are visible, with numerous fingerprints and signs of considerable damage. However, these traces and wounds cause considerable empathy by showing the trace of the wandering wanderer, 'I suffered a lot until I came to you'. Walead Beshty makes it very easy to explain how art can be truly valued by studying context and history.

Recently, Sejong City (5-1 Living Area) and Busan City (Eco-Delta City) were selected as smart city for demonstration. The Moon said that the two cities will be reborn as the world's best smart cities for the next five years, and that smart city technology will be actively applied to each innovative city in the near future. However, the citizens who will be the direct beneficiaries still have no social consensus on what smart cities are and why governments need them. At least in the 4th Industrial Revolution, the smart city is not a design city like this new city construction. Despite the fact that there are many cases of pre-revolutionary achievements in the Fourth Industrial Revolution, Korea is still trying to build the platform with the government in its hands.

We often refer to government agencies as '官(gwan)'. As President Park Myung-Hum (People's Action for Decentralized Constitution) said, we expect government to be fair and official. A smart city is not just a smart design city on the outside where citizens can simply enjoy life conveniently. The explosive evolution is possible only when the scaled and embedded social and historical context in the city is built on the platform and when they are autonomously designed for networking. It's a shame that Ulsan city does not even recognize treasure and they think even if there is no treasure, the national planner will create smart city in a short time.

Ko Young-sam (Director of the 4th Industrial Revolution Research Center, Dongmyung University) talked about not only open data in America but Busan city's big data portal as a data-based administrative practice. He said Busan, too, has set up such a good portal, but there is little information to form big data yet due to information leakage. Why wouldn't they be happy to join this if it makes money? The Ulsan Information Industry Association, which has more than 200 companies and organizations in Gyeongnam, including Ulsan, has already networked with our own information and technology for over 30 years, and now has an innovative city based on the Taehwa River, Janghyeon High-tech Industrial Complex, and Hogye Wow City, struggling to build the world's first industrial IDT center.

Ulsan companies have not been heavily influenced by the government's policies. The reason is that few companies are standardized for cut lines set by government agencies. Many of our members are plant managers from large companies. With their know-how and technology, we are accumulating exports worldwide. Thus, the reason why Ulsan persists even when large companies are shaken may be due to the persistent strength of these powerful SMEs. Just as the "telephone" function is just a small app for Smart Phones, the platform revolution of Ulsan companies that have been in charge of Korea's industrial development has just begun. Ulsan city is now standing on the crossroad of so-called 'Gwan' which we need to overcome eventually.

2018. 08. 02. Economy Column

蔚山, 去智能城市的道路上的十字路口

政府为应对第四次工业革命而打造的"智慧城市"
不是像新城市建设一样的外在设计城市
要开始以大数据基础平台革命

我们想简要介绍华立德·贝西提(Walead Beshty)的工作,他重新定义了艺术奥布杰的概念。他的作品通常不仅寄往国内,而且多寄往国外,作者有意在这个过程中,希望自己的作品被无数的他人(第三者)操纵,移动,放大。作者利用了本身将成为作品的FedEx这一著名国际运输企业的空盒子。这些盒子赤裸裸地向我们展示了奥布杰对我们来说,在哪里,谁去,谁去,谁去的奥布杰的脉络。最终制作作品的是对待这个箱子的第三者。"箱子·object"从写有收件人签名的发送地到运输单贴,明细单等,各种标签被寄出,展示了各种移动的痕迹。箱子内的作品受到损伤,甚至可以看到里面的玻璃箱子,这些玻璃箱子中有很多指纹,还有相当多的破损痕迹。但是这个痕迹和伤口让人看'你来我辛苦到了'的流浪者留下的痕迹,流浪就表现出相当大的引起共鸣。华立德·贝西提非常容易地说明,只有这样研究艺术的脉络和历史,才能真正发挥其价值。

不久前, 世宗市(5-1生活圈)和釜山市(EcoDelta城市)被选定为智能城市国家示范城市。文在寅政府表示, 这两个城市将在今后5年里成为世界最高水平的智能城市,在不久的将来, 各地方革新城市也将积极引进智能城市技术。但是对于成为其直接受益者的市民来说, 究竟什么是智能城市, 政府为何如此需要智能城市, 还没有引起社会的共鸣。至少在第4次产业革命中所说的"智能城市"不是类似新城市建设的设计城市。尽管通过第4次产业革命取得革命前成果的很多事例在眼前, 但我国仍然要掌握所有的一切, 并试图搭建这个平台。

我们经常把政府机关称为"官"。正如朴明钦议长(地方分权改宪国民行动)所说,我们期待的不是治理的"官",而是公平,公正的作用。智慧城市不是单纯地让市民享受便利生活的外形上聪明的设计城市。在这个城市中,只有筑起,内藏的社会,历史脉络等构

建成平台,只有它们自主的网格设计化,才能实现爆发式的进化。不知道宝物是宝物的蔚山市,即使没有宝物,只要履历出众的城市企划家做得好,期待"智慧城市"马上就能诞生的国家政策也依然令人遗憾。

不久前在釜山bexco召开的第四次产业革命成功战略会议上,高永三教授(同名大学第四次产业革命研究中心主任)解释了全世界的数据基础行政事例,从美国开放数据到釜山大数据门户网站等。面临生死存亡的企业如果真能赚钱,还有不参与的理由吗? 对此,包括蔚山在内的庆南一带200多家企业和机关组成的蔚山信息产业协会,已经在30多年的时间里,利用我们自己的信息和技术,为泰和江建设创新城市,长岘尖端产业园区和虎溪市虎溪和牛城为一体的世界第一个产业IDT中心而孤军奋战中。

到目前为止, 蔚山的企业并未受到政府政策的很大影响。原因是很少有公司正式符合政府机构设定的分界线。在我们协会的主席中, 有许多来自大公司的工厂经理。他们凭借自己的专业知识和技术, 积累了全球出口业绩。因此, 蔚山即使在大公司动摇后仍能幸存下来的原因, 可能是由于这些强大的中小型企业的持续, 自我维持的活力。正如"电话"的功能只是智能电话的一个小应用程序一样, 负责韩国工业发展的蔚山公司的平台革命从现在开始。剩下的只有被称为"官"的蔚山市站在了能否越过那座山的十字路口上。

2018. 08. 02. Economy Column

蔚山，スマートシティーとしての岐路

4次産業革命備えた政府のスマートシティ
新都市建設のような外的なデザイン都市ではない。
蔚山、ビックデータ基盤のプラットフォーム革命を始めるべき

　芸術的オブジェの概念を定義し直した「ウォリード ベベシティ(Walead Beshty)」の作業を簡単に紹介したい。彼の作品は普通、国内だけでなく海外に多く配送されるが、作家はわざとその過程で本人の作品が多くの人(第三者)によって操作、移動、拡大されることを期待する。作家は、それ自体が作品になる「フェデックス(FedEx)」という有名な国際運送会社の空き箱を利用する。

　これらのボックスは、私たちにどこで、誰が、何を、誰に行くのかについてのオブジェの脈絡を赤裸々に示している。結局、作品を作っていくのはこのボックスに対する第三者である。ボックスオブジェは受信者の署名が書かれた発送地から運送状ステッカー、明細書まであらゆるレッテルが貼られ、多様な移動の痕跡を見せてくれる。ボックスの中の作品が損傷したり、甚だしくは中が見渡せるガラスボックスなどが数多くの指紋とともに相当な毀損の跡もある。ところが、この痕跡と傷跡は、見る人に「お前の所に来るまであれほど苦労した」というさすらいの放浪者の痕跡をそのまま見せることで、かなりの共感を呼んでいる。ウォリードベシティは、このように芸術は脈絡と歴史を研究してこそ、真の価値が発揮できるということを非常に簡単に説明してくれる。

　以前、世宗市(5-1生活権)と釜山市(エコデルタ都市)がスマートシティ国家モデル都市に選定された。文在寅(ムン・ジェイン)政府はこの両都市は、今後5年間、世界最高水準のスマートシティに生まれ変わるようになるはずであり、近い未来各地方革新都市にもスマートシティ技術を積極的に取り入れるとすると明らかにした。しかし、その直接受患者となる市民には、依然としてスマートシティが何なのか、政府がなぜそこまでスマートシティを必要としているのか、という社会的なコンセンサスは浮上されている。少なくとも4次産業革命でいうスマートシティはこのような新都市建設と同じデザイン都市ではない。4次産業革命で革新的成果を出している多く

の事例が目の前にあるにもかかわらず、いまだにわが国は、そのすべてを政府が手に握りそのプラットフォームを運営しようとしている。

　韓国では政府機関をよく官と呼ぶ。 朴明欽(パクミョンフム)議長(地方分権改憲国民行動)の言葉通り、治める官ではなく、公平かつ公的な公としての役割を期待するだけだ。 スマート都市は、単に市民が便利な暮らしを享受する外形的判明なデザイン都市ではない。 その都市に縮小され、内蔵された社会的、歴史的脈絡などがプラットフォームとして構築され、それらが自律的にネットワーキングデザイン化されてこそ爆発的進化が可能だ。 宝物が宝物であることも知らない蔚山市(ウルサンシ)や、宝物でなくても履歴に優れた都市企画家が、「どうやってうまく作れば、スマートシティをすぐに誕生させることができる。」と期待する国家政策も、依然として残念でならない。

　数日前、釜山(プサン)ベクスコで開催された4次産業革命の成功戦略会議でコヨンサム教授(ドンミョン大学4次産業革命研究センター長)は、全世界のデータ基盤行政事例として、米国オープンデータから釜山市ビッグデータポータルなどを説明しながら、釜山市もこのような良いポータルを構築しているが、情報漏洩などと関連してまだビックデーターになる情報がほとんどないとした。 生死を目の前にしている企業が果たしてそれが利益になるなら、参加しない理由はないだろう。 これに蔚山(ウルサン)をはじめ、慶尚南道一帯200社以上の企業と機関が合流した蔚山(ウルサン)情報産業協会はすでに30年間、我々だけの情報と技術でネットワーキングし、現在、太和江を基盤にした革新都市、硯(チャンヒョン)先端産業団地、虎渓ワウシティを一つにまとめた世界初の産業IDTセンターを構築するため、孤軍奮闘中だ

　蔚山の企業は、これまで政府の方針に大きく左右されなかった。 その理由は、政府機関で定められるカットラインに合わせて形式化された企業がほとんどないからである。 我が協会所属の社長の中には、大手企業出身の工場長が多い。 各自のノウハウと技術で世界中に輸出実績を積んでいる。 そのため、蔚山の大企業が動揺しても、これまで持ちこたえてきた理由も、この強大な中小企業の粘り強い自生的生命力のためだろう。 「電話」という機能がスマートンフォンの小さなアプリに過ぎないように、韓国の産業発展を担ってきた蔚山企業のプラットフォーム革命はこれから始まる。 残されたのは、官と呼ばれる蔚山市だけが、その山を越えるか越えられないかの岐路に立っているだけである。

2018. 08. 02. Economy Column

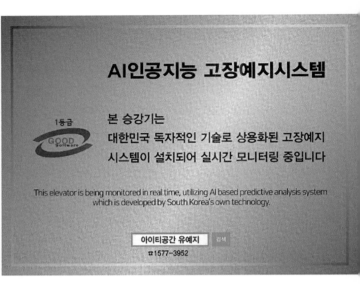

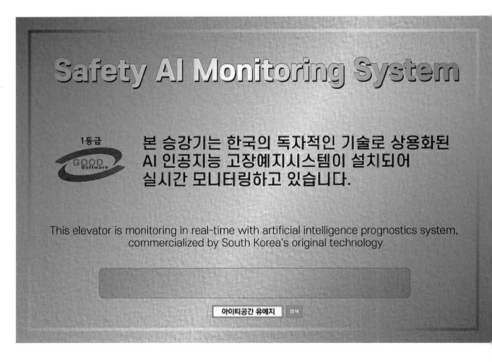

잔나비와 생활 SOC, 그리고 스마트 시티

인디밴드 '잔나비'의 음원 차트 롱런 현상
음악 상가·공연 등 경제적 파급효과 야기
생활 SOC로 지역 균형 발전 기대한다면
지역 특성 등 고려한 실질적 계획 추진을

 얼마 전 주요 온라인 음악 사이트의 주간 음원 차트에서 방탄소년단의 '작은 것들을 위한 시(Boy With Luv)'가 1위를, 잔나비의 '주저하는 연인들을 위해'가 2위를 차지했다. 거대 기획사의 음원 강자들이 줄줄이 컴백하는 가운데, 인디 밴드가 한 달 동안 대표 음원 차트에서 롱런하고 있는 것은 참 드문 현상이다.

 '나는 읽기 쉬운 마음...(중략)...당신도 스윽 훑고 가셔요...' 심금을 울리는 복고풍 스타일 가사는 어느새 모두의 감수성을 적신다. 그룹명 '잔나비'는 원숭이의 순우리말로, 올해 스물일곱 살 원숭이띠 5명(최정훈·유영현·김도형·장경준·윤결)이 결성한 밴드다. 리더 최정훈은 요즘 젊은이들과는 다르게 20년 전의 폴더 폰을 사용하고, 고무호스로 찬물 샤워를 하며, 공원에 드러누워 시집을 읽고 가사를 쓴다. 이런 구시대적 모습들은 오히려 전파를 타고 잔나비에 대한 환상과 관심을 더욱 상승시켰다. 1970~80년대 팝의 황금기를 다시 보게 하는 잔나비는 투박하리만큼 진솔한 삶을 표현함으로써 지금의 청춘들을 위로하고 있다.

 최근 다양한 장르에서 그들만의 개성과 색깔을 가진 밴드들은 소위 찍어내는 음악이 아니다. 기본적으로 악기를 다루는 싱어송라이터로서, 자기들만의 음악을 만드는 아티스트다. 비주류가 주류로 부상하면서 밴드가 살아나고, 낙원 상가와 악기 회사, 음악 업계와 공연 시장의 활성화로 우리가 알지 못하는 많은 경제적 파급효과를 야기하고 있다.

이런 비주류 스타일의 파급적 경제 효과를 노리기 위해, 정부는 생활 SOC 3개년 계획을 발표했다. 내년부터 3년간 국비 30조 원과 지자체 예산·민간 투자 등을 합쳐 무려 48조 원이라는 기하급수적 자본을 투자한다. 낡고 부족한 곳은 채우고 없는 곳은 만들어, 전 국민에게 삶의 질을 높여 지역 균형 발전을 도모하겠다는 야심찬 취지다. 생활 SOC 사업은 체육관·도서관·보육 시설 등을 건립함으로써, 국민 모두가 어디서나 10분 만에 품격 있는 삶을 영위할 공간을 누리도록 하겠다는 것이다.

정부는 생활 SOC 3개년 계획이 성공적으로 추진되기 위해서, 우선 접근성 높은 학교 부지나 지역 내 유휴 국·공유지 등을 실효성 있게 활용할 수 있도록 주변과 어우러지는 건축물과 디자인으로 도시의 품격까지 높이겠다고 한다. 이를 통해 주 52시간 시대에 걸맞은 워라밸(work & life balance) 중심의 생활 패턴 정착도 촉진될 것으로 예상하고 있으며, 생활 SOC 사업 추진은 물량 난에 시달려 온 지역 건설사에도 분명 단비로 작용할 것이다. 무엇보다 건설 단계에서 약 20만 명, 운영 단계에서 2~3만 개의 고용 창출 효과를 생각하면, 생활 SOC 투자는 지금 당장 시급하고 절실하다. 이처럼 정부는 생활 SOC 투자로 국민 삶의 질 향상은 물론, 지역 균형 발전과 일자리 확충이라는 일석삼조 효과를 기대하고 있다.

그러나 지역적 특성과 역량의 고려 없이 무조건적으로 '지역 밀착형', '생활'이라는 포장을 어디에나 갖다 붙이는 건 조금 과하고 획일적일 수 있다. 이런 사업들은 흔히 지역 민원에 대한 검증과 검토 없이 기존의 뿌려 주기식 사업으로 전락할 가능성이 크다. 여기서 중요한 것은 옥석을 제대로 구분하는 실행 과정으로, 지역 이기주의와 정치권의 선심 압력은 철저하게 배제돼야 한다. 그동안 SOC 사업의 경우 제대로 집행되지 않고 도시의 쓰레기로 전락한 사례를 우리 주변에서 많이 접할 수 있다. 아무리 좋은 의도와 시설이라도, 시민의 활용도가 떨어지는 순간 예산만 먹어대는 무용지물이 되고 마는 것을 우리는 평창 올림픽용 시설물들로 체감할 수 있었다.

시대의 거대한 흐름인 스마트 시티를 위해 생활 SOC 확충은 당연하다. 그러나 그 일련의 과정에서 생기는 20만 개 이상의 일자리 모두가 세금에 의한 일시적 고용일 뿐이다. 올해 3월 청년 체감 실업률이 25.1%로 사상 최고치였다. 전년 동월 대비 30~40대 취업자가 25만 명이나 줄어든 것은 무너진 고용 시장의 실상을 그대로 반영한 결과가 아닐 수 없다. 2022년까지 생활 사회 간접 자본(SOC) 건설을 위해 소비되는 48조 원 또한 총선을 겨냥한 선심성 자금 살포라는 비판이 여기저기서 제기되고 있다. 현 정부는 이런 일각의 우려를 종식시킬 수 있도록 단단히 준비해 주길 간절히 바란다.

2019. 05. 06. Ulsan Maeil

Jannabi, SOC and Smart city

Music chart long-run of the indie band 'Jannabi'
causes Economic ripple effect in music and performance
Balanced regional development with 'SOC' comes
with implementation of practical plans considering local characteristics.

 A while ago, BTS 'Boy with Luv' ranked no.1 on weekend music chart in major online music sites, and Jannabi 's 'For Hesitant Lovers' came second. While the music giants are coming back with the huge producers on the back, it is a rare phenomenon that the indie band has been long running on the representative music chart for a month.

 'I'm easy to read … (omitted) … you go through it too …' The heart-beating retro-style lyrics soak everyone's sensitivity. The group name ' Jannabi ' is a pure Korean language for monkeys. It is a band formed by five members who were born in the year of the Monkey (Choi Jung-hoon, Yoo Young-hyun, Kim Do-hyung, Jang Kyung-jun, and Yoon gyul). Leader Choi Jung-hoon uses a folder phone unlike other young people in his age, takes a cold shower with a rubber hose, and lies in a park reading poetry and write lyrics. These old-fashioned behaviors increased the fantasies and interests of the band 'Jannabi'. Jannabi makes people reminisce the golden age of pop in the 1970's and 80's and is comforting the youth by describing their tough life truthfully.

 Recently, bands with their own personalities and colors in various genres are not so-called cookie cutter music. They are not only singer-song writers who basically play musical instruments but also artists who make their own music. As fringe groups emerge as the mainstream, the band survives, and Nakwon mall, musical instrument companies, the music industry and the performance market were vitalized, which has caused many economic ripple effects that we do not even know.

In order to take advantage of ripple effect that this fringe style offers, the government has announced a three-year SOC plan. It will invest substantial amount of capital of 48 trillion won, combining national budgets of 30 trillion won with local government budgets and private investment over the next three years. It is ambitious to create a place where the old and scarce places are filled with building with purposes, which will eventually improve the quality of life for all the people. The life SOC project is to build gymnasiums, libraries and childcare facilities so that all citizens can have a space to live a quality life anywhere within 10 minutes.

In order for the three-year SOC plan to be successfully implemented, the government will first increase the dignity of the city with buildings and designs that harmonize with the surroundings to effectively utilize the accessible school grounds and the idle state and common areas in the region. It is also expected to promote the establishment of work & life centered life patterns, which is appropriate for the 52-hour working hours, and the promotion of the life SOC project will certainly be positive to local construction companies that are suffering from shortages. Above all, considering the job creation effects of about 200,000 people at the construction stage and 20,000 to 30,000 at the operation stage, living SOC investment is urgent and desperate. As such, the government expects to kill three birds with one stone through life SOC investment which results in not only the improvement of quality of life but also balanced regional development and job expansion.

However, it can be a bit excessive and uniform to use the packaging of 'community-based' and 'life' without considering local characteristics and capabilities. Such projects are often more likely to have the same results as existing projects without verification and review of local complaints. What is important here is the process of properly distinguishing the stones and gems, and the pressures of politics and Not In My Backyard attitude should be thoroughly excluded. Over the time, we can see many cases of SOC projects that have not been properly executed and have turned into a total disaster. No matter how good the intentions and facilities, once people don't use them anymore, they are just a useless garbage. We know that by experience, stadiums and facilities from PyeongChang Olympics.

It is natural to expand living SOCs for the smart city, a huge trend of the times. But more than 200,000 jobs derived from the process are temporary employment using tax money. In March, the youth unemployment rate was at all-time high of 25.1%. The 250,000 fewer workers in their 30s and 40s compared to the same month last year reflect the collapse of the job market. Criticisms are raised here that the 48 trillion won spent to build SOC by 2022 is just an aspiration for the general election. I hope this administration is eager to be firmly prepared to end these concerns.

2019. 05. 06. Ulsan Maeil

Jannabe和生活SOC, 还有智能城市

独立乐队"Jannabee"的音源榜单长期现象
音乐商店及演出等经济波及引起的影响.
期待以"生活SOC"实现地区均衡发展的话
考虑到地区特点等实质性计划的推进

不久前,在主要在线音乐网站的每周音乐排行榜上,防弹少年团的《为了小东西的诗》(Boy With Luv)高居榜首,Jeannabe的《为了住家的恋人》居。在大型企划公司的音源强者纷纷回归的情况下,独立乐队一个月来在代表音源排行榜上长期活跃的现象非常罕见。

《我好读的心……》(中略)请你也扫视一下再走…'扣人心弦的复古风格歌词不知不觉间写满了所有人的感受。组合名称"詹蝶"是猴子的纯韩语,是由今年27岁的5名猴属成员(崔正勋,刘英贤,金道亨,张景俊,尹洁)组成的乐队。队长崔正勋与最近的年轻人不同,使用20年前的翻盖手机,用橡胶软管沐浴,躺在公园里读诗集,写歌词。这些老样子,反而借助电波,使人们对詹蝶的幻想和关注更上一层楼。重新认识上世纪七八十年代流行乐的黄金期的詹娜比,通过展现粗糙而真实的生活来慰藉现在的青春。

最近在多种体裁中,具有个性和色彩的乐队并不是所谓的"拍出来的音乐"。基本上是负责乐器的创作歌手,是制作自己音乐的艺术家。随着非主流主流的崛起,乐队逐渐复苏,乐园商家和乐器公司,音乐行业和演出市场的活跃,引发了我们所不了解的诸多经济波及效应。

为了追求这种非主流风格的波及经济效益,政府公布了生活SOC三年计划。从明年开始的3年间,政府将投入30万亿韩元的公费和地方政府预算,民间投资等共计48万亿韩元的几何级数资本。其雄心勃勃的宗旨是,把破旧的地方填满,把没有的地方建起来,提高国民的生活质量,实现地区均衡发展。生活SOC事业是通过建设体育馆,图书

馆,保育设施等,让全体国民在任何地方都能在10分钟内享受有品位的生活。

政府生活三年计划取得成功的SOC积极推进,首先,高难度的学校用地或地域内的闲置国有土地等国实际性可以让周边建筑融为一体的设计和城市的品格提高。预计通过这些措施,将促进与每周52小时时代相匹配的以"work & life balance"为中心的生活模式的落实,对于生活SOC事业来说,这无疑将给地区建设公司带来困难。最重要的是,考虑到建设阶段约20万人,运营阶段2万~3万个工作岗位的效果,生活SOC投资现在迫在眉睫。政府期待通过生活SOC投资提高国民生活质量,实现地区均衡发展和扩大工作岗位的一石三鸟效果。

但是,不考虑地域特点和力量,盲目地将"地区贴近型","生活"等包装贴在任何地方,可能有些过分和单一。这些项目往往在没有对社区信访的核查和研究的情况下,很可能沦为现有的"喷洒式"项目。重要的是分清玉石的实行过程,彻底排除地区利己主义和政界的善心压力。一直以来,SOC项目没有得到很好的执行,沦落为城市的垃圾,这样的案例,在我们身边可以多接触。无论多么好的意图和设施,在市民使用率下降的瞬间,都会成为浪费预算的"无用之物",我们通过平昌冬奥会用设施感受到了这一点。

为了时代的巨大潮流——智能城市,生活SOC扩充是理所当然的。但是,在这一系列过程中产生的20万个以上的工作岗位全部都是依靠税金的暂时性雇佣。今年3月,青年体感失业率达到25.1%,创下历史最高纪录。与去年同月相比,30-40岁年龄层的就业者减少了25万人,这不能不说是反映了已经崩溃的雇佣市场的真实状况的结果。很多人批评说,到2022年为止,为建设生活社会间接资本(SOC)而花费的48万亿韩元也是针对议会选举的"发善心性资金"。希望现任政府能做好充分的准备,平息部分人的忧虑。

2019. 05. 06. Ulsan Maeil

ザンナビー(Jannabi)と生活SOC、
そしてスマートシティ

インディーズバンド「ザンナビ」の音源チャートロングラン現象
音楽商店街公演など経済的波及効果をもたらす
生活SOCで地域均衡発展を期待するなら
地域特性など考慮した実質的な計画推進を

　先日、主要オンライン音楽サイトの週間ヒットチャートで防弾少年団の'小さなものを向けた詩(Boy With Luv)'が1位を、ジャンナビの'躊躇する恋人のため、'が2位を占めた。巨大事務所らの音源強者が相次いでカンバックする中で、インディーズバンドが一ヵ月で代表音源チャートでロングランしているのは、まことに珍しい現象だ。

　私の心は読みやすい心…(中略)「あなたもスッと目を通します…」心の琴線に触れるレトロなスタイルの歌詞はいつのまにかみんなの感受性を濡らす。グループ名'ジャンナビ'は猿の純固有語で、今年二十七歳猿帯5人(チェチョンフン・ユヨンヒョン・キムドヒョン・ジャンギョンジュン・ユンギョル)が結成したバンドだ。リーダーチェチョンフンは最近の若者達とは別に20年前のフォルダフォンを使用して、ゴムホースで水浴びをしながら、公園で横になって詩集を読みて歌詞を書いている。このような旧時代的な姿は、むしろ電波に乗って「ジャンナビ」に対する幻想と関心をさらに上昇させた。1970~80年代ポップの黄金期をまた見るようにするジャンナビは粗悪ほど率直な人生を表現することで、今の若者たちを激励している。

　最近、多様なジャンルで彼らだけの個性と色を持ったバンドは、いわゆる「撮りおろし音楽」ではない。基本的に楽器を扱うシンガーソングライターとして、自分たちだけの音楽を作るアーティストたちだ。非主流が主流に浮上し、バンドが生き返り、楽園商店街や楽器会社、音楽業界や

公演市場の活性化により、我々が知らない多くの経済的波及効果を引き起こしている。

　このような非主流スタイルの波及的な経済効果を狙うため、政府は生活SOC 3ヵ年計画を発表した。来年から3年間、国費30兆ウォンと、地方自治体の予算・民間投資などを合わせてなんと48兆ウォンという幾何級数的資本を投資する。古びて足りないところは埋めて足りないところには普及し、全国民の暮らしの質が高まり、地域の均衡発展を図るという野心的な趣旨だ。生活SOC事業は体育館・図書館・保育施設などを建設することにより、国民みながどこでも10分ぶりに品格のある人生を営む空間を享受できるようにするということだ。

　政府は生活SOC 3ヵ年計画が成功的に推進するために、まず接近性の高い学校の敷地や地域内の遊び場 共有地などを実効性があるように活用できるよう、周辺と調和した建築物やデザインで都市の品格まで高めるという。これを通じて週52時間時代にふさわしいウォラベル(work&life balance)中心の生活パターンの定着も促進されるものと予想しており、生活SOC事業推進はムルリャンナンに苦しんできた地域建設会社にも確かに雨が作用するだろう。何より建設段階で約20万人、運営段階で二万～万個の雇用創出効果を考えると、生活SOC投資は今、急をして切実だ。このように政府は、生活インフラへの投資で、国民の生活の質の向上はもとより、地域均衡発展や雇用拡大という一石三鳥の効果を期待している。

　しかし、地域的特性と力量の考慮なしに無条件的に「地域密着型」、「生活」という包装をどこにでも貼り付けるのは少しやりすぎで画一的かもしれない。このような事業は、しばしば地域の苦情に対する検証と検討なしに、既存のばらまき式事業に転落する可能性が高い。ここで重要なことは、玉石をしっかり区分する実行過程で、地域の利己主義と政界のばらまき圧力は徹底的に排除されなければならない。これまでインフラ事業の場合、きちんと執行されず、都市のガラクタに転落したケースを、我々の周辺で多く目にすることができる。いくら良い意図と施設でも、市民の活用度が落ちた瞬間、予算ばかり食う無用の物になってしまうことを、私たちは平昌五輪用の施設物で体感することができた。

　時代の巨大な流れであるスマートシティのために、生活SOCの拡充は当然だ。しかし、その一

連の過程で生じる20万個以上の雇用皆が税金による一時的な雇用に過ぎない。今年3月、若者の体感失業率が25.1%で史上最高値だった。前年同月比30-40代の就業者が25万人も減ったのは崩れた雇用市場の実状をそのまま反映した結果に違いない。2022年まで生活社会間接資本(SOC)建設に向けて消費される48兆ウォンまた、総選挙を狙った善心性資金散布という批判があちこちで提起されている。 現政権は、このような一部の憂慮を終息させるよう、しっかりと準備することを切に望みたい。

2019. 05. 06. Ulsan Maeil

스마트 시대의 울산, 첫술은 떴다고 믿자

지능형 공장, 디지털 자동화 솔루션 결합 ICT 적용 필수적
이를 적용해 생산성·품질·고객 만족도 향상 개념 숙지해야
기술은 기록보다 성과 중요…중소기업인들에게 응원 보내

 싱가포르의 '아세안 스마트 시티 네트워크'가 출범한 지 벌써 1년이 다 되어
간다. 아세안 26개 도시가 각자의 도시와 산업 현장에 맞는 스마트화를 목표
로 힘차게 출범했었다. 하지만, 지금 우리 정부는 거의 꼴찌 수준이다. 미·중
무역 전쟁 등으로 한국의 세계 제조업 경기는 글로벌 금융 위기 이후 사상 최
악이다. 당시만 해도 우리 정부는, 2022년까지 3만 개의 스마트 팩토리 보급
을 목표로, 대부분의 공장주들이 스마트 팩토리 전환에 찬성했었다. 그러나
제조업 강국으로 부상하기 위한 정부의 노력은 현실과 참으로 많이 달랐고,
계속되는 경기 침체 속에 스마트 팩토리로의 전환을 여유 있게 맞이할 상황
이 되지 못했다.

 더욱 기가 막힌 사실은 '스마트化'에 대한 교육과 홍보의 부재이다. 일부에
서는 구체적 계획과 비전을 스스로 전혀 세우지 못한 채, 정부 지원이라는 미
끼를 덥석 물기 위해 스마트(smart)를 시도하기도 했다. 사람이 하던 일을 로
봇이 등장해 모든 걸 자동화 시스템으로 서비스를 제공해 줄 것이라는 아주
큰 오해로, 스마트 팩토리를 받아들인 사장님이 사실 대부분일 것이다. 4차
산업혁명 기술의 메인으로도 대두되는 스마트의 개념이, 다양한 도시 문제
해결로 삶의 질 향상과 새로운 일자리를 무수히 쏟아낼 수 있는 미래형 도시
모델의 구조라는 것을 이해할 수 없었던 것이다.

하지만 이 상황들을 정부가 만들어주지 못했다고 한탄하기에는 이제는 너무 늦었다. 지금이라도 정부 주도에 의지하지 않고, 조금 더 멀리 내다보는 안목으로(현실적으로 참 어렵다는 것을 동의한다. 그러나) 민간의 자발적이고 적극적 참여가 우선되어야 한다. 정부에 더 이상 기대하지 않는 것은 대기업도 마찬가지이다. 중소기업의 우수한 기술력에 과감한 투자를 아끼지 않는 대기업의 등장도, 여기에 한몫하고 있다는 것이 그 증거다. 새로운 시장 개척으로 이 불황을 돌파하려는 한국 기업의 분투는 정말 눈물겨운 생존 싸움이다. 한국 대기업들의 분투로, 벤처와 스타트업의 역할이 커지고 있는 것도 주목할 만하다. 한국 경제가 사방으로 막혔다는 암울한 전망 속에서 이런 기업들의 분투는 한 줄기 희망이 되고 있다. 이처럼 스마트 팩토리가 성공적으로 발전하기 위해서는, 우리부터 전 세계 글로벌 산업 현장의 목소리에 귀를 기울여, 중소기업과 대기업이 협업해 나가는 사례들에 더욱 집중해야 할 것이다.

스마트 팩토리는 듣보잡(신조어, '듣지도 보지도 못한 잡놈'의 줄임말) 유형의 획기적 신제품이 아니라, 심사숙고에 삼고초려를 더한 재도입의 과정과 같다. 지금까지의 모든 공정과 연결 과정들을 빅데이터화 함으로써, 그에 기반한 잘못을 집중적으로 수정해 나가고, 현장에서의 장점을 극대화시켜, 폭발적인 기대치를 올려 나가는 것이야말로 스마트 팩토리의 메인 핵심이다. 잘못된 선택으로 무턱대고 칼부터 들이댄 수술의 부작용은 환자의 건강뿐 아니라, 심리적 후유증까지 동반한다. 완성은 고사하고 조금의 개선을 위한 재수술은 막대한 시간과 비용만을 반복시킬 뿐이다. 그 물리적 상황과 조작하는 사람, 현장 조건 등을 정확히 분석하고 그에 따른 1:1 맞춤 시스템을 제대로 구축하고자 하는 의지만이라도, 완성도 높은 스마트적 결과를 기대할 수 있다.

이와 같이 4차 산업혁명은 단순 작업만을 지능적으로 반복시키기 위한 패턴의 수정이 아니다. 스스로 고민과 판단을 실행할 수 있는 지능을 현장에서 도출하여 실행시키기 위해, 기계와 사람이 함께하는 인공지능 시스템을 산업 전반에 보편화해 나가는 일종의 과정이다. 이를 위해서는 우선 스마트 팩토리의 생산 과정에 디지털 자동화 솔루션이 결합된 정보통신기술(ICT)의 적용이 필수적이다. 이를 적용한 생산성과 품질, 그리고 고객 만족도를 향상시키는 지능형 공장의 개념을 숙지해야만 한다.

현재 중소기업들은 뛰어난 원천 기술을 보유하고 있어도, 기술을 특허로써 보호하지 못하거나 사업화에 성공하지 못할 경우 사회적으로 가치가 큰 지식 자산과 재능 및 기회가 소멸되는 등 안타까운 현실에 부딪히고 있다. 중소기업들이 이러한 문제를 극복하기 위해서는 우선 IP(지식재산) 획득에 힘써야 한다. 얼마 전 우리 회사는 한국 최초의 지분 투자형 크라우드 펀딩 회사인 와디즈를 통한 펀딩 추진으로, 시작 몇 시간 만에 목표 금액을 초과했다. 그러나 첫술에 배부르랴. 기술은 기록보다 성과가 중요하다. 글로벌 스타 기업으로 발돋움하기 위해 IP 경영 진단 구축 사업과 특허 맵 사업 등 전문가의 컨설팅을 통한 효과적인 지식재산 경영 추진, 기존 연구 개발한 기술을 토대로 IP 포트폴리오 구축, 이에 기반한 체계적 IP-R&D 전략 수립을 통해 해외 권리화 보유 실적 추가 및 기업의 매출 신장, 고용 증대 등의 효과 등등… 가야 할 길이 아득하다.

돌이켜 생각해 보면, 기업을 하는 나와 내 가족, 그리고 우리 직원 모두가 이러한 성장 과정 속에서 한 번이라도 여유를 가져 본 적이 없었다. 대내외적으로 불안한 경제 환경, 규제라는 무수한 덫, 규모에서의 위축 등등 매 순간 발목이 잡히기 일쑤였다. 그때마다 우리 한국의 중소기업들은 새로운 긍정적 에너지의 돌파구를 찾아내고 말았다. 지금도 불굴의 정신으로 이 불안한 미래를 함께 고심하며 분투해 나가고 있는 대한민국 기술 혁신의 선구자인 중소기업인과 그 가족들에게 응원의 함성을 보낸다.

2019. 12. 08. Ulsan Maeil

I believe Ulsan has already embarked on becoming a smart city

Digital automation solution integrated with ICT is a must in smart factory
Achieving customer satisfaction, quality, productivity is what we all should keep in mind
Outcome outweighs everything···Cheer for SME entrepreneurs who are struggling

It has been almost a year since Singapore's ASEAN Smart City Network was launched. 26 ASEAN cities have been vigorously launched with the goal of digitalizing their cities and industrial sites. But now our government is running behind. Korea's global manufacturing business is the worst ever since the global financial crisis broke out due to the US-China trade war. At that time, the Korean government had a goal of distributing 30,000 smart factories by 2022. Most of the plant owners supported the transition to smart factories. However, the government's efforts to emerge as a manufacturing powerhouse took different way, contrary to reality, and it could not afford to make the transition to the smart factory amid continued recession.

What's worse is that education and promotion of "digitalization" is lacking. Some have attempted to go smart at the bait of government support, with no specific plans or visions of their own. It is a big misconception that robots will do what humans do and provide everything with automation systems. The concept of smart, which has emerged as the main technology of the 4th Industrial Revolution, could not be understood as the structure of the futuristic city model that can improve the quality of life and pour out new jobs by solving various city problems.

But it is now too late to lament that the government failed to create these situations. Even now, we shouldn't rely on the government initiative and look farther (I agree that it's quite difficult in reality). The voluntary and active participation of the private sector should come first. The same is true for large corporations. The evidence shows that the large corporations spare big investments in SMEs' superior technology. Korean companies are struggling to break through this recession by opening up new markets. It is also noteworthy that the role of ventures and startups is increasing due to the struggle of large Korean companies. In the gloomy outlook that blocks Korean economy in all directions, the struggle of these companies is hopeful. To successfully develop smart factories, we must listen to the voices of global industrial sites around the world and focus more on the cases in which SMEs and large companies collaborate.

Smart Factory is not a groundbreaking new product that is nowhere to be found, but it is like a process of re-introduction with consideration. It is the core of smart factory to digitalize all processes and connections so far, intensively correct errors based on them, maximize the advantages in the field, and build explosive expectations. The side-effects of a surgery without well thought out plans not only aggravate the health of the patient, but also break out psychological aftereffect. Reoperation for minor improvements only repeats enormous time and expense. If you have at least a will to accurately analyze the physical situation, the operator and the field conditions, and build a 1:1 custom system accordingly, you can expect smart, quality result.

As such, the Fourth Industrial Revolution is not a modification of the pattern to intelligently repeat simple tasks. It is a kind of process that generalizes the artificial intelligence system in which the machine and people work together in the entire industry in order to derive and implement the intelligence that can make judgments on the spot. For this to happen, first of all, the application of Information and Communication Technology (ICT) combined with digital automation solution is essential in the production process of smart factory. It is important to familiarize yourself with the concept of intelligent factories that improve productivity, quality and customer satisfaction.

Even though SMEs have outstanding original technologies, they are facing a sad reality, such as the loss of socially valuable knowledge assets, talents and opportunities if the technology is not protected as a patent or successful in market. To overcome these problems, SMEs must first strive to acquire IP (Intellectual Property). Not long ago, ITS pushed for funding through Wadiz, Korea's first equity-invested crowdfunding company, exceeding the target amount in just 48 hours. But you cannot expect too much at your first attempt. What's important is the outcome of technology. Becoming a global star company is a long way to go. Effective intellectual property management promoted through consulting with experts such as IP management diagnosis and patent map business, IP portfolio built based on existing research and development technology, systematic IP-R & D strategy established based on this, the effect of adding rights to overseas entitlement and the company's sales growth, employment growth...

In retrospect, all of us, my family, and our employees have never had time to relax even once. The domestic and overseas slow economic growth, the myriad regulations, shrinking in investment made us stop all the time. However, Korean SMEs found a new breakthrough in positive energy every time something comes up. I cheer for SMEs and their families, the pioneers of Korea's technological innovation, who are still struggling due to this unstable future with the biggest consideration.

2019. 12. 08. Ulsan Maeil

智能化时代的蔚山, 相信已经开始了

智能工厂应用数字自动化解决方案的ICT技术是必需的
应用该方法,熟悉提高生产率,品质,顾客满意度的概念
技术上比记录更重要的是成果……给中小企业家加油

新加坡的"东盟智能城市网络"成立快一年了。东盟26个城市以符合各自的城市和产业现场的智能化为目标,曾大力推出过。但是现在韩国政府几乎是倒数第一。受美中贸易战争等影响,韩国的世界制造业景气自全球金融危机后达到历史最差水平。当时韩国政府为在2022年之前普及3万个智能factory为目标,大部分工厂主都赞成smart factory(智能工厂)的转换。但是,政府为了成为制造业强国而做出的努力与现实有很大的不同,在持续的经济萧条中,政府未能从容地迎来smart factory(智能工厂)转变。

更令人不可思议的事实是,对"智能化"的教育与宣传的缺失。部分人甚至在没有制定具体计划和蓝图的情况下,为了抓住政府的援助而试图过"智能(smart)。接受smart factory的老板可能误会了,人做的事情都是机器人做-用自动化系统提供所有服务。智能作为第四次产业革命技术的主战场,它所体现的智能概念,是未来型城市模式的结构,它能解决各种城市问题来提高生活质量,创造无数新的就业机会,这是老板无法理解的。

但是,不能说政府没能创造这样的情况,现在为时已晚。现在不依赖政府,而是用更长远的眼光(现实上很难做到这一点。但是)民间应该积极参与。大企业也不再期待政府了。对中小企业的优秀技术力不投资的大企业也是其中原因之一。韩国企业试图通过开拓新市场来突破这一低迷局面,这种奋斗真是令人感动的生存之战。韩国大企业的奋斗,风险企业与创业企业的作用越来越大,这一点也值得关注。在韩国经济四面受阻的暗淡前景中,这些企业的奋斗成为一线希望。为了成功smart factory的发展,韩国应该倾听全球产业现场的声音,更加集中于中小企业和大企业合作的事例。

smart factory不是"闻所未闻的杂种"类型的新产品,而是审查熟考加上三顾茅庐的

再引进的过程。把迄今为止的所有工程和连接过程进行大数据化,集中修正错误,将现场的优点最大化,提高爆发性的期待值,这才是smart factory的主要核心。因错误的选择而盲目动刀的手术带来的副作用不仅影响患者的健康,还会带来心理上的后遗症。别说完成,就是为一点改进而进行的再手术,只会重复耗费大量的时间和费用。正确分析其物理状况,操作者,现场条件等,建立相应的1:1定制系统的意志,就可以期待完成度高的智能结果。

像这样,第四次产业革命不是为了智能性地重复单纯工作的模式。为了使能够自行进行思考和判断的智能在现场得到实现,将机械和人一起的人工智能系统普及到整个产业中的一种过程。为此,首先必须将数字自动化解决方案相结合的信息通信技术(ICT)应用到smart factory的生产过程中。必须熟悉采用这一方法的生产性,质量以及提高顾客满意度的智能型工厂的概念。

目前,中小企业面临着即使拥有卓越的原创技术,但技术不能作为专利保护或者事业化失败,社会价值巨大的知识资产和机会就消失等令人遗憾的现实。中小企业为了克服这些问题,首先要致力于IP(知识产权)的获取。不久前,我们公司通过韩国第一家股权投资型众泰(Crowd Punding)公司华迪兹(Wadiz)进行冲压,开始数小时后,目标金额就超过了。但是一口吃不成胖子。技术比记录更重要。为跻身国际明星企业行列,通过IP经营诊断事业和专利,事业等专家咨询,推进有效知识财产经营,以现有研究开发的技术为基础建立IP资产组合,并以此为基础建立体系性的IP-R&D战略。要走的路很远。

回想起来,做企业的我和我的家人,还有我们所有职员在这样的成长过程中,从未有过闲暇。对内外不安的经济环境,规制等无数的陷阱,规模上的萎缩等,每一瞬间都被束缚住了手脚。每当这时,韩国中小企业就会寻找新的积极能源的突破口。向以不屈不挠的精神共同苦心经营着这一不安的未来的韩国技术革新先驱者中小企业家和他们的家属们表示声援。

2019. 12. 08. Ulsan Maeil

スマート時代の蔚山(ウルサン)、
最初の一打はヒットしたと信じよう

知能型工場、デジタル自動化ソリューションの結合ICT適用必須
これを適用し、生産性・品質・顧客満足度向上概念を熟知すべき
技術は記録より成果が重要…中小企業にエールを送る

　シンガポールの'アセアンスマートシティネットワーク'が発足してもう1年になろうとしている。アセアン26つの都市が各自の都市や産業現場に合ったスマート化を目標とし力強く元気に発足した。しかし、今の韓国政府はほとんど最下位の水準だ。米中貿易戦争などで韓国の世界製造業景気は世界的な金融危機以来、過去最悪だ。当時に如いても韓国政府は、2022年まで三万個のスマートファクトリー普及を目指し、ほとんどの工場主がスマートファクトリーの返還に賛成した。しかし、製造業大国に浮上するための政府の努力は現実と本当に大きく異なり、長引く景気低迷の中、スマートファクトリーへの転換を余裕を持って迎える状況にはならなかった。

　さらにあきれた事実は、「スマート化」に対する教育と広報の不在である。一部では、具体的な計画とビジョンを自ら全く立てないまま、政府支援という餌に食いつくために「スマート(smart)」を試みたりもした。人がやっていた仕事をロボットが登場することで、すべてを自動化システムでサービスを提供してくれるだろうと、非常に大きな誤解したスマートファクトリーを受け入れた社長が、実はほとんどだろう。4次産業革命技術のメインからも台頭するスマートの概念が、さまざまな都市問題解決に生活の質の向上と新たな雇用を無数に発表できる未来型都市モデルの構造ということを理解することができなかったのだ。

　しかし、この状況を政府が造りだせなかったと嘆くには、もう遅すぎる。今からでも政府主導に頼らず、もう少し先を見い出す視点で(現実的に本当に難しいということに同意する)。しかし)民間の自発的で積極的な参加が優先されなければならない。政府にこれ以上期待しないのは大企業も同じだ。中小企業の優秀な技術力に果敢な投資を惜しまない大企業の登場も、これに一役買っているというのがその証拠だ。新しい市場開拓でこの不況を突破しようとする韓国企業の奮闘は、本当に涙ぐましい生存争いだ。韓国の大企業の奮闘で、ベンチャーと

スタートアップの役割が大きくなっているのも注目にされる。韓国経済が四方に塞がれたという暗い見通しの中で、このような企業の奮闘は一筋の希望となっている。このようにスマートファクトリーが成功的に発展するためには、我々から世界のグローバル産業現場の声に耳を傾け、中小企業や大手企業が協業していく事例にさらに集中しなければならない。

スマートファクトリーは、「トゥッポジャブ(国語辞典:聞くことも見ることもできない奴)」タイプの画期的な新製品ではなく、熟慮に三顧の礼を加えた再導入の過程と同じだ。これまでのすべての工程と連結過程をビッグデータ化することにより、それに基づく誤りを集中的に修正していき、現場での長所を最大化させ、爆発的な期待値を上げていくことこそスマートファクトリーのメインポイントである。間違った選択で無闇に刃物から突きつけた手術の副作用は、患者の健康だけでなく心理的な後遺症まで伴う。完成はおろか、少しの改善のための再手術は、莫大な時間と費用だけを繰り返させるだけだ。その物理的状況と、操作する人、現場の条件などを正確に分析して彼による1:1オーダーメードシステムを十分に構築しようとする意志だけでも、完成度の高いスマート的な結果を期待できる。

このように4次産業革命は単純作業だけを知能的に反復させるためのパターンの修正がない。自ら悩みや判断を実行できる知能を現場で導き出し、実行化させるため、機械と人が一緒にする人工知能システムを産業全般に普遍化していく一種の過程である。そのためには、まずスマートファクトリーの生産過程にデジタル自動化ソリューションが結合した情報通信技術(ICT)の適用が不可欠である。これを適用した生産性と品質、そして顧客満足度を向上させる知能型工場の概念を熟知しなければならない。

現在、中小企業は優れた源泉技術を保有していても、技術を特許として保護できなかったり、事業化に成功できない場合、社会的に価値の高い知識資産と才能、そして機会が消滅するなど、残念な現実に直面している。中小企業がこのような問題を克服するためには、まずIP(知財)獲得に力を入れなければならない。先日、当社は韓国初の持分投資型クラウドファンディング会社であるワディスを通じたファンディング推進で、開始数時間で目標金額を超過した。しかし、最初のお酒が一杯になるだろうか。技術は記録より成果が重要だ。グローバルスター企業に成長するためにIP経営診断構築事業とパテントマップ事業など専門家のコンサルティングを通じた効果的な知識財産経営推進、既存の研究開発した技術を土台にIPポートフォリオ構築、これを基盤にした体系的なIP-R&D戦略樹立を通じて海外権利化保有実績追加及び企業の売上伸長、雇用増大などの効果など… 進むべき道ははるかに遠い。

振り返ってみると、企業をする私と私の家族、そして社員皆がこのような成長過程の中で、一度たりとも余裕を持ったことがなかった。 内外の不安な経済環境、規制という無数のわな、規模での萎縮など、毎瞬間足をすくわれるのが常だった。その度に韓国の中小企業は、新しい肯定的なエネルギーの突破口を探っていった。今も不屈の精神で、この不安な未来を共に悩みながら奮闘している大韓民国技術革新の先駆者である中小企業家やその家族たちにエールを送る。

2019. 12. 08. Ulsan Maeil

실리콘밸리가 인정한 울산 정보산업의 '미래'

디자인 서비스 혁신 '디자인 씽킹'
고객 만족시키는 모든 것에 적용
울산정보산업협 K-Global 선정
실리콘밸리서 새로운 미래 경험

　요즘 국내는 물론, 해외 각 기관 및 유명 기업 어딜 가도 디자인 씽킹이 화제
다. 이 디자인 씽킹은 현재 세계에서 가장 창의적 기업으로 알려진 IDEO가
제시한, 디자인 서비스 혁신 방법이다.

　디자인 씽킹의 최고 수혜자인 스티브 잡스는 "디자인은 제품이나 서비스의
연속적 외층에 표현되는 인간 창조물의 영혼"이라고까지 주장했다. 이 말은
우리 인간들은 이제 제품 및 기술에 대한 물질적 만족뿐만 아니라, 영혼의 만
족까지 요구하게 됐다는 것이다. 인터넷 시대가 오면 아무도 책을 읽지 않을
것이라고 모두가 생각했다. 그러나 디자인 씽킹의 성공적 인물로 꼽히는 아
마존닷컴의 설립자 제프 베조스는 인터넷을 통해 책을 팔기로 한다. 그는 디
자인 씽킹이라는 도구로, 투자자들의 마음을 단번에 사로잡는 '미래'를 생생
하게 보여줬다.

　이처럼, 얼마 전까지만 해도 단순히 제품의 겉모습에 불과했던 디자인이라
는 분야가, 지금은 커스터머를 만족시키는 모든 것에 적용되고 있다. 다른 세
상의 일이라고만 느꼈던 디자인 씽킹을 직접 체험할 기회를 얻었다. 올해 4

월, 과학기술정보통신부와 한국정보통신산업진흥원은 미국 실리콘밸리에 위치한 스탠퍼드 대학의 디자인 씽킹에 직접 참여할 'K-Global 혁신 기업가' 23명을 공개 모집했다. 엄격하고 공정한 심사로 대한민국 23명 기업 대표들을 선발해, 글로벌 비즈니스 파트너십으로 성공적 해외 진출 사례를 창출한다는 것이다. 23명의 구성을 살펴보면 다음과 같다. `K-Global 300'에 선정된 기업에서 10명을 우선 차출하고, 기 참가 기업 임원진 2명, 벤처 캐피털리스트 대표 1명, 그리고 나머지 10명은 공모 경쟁으로 선발한다. 경쟁이 치열할 것이라 예상됐지만, 이를 통해 우리 울산정보산업협회를 홍보할 수 있다는 생각으로, 협회 업무를 담당하고 있는 연구소장에게 참가를 권했다.

나를 비롯한 울산 기업가 대부분은 보통 기술자 출신들이다. 그래서 항상 고객들을 만나면 제품에 대한 기술적 설명만 늘어놓기 바빴던 것이 사실이다. 하지만 디자인 씽킹적 사고로 실리콘밸리로 진출하기 위해서는 우리의 비전을 다시 한번 명확하게 어필해야만 했다. 우리의 비전은 이것이다. '역사는 기록이고 기록은 미래다.' 그래서 말로만 구전되던 우리의 역사를 가시화해 기록하기 위해, 울산정보산업협회지를 발행하게 됐다. 실리콘밸리의 성공은 최고의 기술을 선사해서가 아니라, 모두가 공감할 수 있는 미래의 비전을 제시하는 곳이었기에, 지금의 성지가 될 수 있었다.

대한민국 10개 기업 중, 부산과 경남권 지역에서 유일하게 우리 기업이 선정되면서, 미국 실리콘밸리로 가는 기회를 얻고야 말았다. 그날로 우리 연구소는 밤새 울산정보산업협회에 관한 자료를 수집했고, 이를 영문화하는 작업으로 눈코 뜰 새 없었다. 모든 작업이 마무리될 때쯤, 우리 연구소장은 미국 실리콘밸리로 나섰다. 매일 매일 사진과 영상으로 전달되는 실리콘밸리와 스탠퍼드 대학 디자인 씽킹의 생생한 현장감에 울산정보산업협회 회원들 모두 매료돼, 단체 대화방은 오랜만에 장이 열린 시장처럼 문전성시를 이뤘다. 그 덕에 우리 연구소장은 주야로 그날의 일지를 정성스럽게 보내주는 수고를 해야만 했다.

 이러한 과정 속에서, 대한민국 울산에 갇혀있던 우리 울산정보산업협회 회원들의 사고도 한층 글로벌하게 변해 갔다. 더군다나, 이미 오래전에 대기업에서 독립한 울산 중소기업들의 전략과 제품이, 실리콘밸리에 진출하기에 적합하다는 미국 현지의 높은 평가는 우리 회원들의 사기진작에 큰 영향을 끼쳤다. 울산이라는 곳의 정치와 정보산업(ICT/IDT)은, 지리적으로나 위상적으로나 대한민국의 변방이다. 하지만 상하 위계, 수직적 조직 구조가 뒤집히는, 아니 뒤집혀야만 하는 혁신이야말로, 생존에 가장 필수적인 도구로 작용하는 시대가 오고야 말았다. 이러한 시대의 흐름이 도와주는 절호의 타이밍이 1960년대 울산 공업 도시 지정 이래, 또다시 울산을 성공의 기회로 초대하고 있다. 지금이야말로 세계 최고의 메이저 산업 빅데이터가 넘쳐흐르는 울산이, 변혁할 수 있는 혁신의 시대이다. 울산의 정치인, 기업가, 시민 모두, 우리가 우리 스스로 돕지 않으면 안 된다. 매번 늦장으로 놓치고 난 후, 남 탓만 했던 시대는 이제 저버리고, 모두 함께 위대한 울산을 서둘러 재건해야만 한다.

2018. 09. 04. Ulsan Column

Silicon Valley acknowledges the 'future' of Ulsan Information Industry

Design Service Innovation 'Design Thinking' is applied to everything that satisfies customers
Ulsan Information Industry Association Selected as K-Global
New Future Experience at Silicon Valley

Nowadays, design thinking is in the lime light everywhere in Korea as well as overseas organizations and well-known companies. This design thinking is a design service innovation method proposed by IDEO, now known as the world's most creative company.

Steve Jobs, the beneficiary of Design Thinking, once said that "Design is the fundamental soul of a human-made creation that ends up expressing itself in successive outer layer of the product or service." This means that we humans are now demanding not only material satisfaction with products and technology, but also satisfaction of our souls. Everyone thought that no one would read when the Internet era came. But Jeff Bezos, founder of Amazon.com, one of the most successful design thinkers, decides to sell books over the Internet. With a tool called Design Thinking, he vividly showed the 'future' that captivated investors at once.

As such, the field of design, which was until recently only thought of as the appearance of a product, is now applied to everything that satisfies customers. I got to experience Design Thinking, which I felt was the work of another world. In

April of this year, the Ministry of Science and ICT and the Korea Information and Telecommunication Industry Promotion Agency openly recruited 23 K-Global Innovators to participate in design thinking at Stanford University in Silicon Valley. It selected 23 representatives from South Korea through rigorous and fair screening, and will help these people to expand overseas market through global business partnership.

Selected 23 people consists of ten people out of 'K-Global 300', two executives from participating companies, one venture capitalist representative, and ten others from the competition. The competition was expected to be fierce, but I offered this opportunity to the chief of our Ulsan Information Industry Association to promote it.

Most of the Ulsan entrepreneurs, including myself, are engineers. So it's true that when I meet customers, I am busy explaining technical features of the products. But in order to move forward to the Silicon Valley with creative thinking, we have to once again articulate our vision. Our vision is 'History is the record and the record is the future'. So we published the Ulsan Information Industry Association magazine to visualize and record our history. Silicon Valley's success wasn't just about delivering the best technology, but proposing a vision for the future that everyone can relate to, which led this place a sacred place.

Out of ten Korean companies, ITS was the only company selected throughout Busan and Gyeongnam area, which meant that we had the opportunity to go to the US Silicon Valley. From then on, our institute gathered data on the Ulsan Information Industry Association overnight, and translated all of those data into English. After all was done, the chief of lab headed to Silicon Valley, California. All members of the Ulsan Information Industry Association were fascinated by Silicon Valley and Stanford University Design Thinking course which were shown through photos and videos every day. We all talked about them constantly. As our employees were all amazed by this design course, the chief of lab had to spend extra time to send almost every detail about it.

In the process, their thought once trapped in Ulsan, Korea, grew bigger. In addition, the US's high appraisal of the strategy and products of Ulsan SMEs, which had long been independent of large companies, had a great influence on the morale of our members. Ulsan's politics and information industry (ICT / IDT) is politically and geologically not the center.

But the time has come that vertical organizational structure be inverted. This kind of innovation is the essential to survive this era. The trend leads Ulsan to an opportunity for success since the Ulsan was designated as industrial city in the 1960s. Now is the time of innovation that Ulsan, overflowing with the world's best industrial data, can change. Ulsan politicians, entrepreneurs and citizens, we all have to help each other. We need to move on from the days when we blame each other and everyone must start rebuilding great Ulsan.

2018. 09. 04. Ulsan Column

硅谷认可的蔚山信息产业的'未来'

设计服务创新'设计思维'
应用于满足客户的一切
蔚山信息产业协会评选K-Global
在硅谷未来的新经验

如今,设计思维已成为韩国乃至海外组织和著名公司的热门话题。这种设计思想是IDEO提出的设计服务创新方法,IDEO现在被称为世界上最具创造力的公司。

设计思想的主要受益者史蒂夫·乔布斯认为,"设计是人类创造的灵魂,体现在产品或服务的连续外层中。"这意味着我们人类现在不仅需要产品和技术的物质满足, 还需要灵魂的满足。每个人都认为,互联网时代来临时,不会有人读书。但是最成功的设计思想家之一的Amazon.com创始人杰夫·贝佐斯(Jeff Bezos)决定通过互联网出售书籍。他使用一种名为"设计思维"的工具,生动地展示了吸引投资者的"未来"。

这样,直到最近才只是产品外观的设计领域现已应用于满足客户的所有事物。我有机会体验设计思维,这是另一个世界的工作。今年4月,科学信息通信技术部和韩国信息通信产业振兴机构公开招募了23位K-Global创新者,参加了位于硅谷斯坦福大学的设计思维。它将通过严格和公平的筛选从韩国选出23名代表,并通过全球业务合作伙伴关系成功实现海外扩张。23个人的组成如下: 从入选"K-Global 300"的企业中优先遴选10人,2名已参会企业管理人员,1名风险资本家代表,其余10名通过公开招聘竞争方式选拔。尽管预计竞争会很激烈,但我认为这会促进蔚山信息产业协会的发展,因此我鼓励负责该协会的研究所所长。

包括我自己的大多数蔚山企业家通常都是工程师。因此,如果经常见到顾客,就会忙于对产品进行技术说明。但是,为了以设计思想进入硅谷,我们不得不再次明确呼吁

103

我们的蓝图。我们的蓝图是这样,"历史是记录,记录是未来"因此,为了形象化和记录我们仅以文字表达的历史,我们出版了《蔚山信息产业协会》杂志。硅谷的成功并不是因为它带来了最好的技术,而是它为所有人提供了一个令人感同身受的未来蓝图,所以它才成为了现在的圣地。

在十家韩国公司中,唯一的韩国公司是在釜山和庆南选定的,获得了前往美国硅谷的机会。那天,我们研究所连夜收集了蔚山信息产业协会的相关资料,并进行了英文化的工作,忙得不可开交。在所有工作结束的时候,我们研究所长来到了美国硅谷。每天通过照片和视频传达的硅谷和斯坦福大学设计图的生动现场感让蔚山信息产业协会的会员们全部为之着迷,团体聊天室就像刚开门的集市一样门庭若市。正因为如此,我们的研究所长才能昼夜精心地送出当天的日志。

在这一过程中,被困在韩国蔚山的韩国蔚山信息产业协会会员们的思考方式也变得更加国际化。更何况,很久以前就从大企业中独立出来的蔚山中小企业的战略和产品,以及适合进军硅谷的美国当地的高度评价,对我们会员们的士气起到了很大的影响。蔚山的政治和信息产业(ICT/IDT)无论从地理上还是地位上都是大韩民国的边防。但是, 倒置的垂直组织结构（倒置或倒置）是生存的最重要工具。从1960年代蔚山工业城市指定以来,这种时代潮流帮助的绝好时机再次邀请蔚山成为成功的机会。现在正是世界最高产业大数据泛滥的蔚山可以变革的革新时代。蔚山的政客,企业家,公民,我们每个人都必须互相帮助。每次都因迟到而错过后,只能怪罪别人的时代已经一去不复返了,大家应该一起抓紧重建伟大的蔚山。

2018. 09. 04. Ulsan Column

シリコンバレーが認めた蔚山情報産業の'未来'

デザインサービス革新'デザインシンキング'
顧客満足のすべてに適用
蔚山情報産業協会K-Global選定
シリコンバレーで新しい未来を経験

　この頃、国内はもちろん、海外の各機関や有名企業のどこへ行ってもデザインシンキングが話題になっている。このデザインシンキングは、現在世界で最も創意的な企業として知られているIDEOが提示したデザインサービスの革新方法である。

　デザインシンキングの最高受恵者であるスティーブジョブズ氏は、「デザインは製品やサービスの連続的な外層に表現される人間創造物の魂だ」とまで主張した。この言葉は、「私たち人間たちは、今や製品および技術に対する物質的満足だけでなく、魂の満足まで求めるようになった」という。インターネット時代が来れば誰も本を読まないだろうと誰もがが思った。しかし、デザインシンキングの成功的人物とされるアマゾンドットコムの設立者ジェフベゾスはインターネットを通じて本を売ることにした。彼はデザインシンキングという道具で、投資家たちの心を一気に捕らえる「未来」を生々しく見せてくれた。

　このように、つい最近まで単に製品の見かけに過ぎなかったデザインという分野が、今ではカスタマーを満たすすべてに適用されている。他の世界のことだとばかり感じていたデザインシンキングを直接体験する機会を得た。今年4月、科学技術情報通信部と韓国情報通信産業振興院は米シリコンバレーに位置するスタンフォード大学のデザインシンキングに直接参加する'K-Globalの革新企業家'23人を公開募集した。厳正な審査で大韓民国23人、企業代表

たちを選抜し、グローバルビジネス・パートナーシップに成功的海外進出事例を創出するということだ。 23人の構成を見ると次のようになる。 `K-Global 300'に選定された企業で10人をまず、派兵して、気の参加企業役員2人、ベンチャーキャピタルリスト代表1人、そして残りの10人は公募競争で選抜する。 競争が激しくなると予想されたが、これを通じて韓国の蔚山情報産業協会を広報できると考え、協会の業務を担当している研究所長に参加を勧めた。

　私をはじめ蔚山企業家の大部分はほぼ技術者出身だ. それでいつも顧客たちに会うと、製品に対する技術的説明だけをするのに忙しかったのも事実だ。 だがデザインシンキング的思考でシリコンバレーに進出するためには、我々のビジョンを改めて明確にアピールしなければならなかった。 我々のビジョンはこれだ。 歴史は記録であり記録は未来だ。それで言葉だけで語り継がれてきた韓国の歴史を可視化して記録するため、蔚山情報産業協会誌を発行することになった。 シリコンバレーの成功は最高の技術をプレゼントしてではなく、皆が共感できる未来のビジョンを提示するところだったからこそ、今の聖地になることができた。

　大韓民国10社のうち、釜山と慶尚道地域で唯一、韓国企業が選定されながら、アメリカのシリコンバレーに行く機会を得ることになった。その日は、私たちの研究所は一晩中蔚山情報産業協会に関する資料を収集し、これを英文化する作業で目まぐるしい日々であった。すべての作業が終わる頃、うちの研究所長は米国のシリコンバレーにふみはいた。毎日写真と映像で配信されるシリコンバレーとスタンフォード大学デザインシンキングのリアルな臨場感に蔚山情報産業協会の会員たちが皆魅了され、団体対話ルームは久しぶりに会場が開かれた市場のように門前市を成した。 そのため、韓国の研究所長は昼夜を問わず、日々の日課を丹念に送る苦労をしなければならなかった。

　このような過程の中で、大韓民国蔚山に閉じ込められていた韓国蔚山情報産業協会の会員たちの思考も、一層グローバル化されていた。に変わってしまった。 しかも、かなり前に大企業から独立した蔚山の中小企業の戦略と製品が、シリコンベリーに進出するのに適しているという米国現地の高い評価は、韓国会員たちの士気高揚に大きな影響を与えた。 蔚山というところ

の政治と情報産業(ICT/IDT)は、地理的にもプレゼンス的にも大韓民国の辺境である。しかし、上下系、垂直的組織構造が覆される、いや覆されるべき革新こそ、生存に最も必須の道具として作用する時代が到来してしまった。こうした時代の流れが手伝ってくれる絶好のタイミングが1960年代、蔚山工業都市に指定以来、再び蔚山(ウルサン)を成功の機会に招かれている。今こそ世界最高のメジャー産業ビッグデータがあふれる蔚山が、変革しうる革新の時代である。蔚山(ウルサン)の政治家、企業家、市民の全てが私たち自らを助けなければならない。毎度遅ればせながら逃した後、他人のせいにばかりしていた時代はもう見捨て、共に偉大な蔚山を急いで再建しなければならない。

2018. 09. 04. Ulsan Column

〈맥키스컴퍼니 조웅래 회장님〉 사진 출처 : 맥키스컴퍼니

한국에도 멘토가 있다

"좋은 것은 시민들과 나누고 싶다"는 조웅래 회장
'계족산 황톳길 사업' 등으로 지역민과 가치 공유
출혈 마케팅 없이도 기업 이윤 늘어나는 효과 거둬

요즘 새로운 아이디어와 재능으로 뭉친 젊은 창업가들이 하루에도 수백 명씩 속출한다. 대부분 국내외 유명 대학 졸업생들로, 차별화된 신선한 마케팅으로 글로벌로 진출하고 있다. 아쉬운 것은, 이들이 글로벌 실력을 갖춘 만큼 한국에 뿌리를 두지 않고, 대부분 해외로 진출해 버린다는 것이다. 그들이 한국을 떠나는 이유는 "멘토가 없어서"라고 말한다. 한국에서 무일푼으로 시작해 사회적으로 존경받은 멘토가 어디 있냐고 말한다.

그런 점에서 나는 행운아다. 나의 멘토는 20년간 건강하게 지금도 늘 곁에 있어 주시기 때문이다. 운전도, 골프도 못 하는 그는 항상 이렇게 말한다. 비행기 일등석 탈 돈이면 계족산에 뿌릴 황토가 몇 트럭이냐고. 그 황토를 밟는 시민들의 행복한 웃음이 비행기 일등석보다 행복하다고 말한다. 자신에게는 구두쇠지만, 고객과 함께 그 모든 가치를 공유한다는 그는 바로 대전과 충청 지역의 소주 제조사, 맥키스컴퍼니의 조웅래 회장이다.

평소 그를 존경해 온 사람들의 간절한 요청으로, 조웅래 회장을 울산으로 초청했다. 역시나 그의 시작은 남달랐다. 약속 시간보다 먼저 아이티공간으로 오겠다고 해서 그러려니 했는데, 아침부터 그의 SNS의 사진들은 태화강 대숲을 배경으로 마라톤을 즐기고 있는 모습이었다. 급히 연락하니 목욕탕을 갔다가 사무실로 오겠다면서 한사코 마중을 거절했다.

조웅래 회장은 경북대학교를 졸업하고, 삼성전자에서 3년 근무 후, 바로 사표를 던지고 중소기업으로 옮겼다. 33살이 되던 1992년 2,000만 원으로 전화로 운세를 알아보는 음성 서비스를 시작, 삐삐(무선 호출기) 인사말 녹음, 휴대전화 음악 편지 등으로 유명세를 탄 '700-5425'로 대박을 터뜨렸다. 삐삐가 사라지고 핸드폰이 등장하면서, 소리(음성 서비스 사업)나 술이나 별반 차이가 없다는 생각에 경상도 청년이 대전에 있는 망해가는 소주 제조 회사를 사들이면서, 아무런 연고도 없는 대전으로 거처를 옮겼다.

소주 만들어 파는 일에 전념해도 시원찮을 판에 자신이 평소 즐겨 운동하던 계족산 산책로에 황토를 깔기 시작한 지가 벌써 11년째다. 계족산 황톳길 사업은 평소 즐겨 찾던 계족산에서 지인들과 함께 걷다가 하이힐을 신은 여성에게 운동화를 벗어 주고 맨발로 걷게 된 것이 계기였다. 맨발로 걷게 되자 그날 저녁 몸이 따뜻해지고 머리가 맑아져 모처럼 숙면을 취했다고 한다. 이 좋은 경험을 다른 사람들과 함께하기 위해 산책길에 황토를 깔고 음악회 등을 개최했다. 이 비용은 연간 10억 원 정도 든다. 입장료도 없다. 이 이름 없던 산길에 전국에서 사람들이 몰려들면서 핫 플레이스가 됐다.

계족산 황톳길은 한국관광공사에서 뽑은 '한국 관광 100선'에 연속 선정됐고 최근엔 한국관광공사와 문화체육관광부 공동 추천으로 '5월 걷기 여행길 10선'에도 선정된 바 있다.
지역 주민들이 감사의 마음으로 조 회장의 소주만을 팔면서 덩달아 '함께 잘사는 길(상생)'이 됐다. '소주 한 병 더 파는 것보다 사람 마음을 얻는 게 더 중요하다'는 생각으로 유명 연예인을 내세워 광고하고, 출혈 마케팅으로 지출하는 대신 대중의 마음을 열고자 했다. 대중이 신뢰하기 시작하자, 내부 직원들 사기가 달라졌다고 한다. 사람들이 회사에 대해 칭찬하고 신뢰를 보내주자 스스로 회사에 대한 자부심을 가지게 됐고, 이직하는 직원이 거의 없는 회사가 됐다고 한다. 그저 아무 말 하지 않아도 믿고 따라주는 회사로 성장하면서 그만큼 비용이 줄어든 것이다.

한편에서는 그의 이러한 행동들을 정치적 야망이나 경제적 이득을 도모한 것으로 오해하고 색안경을 끼고 보기도 했다. 하지만 지금은 오해의 시선에서 많이 벗어났다. 10년 넘는 시간 동안 신뢰가 쌓이고 공감을 해 줬기 때문이다. 기업의 이윤 추구를 위한 마케팅 활동이 아닌 지역과 지역민을 위한 가치를 창출해 공유하고 함께 상생하고자 하는 지역 기업의 노력과 12년째 황톳길을 관리하는 진정성을 알아줬기 때문이다. 그가 앞으로도 영원한 멘토로 남아 주길 기원하며 감사의 마음으로 글을 마친다.

2018. 11. 12. Economy Column

Mentors in Korea

Chairman Cho Wung-rae, "I want to share good things with citizens."
Sharing Values with Local People through the 'Mt. Gyejok Red Clay Road Project'
Corporate profits increased without cutthroat marketing

Today, hundreds of young entrepreneurs come out in the market with new ideas and talents. Most of them are graduates of renowned universities at home and abroad, and are advancing towards global market with differentiated marketing. Unfortunately, they do not stay in Korea as they have capabilities to work abroad. They say they leave Korea because they don't have a mentor and ask "Do we have someone who started with nothing and became socially respected in Korea?".

In that respect I am lucky. My mentor has been around for 20 years now. He can't drive or play golf and he always said "Imagine the amount of loess we can use on the red clay road of Mt. Gyejok instead of taking the first class on an airplane. The laughter of the citizens who step on the red clay road makes him happier than the first class. Although he is a miser to himself, he shares all the values with his customers. It is Chairman Cho Wung-rae, Daejeon and Chungcheong province based Soju manufacturer, the Mackiss Company Inc..

Due to the eager requests of those who have always respected him, I invited Chairman Cho to Ulsan. His day started with jogging. He said that he would come to ITSroom office early and started posting SNS photos showing him enjoying the marathon along Taehwa River. I called him right after I saw them saying that I would pick him up but he said no to go to the public bath.

After graduating from Kyungpook National University and working for three years at Samsung Electronics, Chairman Cho Wung-rae quit his job and moved to a small company. In 1992, when he turned 33 years old, he started voice service that tells people their fortune on the phone using his 20 million won, and he hit the jackpot with 700-5425, which was famous for recording greetings on pager and mobile phone music letters.

As the beepers disappear, cell phones came out. Young Gyeongsang-do man bought a bankrupt soju manufacturer in Daejeon and moved to Daejeon where he had no one he knew.

It's been 11 years since he started laying red clay on the Gyejok trail where he enjoys working out. In 2006, when he was on the way to climb with his close friends, he saw a woman tottering on high heels. He took off his shoes and gave them to her and he himself walked on barefoot. That night, his body became warm and he was refreshed which led him to have such a good sleep. In order to share this with others, they laid red clay on the mountain trail and held music concerts. This costs about 1 billion won per year. There is no entrance fee. It became so popular as people from all over the country came to enjoy this unique experience.

Mt. Gyejok Red Clay Road was selected as one of the "100 Best Tourism sites" consecutive years by the Korea Tourism Organization and also selected as one of the "10 best walking trails in May" by the Korea Tourism Organization and the Ministry of Culture, Sports and Tourism.

Local residents bought Cho's soju expressing gratitude towards him, and it became a way to live together. The idea was to get people's minds rather than to sell on e more bottle of soju so instead of advertising them with famous celebrities and spending huge amount of money on marketing, Mr. Cho tried to stay closer to the people. When the public started to trust, internal employees' attitude changed. When people praise and trust their company, they were proud of themselves and became a company with low job separation rate. It grew into a company that everyone believes in and follows no matter what and it saved tremendous costs.

Some people misunderstood these actions as political ambitions or economic gains. But now he is free from those allegations. For more than a decade, trust has been built up and people empathized. This is because they learned the sincerity of local companies' efforts to create, share and coexist together, and manage the red clay road for 12 years, rather than market their products for corporate profit. I wish that he would remain as an eternal mentor for the rest of my life and end this writing with much gratitude.

2018. 11. 12. Economy Column

韩国也有导师

"好东西想和市民分享"赵雄来会长
"鸡足山黄土路工程"等与地区居民共享价值
即使没有营销，企业利润也会增加

最近，以新的想法和才能聚集在一起的年轻创业者每天都有成百数千人。大部分都是
国内外著名大学毕业生，以与众不同的新颖营销方式进军全球。可惜的是，他们具备
国际实力，不会在韩国扎根，大部分进军海外。他们离开韩国的理由是"没有导师"。说
在韩国白手起家并受到社会尊重的导师在哪里。

从这一点看，我是个幸运儿。因为我的导师20年来一直健康地陪伴在我身边。不会
驾驶，不会打高尔夫的他总是这样说。"坐飞机头等舱的钱，能撒在鸡足山的黄土
有多少卡车？"市民们的幸福笑容比飞机头等舱还要灿烂。虽然对自己来说是个
吝啬鬼，但与顾客共享所有价值的他就是大田和忠清地区的烧酒制造商、麦基斯
（McKiss）公司总裁赵雄来。

平时尊敬他的人恳切要求，邀请赵雄来会长蔚山。不出所料，他果然与众不同。本
来说想提前到IT空间，但我发现的一大早他的SNS上的照片就以太和江竹林为背
景,享受着马拉松的乐趣。急忙联系，说要到澡堂然后来办公室。

赵雄来会长毕业于庆北大学，在三星电子工作了3年后立即辞职，转投中小企业。
在33岁时的1992年，他以2000万韩元的价格开通了电话咨询运势的语音服务，并
以录音呼叫机问候语、手机音乐信等而名声大噪的700-5425大获成功。随着BB机的
消失，手机登场，认为声音(音频服务事业)和酒没有什么差别，庆尚道青年买下了
在大田倒闭的烧酒制造公司，将住处转移到了没有任何关联的大田。

114

在专心做烧酒销售也并非易事的情况下,在自己平时喜欢运动的鸡足山散步路上铺设黄土已经有11年了。鸡足山黄土路项目的契机是,平时喜欢去的鸡足山和朋友们一起走,给穿着高跟鞋的女性脱掉运动鞋,光着脚走路。他说,赤脚走路后,当晚身体暖和起来,头脑清醒,难得睡个好觉。为了让这些好经验与他人分享,在散步的路上铺上黄土,举办了音乐会等。该费用每年需要10亿韩元左右。门票也没有。这条名不见经传的山路,吸引了来自全国各地的人们,成为热点。

鸡足山黄土路在韩国观光公社选出的"韩国观光100线",最近韩国观光公社和文化体育观光部共同推荐,被选为"5月行走的10线"。
当地居民表示感谢,只买赵会长的烧酒,成为了"一起生活的好路"。以"比起再卖一瓶烧酒,获得人的心更重要"的想法,推出了著名艺人,并通过出血营销开支,而是打开了大众的心。据说,公众开始信赖,内部职员士气变了。人们称赞公司,信赖自己对公司感到自豪,成为几乎没有员工跳槽的公司。即使不说任何话,也会成长为值得信赖的公司,费用就减少了。

一些人误以为他的这些行动是图政治野心或经济利益,还戴着有色眼镜看。但现在,已经脱离了很多误会的视线。因为在超过10年的时间里,他们不断积累信任,并产生了共鸣。因为这不是企业追求利润的营销活动,而是为地区和地区人民创造价值,实现共享,共生共荣的地区企业的努力和12年来管理黄土路的真诚。希望他以后也能成为永远的导师,以感谢的心情结束文章。

2018. 11. 12. Economy Column

韓国にもメンターがある

「良いものは市民と分かち合いたい」というジョー ウンレ会長
「鶏足山の黄土道事業」などで地域民と価値を共有
出血マーケティングがなくても企業利潤が増える効果を収める

　最近新しいアイディアと才能を持った若い起業家たちが1日に数百人ずつ続出する。 ほとんどが国内外の有名大学の卒業生で、新鮮なマーケティングでグローバルに進出している。 残念なのは、これらがグローバル実力を備えただけに韓国に根をおかず、ほとんど海外に進出してしまうということだ。 彼らが韓国を離れる理由は「メンターがないから」と言う。「韓国で一文無しで始めて社会的に尊敬されたメンターはどこにあるのか」と言う。

　その点で私は幸複者だ。 私のメンターは20年間の健康にいまでもつねにそばにいてくれるからだ。 運転もゴルフも苦手な彼は、いつもこう言う。 飛行機のファーストクラスに乗るお金なら、鶏足山に撒く黄土が何トラックなのかと。 その黄土を照らす市民の幸せな笑いが、飛行機のファーストクラスより幸せだと言う。 自分にはけちだが、顧客と一緒にそのすべての価値を共有するという彼は、大田(テジョン)と忠清(チュンチョン)地域の焼酎メーカー、マッキスカンパニーのジョー ウンレ会長だ。

　普段から彼を尊敬してきた人たちの切実な要請で、ジョー ウンレ会長を蔚山に招待した。 やはり彼の始まりは人一倍違っていた。 約束の時間より先に私の会社に来るというのでそうしようと思ったが、朝から彼のSNSの写真は太和江の竹森を背景にマラソンを楽しんでいる様子だった。 急いで連絡したら、銭湯に行って事務室へ来る」と言って、どうしても見送りを切られた。

　チョウンレ会長は慶北大学校を卒業して、三星電子で3年勤務後、すぐ辞表を出し中小企業に転職した。 33歳になった1992年2,000万ウォンに、電話で運勢を調べる音声サービスを開始、ポケットベル(無線呼出機)の挨拶の言葉録音、携帯電話の音楽手紙などで有名にな

った700-5425で大ヒットを記録した。ピッピが消えて携帯電話が登場し、音(音声サービス事業)も酒も別段差がないと思い、慶尚道青年が大田にあるつぶれかけた焼酎メーカーを買い取りながら、何の縁もゆかりもない大田に居住を移した。

　焼酎製造販売することに専念してもいい状況に自分が普段楽しみにして運動していたギェジョクサンの散策路に黄土を敷き始めてもう11年目だ。鶏足山「黄土の道」事業は、普段よく訪れていた鶏足山で知人らと一緒に歩き、ハイヒールを履いた女性に運動靴を脱いで裸足で歩くようになったのがきっかけだった。裸足で歩くようになると、その日の夜、体が温かくなって頭がすっきりして、久しぶりに熟睡をしたという。この良い経験を他の人たちと一緒にするため、散歩途中に黄土を敷いて音楽会などを開催した。この費用は年間10億ウォン程度かかる。入場料もない。この名も無き山道に全国から人々が押し寄せ、ホットプレイスになった。

　ギェジョクサン、黄土道は韓国観光公社で選ばれた'韓国観光100選'に連続選ばれ、最近は韓国観光公社と文化体育観光部の共同推薦で'5月、歩く旅道10選'にも選ばれたことがある。
　地元住民が感謝の気持ちで趙会長の焼酎だけを売り、ともに「ともに豊かな道」(相生)になった。「焼酎をもう一本売るより、人の心をつかむことの方が重要だ」と考え、有名芸能人を前面に出して広告し、出血マーケティングで支出する代わりに、大衆の心を開こうとした。大衆が信頼し始めると,内部の職員たちの士気が変わったという. 人々が会社に対して褒め称え、信頼を送ると、自ら会社に対する自負心を持つようになり、転職する職員がほとんどいない会社になったという。何も言わなくても信じてついてきてくれる会社に成長し、それだけ費用が減ったのだ。

　一方では、彼のこのような行動は政治的野望や経済的な利得を狙ったものと誤解し、色眼鏡で見た。しかし、今は誤解の視線からかなり外れている。10年超える時間の間、信頼が築かれ、共感をしてくれたからだ。企業の利潤追求のためのマーケティング活動ではなく地域と地域住民のための価値を創出して共有し一緒に共存しようとする地域企業の努力と12年目、田舎を管理する真正性を認められたためだ。彼がこれからも永遠なメンターとして残ることを祈りながら、感謝の気持ちで文章を終えたい。

2018. 11. 12. Economy Column

03

Why Korean manufacturing?

03 왜, 한국의 제조인가?

가. 한국 경제 흥망성쇠의 아이콘, 울산

나. 거대한 자원의 인스턴트 도시, 울산

다. 개인의 건전한 욕망으로 진화하는 제조 혁명

라. 대통령의 울산 방문, 아니 반가울 수 없다

마. 산업 데이터로 도시를 재생하는 세계 유일 도시 '울산'

예지보전 기술 연평균 39% 증가 2022년에는 109.6억 달러 전망

○ 스마트공장 국내 시장 규모 및 전망 (단위 : 억원, %)

구분	'17	'18	'19	'20	'21	'22	CAGR
합계	42,369	46,838	51,803	57,294	63,367	70,084	10.6

* 출처 : 중소기업 전략기술로드맵-스마트공장, 중소벤처기업부, 2019

○ 스마트공장 세계 시장 규모 및 전망 (단위 : 억달러, %)

구분	'17	'18	'19	'20	'21	'22	CAGR
합계	1,323	1,446	1,580	1,727	1,887	2,063	9.3

출처 : 중소기업 전략기술로드맵-스마트공장, 중소벤처기업부, 2019

○ 스마트제조 예지 보전 기술 세계 시장 발달

Total PdM Market
Predictive Maintenance a $1,498M market in 2016, expected to grow to $10,962M by 2022

Global Market Development (PdM)

○ 예지 보전 시장

- 주 52시간 근로별 대응비용 증가

- IoT Analytics Research에 따르면 예지 보전 기술은 2016년 15억 달러 규모의 세계시장이 연평균 39% 성장할 것으로 예상하여, 2022년에는 109.6억 달러가 될 전망.

한국 경제 흥망성쇠의 아이콘, 울산

세계 10위권 경제 대국 기적의 중심 울산의 침체
4차 산업혁명 산업 데이터 자원화로 재도약해야

대한민국 기업들의 파산 신청 수가 결국 회생 신청 수를 넘어서 버렸다. 무작위적인 대기업의 문어발 확장과 막무가내의 최저임금 인상으로 한국 경제를 지금까지 이끌어왔던 수많은 우수 중소기업들이, 결국 유지가 아니라 파산을 택하고 말았다. 일제강점기와 한국전쟁이라는 폐허 속에 1960년대 한국의 1인당 국민소득은 고작 80불도 되지 않았었다. 그러나 우리나라는 반세기 만에 자동차와 조선, 반도체 사업의 호황으로 세계 10위권의 경제 대국을 이뤄내는 기적을 일으켰다. 그리고 그 시작과 중심에 울산이라는 도시가 있었다.

울산은 중공업과 자동차 산업의 본무대로, 한때 가장 빠르게 성장하는 대한민국 최고 부자 도시였었다. 울산은 대한민국의 경제 악화가 지속된 2010년에도 철강 및 해양 플랜트 시장이 매출 50조 원을 웃돌며, 수십만 노동자들의 일자리를 만들어주었던 세계 최고의 제조 기술력 선도 도시였다. 그러나 불과 10여 년 만에 그 상황은 급격하게 반전되고 말았다. 현재 울산은 경기 하락으로 큰 어려움을 겪고 있다.

특히 울산의 인구 유출은 심각하다. 울산에 거주하는 고액 연봉자(연 1억 이상)의 30%가량이 부산 울산 간 고속도로가 개통되기가 무섭게 부산시의 해운대와 기장 쪽으로 삶의 거주지를 옮겨 버렸다. 그 원인으로 부산의 대학 출신이 많고, 가능하면 자녀들의 장래 교육 환경을 고려해서라고 한다.

울산이 어쩌다 이 지경까지 왔는가? 누구의 잘못인지 따질 곳도, 따질 명분도 없다. 앞으로 경기가 좀 나아진다고 가정하더라도 전통 산업이 집중된 도시(울산, 포항, 구미, 창원 등)들은 새로운 매력과 기능으로 재탄생되지 않는 한 과거의 번영을 회복하기는 힘들다.

한국을 평등 사회로 만들어, 민생을 살피고 공정한 나라를 만들겠다던 대통령 공약의 문재인 정부의 계획은 아직 그 동력을 얻지 못하고 있다. 현재 대한민국 대기업들은 현금 유보율을 높이기 위해 투자를 지연시키고 있으며, 청년들은 공무원과 대기업 시험에만 모든 희망을 걸고 있다. 과거를 답습하지 않기 위해서라도 지금의 상황을 정확히 관찰해야만 한다.

단기적 임시방편이 아니라, 장기로 이어질 침체에 대비한 적재적소의 긴밀한 대책으로 기업에 대한 투자 활성화와 경쟁력을 강화시켜 나가야만 한다. 그러기 위해서는 기업과 국가 모두 지금의 상황을 돌파해, 지속 가능한 성장으로 도약시키기 위한 패러다임을 재구성해야 한다. 다시 말해 지금이야말로, 모든 것이 긴밀하게 연결된 초(超)연결 사회에서 이를 단번에 해결할 수 있는 적시의 '킹핀'이 필요한 것이다. (킹핀: 볼링에서 핀 10개를 다 쓰러뜨리려면 1번 핀이 아닌, 그 뒤에 숨어 있는 5번 핀을 공격해야 한다는 의미)

울산의 '산업 데이터 플랫폼 구축'은 다양한 제조업종의 기술력에 바탕을 둔 디지털 신(新)창조 산업으로, 한국의 압축 성장 경험을 토대로, 현 산업의 패러다임 레벨을 한 단계 위로 혁명적으로 도약시킬 수 있다. 노르웨이의 '노스 세일링'은 과거 울산과 같이, 고래를 잡는 포경업으로 성행한 도시였다. 그러나 포획이 금지되자, 지역 전통 산업과 디지털을 융합한 생태 관광으로 전환하여 대성공을 이뤄냈다. 울산은 이제 '제조'라는 4차 산업혁명의 포경 대상이 될 '산업 데이터를 자원화'해야 할 시기가 도래했다. 대한민국 산업 발전의 경험과 시간이 축적한 성과 속에서 우리는 정보화를 통한 데이터 사이언스 시대를 선도할 기회를 노려야 한다. 바야흐로 데이터 과학이, 지난 50년간의 에너지 헤게모니를 대체할 가치이기 때문이다.

데이터를 석유와 같이 원전에서 뽑아 올리기 위해서는 먼저, 지식 산업이 여기 울산에 유치돼야만 한다. 그러기 위해서는 데이터 산업 분야의 다양한 과학자들이 존재해야 하고, 조성과 확산을 위해 학생과 젊은이들(UNIST 재학생 2,000명 감소)이 필요하다. 울산이라는 곳에도 창조적 산업 문화를 꽃피울 학교와 젊은이가 있어야만, 도시도 살고 데이터 과학도 부흥시킬 수 있다. 세계 3대 투자가 짐 로저스(워런 버핏, 조지 소로스와 함께 세계 3대 투자가)는 한국은 세계에서 가장 자극적인 나라라고 이야기한 적 있다.

자극은 창조되는 것이 아니라, 축적된 과거 속에서 기발한 미래를 계획하고 실천해 나가는 것이다. 한국 경제의 흥망성쇠의 아이콘, 울산이 과연 이대로 폐기될 것인가. 우린 아무것도 가진 것이 없는 게 아니라, 무엇을 가지고 있는지, 정확히 보고자 하는 눈이 없을 뿐일 수도 있다. 아무것도 없었던 우리 대한민국이, 지금까지 무엇을 해 왔고, 여기 이곳에 무엇이 남겨져 있는지를, 지금 당장 다시 한번 서둘러 점검해 봐야 할 때이다.

2019. 07. 01. Ulsan Maeil

Rise and fall of Korean Economy and Ulsan

Stagnation in Ulsan, once was one of the world's top 10 economic
miracle
Ulsan needs to leap into 4th Industrial Revolution Industry with industrial
data

The number of bankruptcy filings by Korean companies eventually exceeded the
number of applications for regeneration. Numerous excellent SMEs, which have
led the Korean economy up to now eventually chose bankruptcy over retention
due to the expansion of large corporations and the minimum wage hike. In the
ruins of the Japanese colonial period and the Korean War, Korea 's per capita
income in the 1960s was less than 80 dollars. However, Korea has rebounded with
a so called economic miracle and eventually achieved the world 's 10th largest
economy with the boom of automobile, shipbuilding and semiconductor business
over half a century. And at the center of this, there was a city called Ulsan.

Ulsan was one of the fastest growing and richest cities in Korea and it was the
center of heavy industry and automobile industry. Ulsan was the world's leading
manufacturing technology in the steel and marine plant market in 2010, even
when the Korean economy was in recession, exceeding 50 trillion won in sales
and creating jobs for hundreds of thousands of workers. However, in just a
decade or so, the situation was rapidly reversed. Currently, Ulsan is experiencing a
great difficulty due to the economic downturn.

The population outflow in Ulsan is serious. About 30% of the high salaried
residents (who earn more than 100 million annually) living in Ulsan moved to

Haeundae and Gijang of Busan City as the Busan – Ulsan highway was opened. The reason for this is that there are a lot of university graduates from Busan and they took the future of educational environment of their children into account.

What made Ulsan come to this point? It's no one's fault, no justifiable cause. Even if the economy gets better, it is difficult to restore the prosperity of the past unless cities with traditional industries (Ulsan, Pohang, Gumi, Changwon, etc.) are reborn with new attractiveness.

The government's resolution to make Korea into an equal society, to look into civil welfare, and to make a fair nation has not yet been powered. Korean big corporations are delaying their investments to build their cash reserves, and young people are putting all their hopes in the examination of public officials and large corporations. In order not to follow the past, we must precisely observe the present situation.

To prepare for recessions or economic downturns, we need to strengthen investment and competitiveness in the company with measures to cope with the stagnation that will lead to long-term rather than short-term measures. To do so, businesses and nations must rebuild the paradigm to break through the current situation and jump to sustainable growth. In other words, it is the time we need a timely 'kingpin' that can solve this once and for all in a hyper connected society where everything is tightly connected. (Kingpin: To defeat all ten pins in bowling, you have to attack the pin 5 hidden behind it)

Ulsan's 'Industrial Data Platform Building' is a new digital creation industry based on the technological capabilities of various manufacturing industries. It can revolutionize the paradigm level of the current industry up based on Korea's rapid growth. A company called Northsailing in Norway, like Ulsan in the past, became popular for whaling. However, when whaling was banned, the company turned their business into ecotourism combining local traditional industry and digital, which led to a great success. The time has come for Ulsan to source 'industrial data,' which is called 'manufacturing', the whaling industry of the fourth industrial revolution. With the accumulation of experience and time of industrial development in Korea, we should look for opportunities to lead the data science through informationization. Data science is worth replacing energy hegemony which has been lasted over the last 50 years.

In order to extract data from nuclear power sources like oil, the knowledge industry has to be here in Ulsan. To do so, there must be a variety of scientists in the data industry, and students and young people (the number of UNIST students has decreased by 2,000) are needed for creation and proliferation of the industry. Schools and young people can flower creative industrial culture, which will make cities and data science revive. The world 's third largest investor, Jim Rogers (Warren Buffett, the world' s third largest investor with George Soros) said at a Korean TV show that Korea is going to be the most exciting country in the world for the next decade or two.

Most exciting country will never happen if we just wait for it to happen. To make this come true, we need to plan out things and practice it with accumulated past. Will the icon of the rise and fall of the Korean economy, Ulsan, collapse as it is? It is not that we do not have anything, we just do not have the eyes to see exactly what we have. It is time for our Republic of Korea to check again what has been done so far and what is left here.

2019. 07. 01. Ulsan Maeil

蔚山,韩国经济兴衰的标志

世界第十位经济大国奇迹中心蔚山的停滞
第4次产业革命重新飞跃成为产业数据资源化

韩国企业的破产申请数最终超过了回生申请数。随意扩张大企业的章鱼爪和无可奈何地提高最低工资,使韩国经济走到今天,无数优秀中小企业最终选择了破产,而不是维持。日本帝国主义强占殖民时期和朝鲜战争的废墟中,在1960年代韩国的国民人均还不到80美元。但是, 我国在时隔半个世纪后, 凭借汽车、造船、半导体事业的蓬勃发展, 创造了成为世界前十位的经济大国的奇迹。而且, 蔚山是开始和中心的城市。

蔚山是重工业和汽车产业的大本营,曾经是增长最快的韩国首富城市。韩国的经济持续恶化的2010年,蔚山的钢铁及海洋成套设备市场销售额超过50万亿韩元,创造了数十万劳动者的工作岗位,是世界最高的制造技术力领先城市。但是,仅仅10多年之后,情况就发生了急剧的逆转。目前, 蔚山由于经济不景气而面临巨大困难。。
特别是蔚山的人口外流现象严重。居住在蔚山的高薪工人中, 大约30%(每年超过1亿)将居住区搬到釜山的海云台和机场。原因是釜山的大学出身人士很多,如果可能的话会考虑子女未来的教育环境。

蔚山怎么到了这个地步?没有追究谁的错误的地方,也没有追究的理由。假设今后经济有所好转,但传统产业集中的城市(蔚山,浦项,龟尾市,昌原等)如果没有新的吸引力和政策,很难恢复过去的繁荣。

将韩国建设成平等社会,关注民生,打造公平公正国家, 但文在寅政府的计划至今未能获得成功。当前, 韩国企业集团为了提高现金储备率而推迟了投资,青年们把所有的希望都寄托在公务员和大企业的考试上。即使是为了不沿袭过去,也要正确观察

127

现在的情况。

这不是短期的临时措施,而是应对长期的停滞状态,以适当的紧密的对策,对企业的投资活性化和竞争力的强化。为此,企业与国家都要突破目前的状况,重新构建向可持续发展跨越的模式。换句话说,现在,我们需要一个及时的"钥匙链",在一切紧密相连的超连接社会中,能够一下子解决这些问题。(金芬:意思是说,要想在保龄球中把10个发卡都击倒,必须攻击隐藏在后面的5号发卡,而不是1号发卡。)

蔚山的"产业数据平台构建"是以多种制造业的技术力量为基础的数码新创造产业,以韩国的压缩成长经验为基础,可以将现在的产业模式水平提升一个层次,实现革命性的飞跃。挪威一家名为"North saleing"的公司过去曾和蔚山一样盛行捕鲸业。但是在禁止捕获之后,将地区传统产业和数码相融合的生态观光转换成生态观光,获得了巨大成功。蔚山现在到了"制造"第四次产业革命的捕鲸对象"产业数据资源化"的时期。在大韩民国产业发展的经验和时间积累的成果中,我们要抓住机会引领通过信息化的数据科学时代。因为数据科学是代替过去50年能源霸权的价值。

为了像石油一样从核电站中提取数据,首先需要在蔚山建立知识产业。为此,数据产业领域的各种科学家必须存在,而且为了建立和扩散数据产业,需要学生和年轻人(Unist在校生减少2000人)。只有蔚山这个地方也有能够创造产业文化的学校和年轻人,才能让城市和数据科学复兴。世界三大投资家吉姆・罗杰斯(沃伦・巴菲特,乔治・索罗斯,世界三大投资家)曾说过'韩国是世界上最具有刺激性的国家'。

激发不是创造,而是在积累的过去中规划和实践出奇的未来。韩国经济兴衰的标志,蔚山会被抛弃吗? 我们不是一无所有, 而是没有眼力见儿看清楚自己拥有什么。现在是时候快速检查大韩民国到目前为止正在做什么以及这里剩下什么。

2019. 07. 01. Ulsan Maeil

韓国経済に興亡盛衰のアイコン、蔚山

世界10位圏の経済大国奇跡の中心、蔚山(ウルサン)の低迷
4次産業革命工業データ資源化へと再跳躍しなければ…

　韓国企業の破産申請数が結局、再生申請数を超えてしまった。無作為な大企業のたこ足拡張と、どん底の最低賃金引き上げで韓国経済をこれまで導いてきた数多くの優秀中小企業が、結局維持ではなく破産を選択してしまった。日本の植民地支配と韓国戦争という廃墟の中に1960年代韓国の1当たりの国民所得はわずか80ドルもなっていなかった。しかし、韓国は、半世紀で自動車や造船、半導体事業の好況で世界10位圏の経済大国を成し遂げた奇跡を起こした。そしてその始まりと中心に蔚山という都市があった。

　蔚山は重工業と自動車産業の本舞台であり、一時期最も早く成長する大韓民国最高の富豪都市だった。蔚山(ウルサン)は、大韓民国の経済悪化が続いた2010年にもかかわらず、鉄鋼および海洋プラント市場が売上50兆ウォンを上回り、数十万労働者たちの雇用を作ってくれた世界最高の製造技術力線図都市だった。しかし、わずか10年あまりで、その状況は急激に反転されてしまった。現在、蔚山は景気下落で大きな困難に直面している。

　特に蔚山の人口流出は深刻だ。蔚山(ウルサン)に居住する高額年俸者(年1億以上)の30%ほどが、釜山、蔚山(ウルサン)間高速道路が開通されるやいなや釜山市の雲海台と機長の方で人生の居住地を移してしまった。その原因として釜山の大学出身者が多く、できれば子供たちの将来の教育環境を考慮したからだと言う。蔚山がどうしてここまで来たのか. 誰の過ちを問う所も、問う名分もない。今後景気がやや好転すると仮定しても、伝統産業が集中した都市(蔚山、浦項、亀尾、昌原など)は新しい魅力と機能で生まれ変わらない限り、過去の繁栄を回復するのは難しい。

韓国を平等社会にして、民生に関心を持ち、公正な国をつくるといった大統領の公約の文在寅(ムン・ジェイン)政府の計画はまだその動力を得ていない。現在、大韓民国の大企業は現金留保率を高めるために投資を遅らせており、青年たちは公務員と大企業試験だけにすべての希望をかけている。過去を踏襲しないためにも、今の状況を正確に観察しなければならない。

　短期的なその場しのぎではなく、長期にわたる低迷に備えた適材適所の緊密な対策で、企業への投資活性化と競争力を強化していくべきである。そのためには、企業と国家ともに今の状況を突破し、持続可能な成長へと跳躍させるためのパラダイムを再構成しなければならない。言い換えれば今こそ、すべてが緊密につながった超連結社会でこれを一気に解決できるタイムリーな「キングピン」が必要なのだ。(キングピン:ボウリングで、ピンから10個をすべて倒すためには、1度ピンがなく、その裏に隠されている5番ピンを攻撃しなければならないという意味)

　蔚山の「産業データプラットフォーム構築」は多様な製造業種の技術力を土台にしたデジタル新創造産業で、韓国の圧縮成長経験を土台に、現産業のパラダイムレベルを一段階上に革命的に跳躍させることができる。ノルウェーのノースセーリングという会社はかつて蔚山と同じく、鯨を捕る捕鯨業で盛んな都市だった。しかし捕獲が禁止されると、地域の伝統産業とデジタルを融合した生態観光に転換し、大成功を収めた。蔚山はもう'製造'という4次産業革命の捕鯨対象になる'工業データを資源化'しなければならない時期が到来した。大韓民国の産業発展の経験と時間が蓄積した成果の中で、韓国は情報化を通じたデータサイエンス時代を先導する機会を狙わなければならない。今やデータ科学が過ぎた50年間のエネルギーヘゲモニーを代替する価値であるからだ。

　データを石油のように原発から引き上げるためにはまず、知識産業がここ蔚山に誘致されなければならない。そのためにはデータ産業分野の多様な科学者たちが存在しなければならず、造成と拡散に向けて学生と若者たち(UNIST在学生2000人減少)が必要である。蔚山(ウルサン)というところにも創造的な産業文化を花咲かせる学校と若者がいてこそ、都市も暮らし、データ科学も復興させることができる。世界3大投資がジム・ロジャーズ(ウォーレン・バフェット、ジョージ・ソロス氏とともに世界3大投資が)は韓国は世界で最も刺激的な国だとの話をしたことがある。

刺激は創造されるものではなく、蓄積された過去の中で奇抜な未来を計画し、実践していくことである。韓国経済の興亡盛衰のアイコン、蔚山が果たしてこのまま廃棄されるのだろうか。何も持っていないわけではなく、何を持っているか、正確に見ようとする目が無いだけかもしれない。何もなかった大韓民国が、これまで何をしてきたのか、ここに何が残されているのかを、今すぐもう一度急いで点検しなければならない時だ。

2019. 07. 01. Ulsan Maeil

예지보전 기술 관련 국내외 특허 현황

한국 : 포스코, 삼성, 아이티공간, 두산 주요 출원인 TOP3로 나타남

UPTAKE, SIEMENS 등의 해외 기업의 국내 시장 진출이 예측됨

예지보전 관련 기술 및 설비 오작동 상태 감지와 관련된 빅데이터, 머신러닝 특허 출원 증가

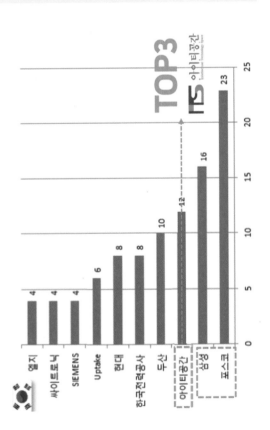

Implication

➢ 한국 다출원인 분석 결과, (쥐포스코, (쥐삼성, (쥐아이티공간이 주요 출원인 TOP3로 파악되었고, UPTAKE, SIEMENS등의 해외 기업의 국내 시장 진출이 예측됨.

➢ (쥐아이티공간의 경우 예지보전 관련 기술 및 설비 오작동 상태 감지와 관련된 빅데이터, 머신러닝 관련 특허 출원이 증가하고 있음

➢ 스마트공장 구현을 위한 예지보전기술 관련 시장은 발전기 상태로, 아직 독점적인 시장이 아니므로, 관련기술 상태로 특허를 확보하여 시장에 진입하는 것이 바람직함

➢ (쥐아이티공간은 원천특허 확보에 적극적으로 임하여 시장 경쟁력을 확보하고 있는 상태로 아이티공간과 같이 전류를 기반으로 하여 예지보전하는 기술은 공백 상태임

➢ 따라서, (쥐아이티공간이 보유 기술은 경쟁사 기술과 대비하여 차별화 가능하고, 이러한 차별점에 기초하여 특허권을 확보하는 것이 용이할 것으로 판단됨.

거대한 자원의 인스턴트 도시, 울산

지속성 없이 쓰고 버림 뜻하는 '일회용'
울산, 알게 모르게 인스턴트 도시돼
사이언스 개척 통해 또 한 번의 기적을

 충격이었다. 인스턴트 도시라니... 울산에서 태어나 지금까지 이곳에 산 나로서는 울산이 인스턴트 도시라는 명명에 가히 충격을 금하지 못했다. 이 말은 5년 전쯤 울산 도시재생사업의 기획서를 썼던 내 아내의 첫 단어였다. 인스턴트 도시도 모자라 그 뒤에 진퇴양난의 도시 등등... 울산을 그 누구보다도 자랑스럽게 생각해 온 나로서는 타지에서 온 이 기획자의 의도를 전혀 파악지 못했다. 왜 그런 단어들로 울산을 격하시키냐고 묻자, 집사람은 이 '인스턴트'라는 수식어의 토대는 자신의 단독 아이디어가 아니라 울산에 있는 연구원, 대학, 사회단체들의 설문을 통해 얻어낸 통계학적 결과로 창조해 낸 것이라고 당당히 어필했다. 설문 조사를 한 대상의 대부분이 울산 사람이 아니라 타지에서 온 사람들이라, 나와 같지 않아 애향심에 묻혀버리지 않은 객관성이 높은 결과일 것이리라... 흥분된 마음을 가라앉히고 왜 울산을 인스턴트 도시라 격하하는지 알고 싶어 설문 조사를 했던 페이퍼를 훑어봤다.

 페이퍼 앞장에는 1962년 울산의 공업 특화 도시 지정을 축하하는 퍼레이드 사진이 있었다. 사진의 장소는 현재 성남동 시계탑 사거리로 지금은 경남은행이 위치한 곳이다. 1962년이면 필자가 태어나기 10여 년 전쯤의 사진인데 그 퍼레이드를 관람하는 시민 대부분이 갓을 쓰고 쪽을 지고 있었다. 울산을 공업 도시로 모두 알고 있지만, 사실 조선 시대까지 그야말로 배산임수의 농경 지역이었고, 그 이전에는 신라를 수호하기 위한 병영 도시였다는 것을 나도 그 뒷장의 설명을 보고 알았다. 출장으로 타지에 가면 보통 일반 사람들은 울산을 창원이나 군산과 같은 도시 개발, 계획에 의해 1960년대 말 갑작스럽게 등장한 공업 도시로 많이 알고 있고, 나조차도 그렇게 인식하며 울산에서 40여 년을 뿌리박고 살아왔다. 한국 경제의 맏형으로 선 계획, 후 개발의 급행 난개발이 도시를 뒤덮으면서 울산은 한국 대기업의 대표 도시로 부상했고 우리나라 경제를 짊어진 맏형으로 허겁지겁 지금까지 연명해 왔다.

그런데 왜 인스턴트일까. 1960년 갑작스러운 공업 도시 부상으로 울산이 고향이 아닌 타지 사람들이 돈을 벌기 위해 벌떼처럼 모여들면서 울산은 쾌적한 주거 환경을 제공할 수 없었다. 더군다나 울산에 이주해 온 사람들이 대부분 노동자들이어서 더욱 그 환경은 열악했었고, 당장 돈을 벌어 본인들의 따뜻한 고향으로 돌아가는 것에 급급했기 때문에 이곳을 제2의 고향으로 여기기엔 가히 무리가 있었을 것이다. 유년 시절 나조차도 우리 동네에 타지에서 몰려든 사람들에 의해 신이 나기도 했지만, 곰곰이 생각해 보면 고향 친구와 함께 은근히 외지인이나 타향 사람들에게 위기의식을 느껴서인지 간혹 바닷가 텃세를 부린 게 아닌가 생각해 본다.

타지 사람들은 울산에서 돈을 벌어 성공하고 이 고장에서 단단히 자리 잡아 보겠다는 심정이 아니라, 돈을 벌어 결국 떠나겠다는 도시가 되다 보니 이 울산이라는 도시에 애정을 가진 사람들이 타 도시에 비해서는 훨씬 적었을 것이다. 솔직한 말로 대기업이나 공무원 취업이 아니고서는 어쩌다 보니 울산에 살게 될 뿐이지 이곳을 따뜻한 그들의 보금자리로 터를 잡기에는 조금 무리가 있지 않았나 싶다. 나 같아도 도시의 핏줄인 태화강은 썩어들어 가 악취를 풍기고, 어딜 가더라도 쉴 새 없이 공장에서 내뿜는 매연으로 메케한 공기를 들이마셔야 하는 이 울산을 고향 삼아 살아가기에는 다소 힘들었을 것이다. 그 시절 울산시민들이 정치에 대한 관심이 적은 이유도 나 먹고사는 데는 누가 되어도 별 상관없다는 타지 의식에서 비롯되었을 것이다. 일반적으로 울산의 정치가들은 지역에 기반을 둔 동향 사람이지만, 선거를 하는 시민 대부분은 이 도시가 어찌 되어도 별 상관없다는 의식을 가진 타지인이기 때문에 정치 따로, 사업 따로, 복지 따로인 제각각의 따로국밥이 되었을 것이다.

울산에는 갈 곳이 없다. 울산에 가면 공기가 나쁘다. 울산에 가면 아저씨들이 공장 잠바를 패션으로 안다 등등 여러 가지 울산을 비하하는 말이 난무했지만, 진작 그런 말에 울산이 고향인 나도 그저 당연한 결과로 받아들이며 이 울산이라는 도시를 그저 이용의 대상으로만 여겼지 않았나 하는 미안한 마음이 들었다. 울산의 울자만 떼어 울고(울산고), 울대(울산대) 하듯 정말 울고 싶은 맘으로 가슴 한쪽에 울산에게 미안한 마음이 드는 하루다. 인스턴트 도시라는 오명을 벗기 위해 과연 어찌해야 할지, 왜 울산을 또 다른 하나의 섬이라 하는지 그간 울산에서 태어난 나는 그 이유를 알지 못했고, 알려고도 하지 않았던 것 같다.

지금 나는 울산에 기반을 둔 공장과 산업체들의 기술 노하우와 데이터를 빅데이터화한 울산 IDT(Intellectual Data Technology) 센터를 구상하고 있다. 이 사업은 그간 울산이 가져온 사업들의 경험을 데이터화하는 사업으로, 특히 중년에 실직하는 시니어를 중심으로 공장의 빅데이터를 관리하는 대한민국을 넘어 세계 최대, 세계 최고, 세계 최초의 산업 데이터 클라우드 플랫폼 센터를 구상하고 있다. 과거를 잊어 온 울산에서 과거의 기록이 자산이 되어 가는 울산은 이제 대한민국의 새로운 얼굴로 부상할 것이다. '선 개발 후 계획'이 아니라 '선 데이터 후 진보'라는 개념 아래 울산은 산업 데이터의 보고로 전 세계의 애정을 받고 이 도시는 아주 고급스러운 인스턴트 도시로 거듭날 것이다.

세월이 흐르면 그 의미도 새로워진다. 지금까지 '인스턴트'는 지속성 없이 그냥 쓰고 버리는 개념이었다면, 이제는 시의적절한 기발함으로 즉흥적이며 창의적인 것으로 진화하고 있다. 가구는 인간과 함께 평생 운명적 삶의 도구라는 개념에서, 누구나 좋은 디자인을 쉽고 값싸게 가질 수 있다는 이케아의 발상으로 가구 시장이 완전 전복된 것처럼, 이제 울산의 인스턴트 도시라는 개념은 타임 스케줄이 제각각인 기업과 현대인에게 저렴한 가격으로 재빨리 각각의 구미를 알맞게 맞춰 주는 데이터 사이언스 분야를 개척함으로써, 오히려 정보화되고 체계화된 울산만의 거대한 산업 데이터가 또 한 번 대한민국의 기적을 불러오게 될 것이다.

2018. 03. 22. Voice of the industry

Ulsan, Instant city with enormous resources

Disposable city with no sustainability
Ulsan became an instant city without knowing
Another miracle through science

It was a shock to hear that Ulsan is an instant city. I have lived here since I was born. This was the first word my wife used when she wrote a plan for the Ulsan Urban Regeneration Project about five years ago. She used the terms like instant city, city of dilemma. I asked why she uses those terms that downgrade Ulsan all the way and she told me that the foundation of the term 'Instant' was created not by her own ideas, but by the statistical results obtained from surveys by researchers, universities and social groups in Ulsan. Most of the people surveyed are not from Ulsan, but from other parts of the country. So I thought they must be not like me, the result is coming from objective perspectives with no affection. I glanced over the survey papers to know more about that.

On the first page, there was a photograph of a parade celebrating the designation of Ulsan's industrialized city in 1962. The photo was taken at the Seongnam-dong Clock Tower Intersection, which is now where Kyongnam Bank is located. In 1962, about 10 years before I was born, most of the citizens who watched the parade were wearing 'Got'(traditional hat). Everyone knows Ulsan as an industrial city. But even me didn't know the fact that it was an agricultural area until Joseon Dynasty, and before that, it was a barrack city to protect Silla. When on business trip, ordinary people know Ulsan as an industrial city that suddenly appeared in the late 1960s due to urban development and planning such as

137

Changwon and Gunsan, and even I have lived in Ulsan for over 40 years, thinking that Ulsan is an industrial city. Ulsan has emerged as the representative city of Korean conglomerates, and became the city which bears the Korean economy with the rapid development of the first plan and the post-development of the Korean economy.

But why instant? Ulsan was unable to provide a pleasant living environment in 1960 due to the sudden rise of the industrial city. People   swarmed in like a bee to make money. In addition, it was too much to consider this place as the second hometown because most of the people who migrated to Ulsan were workers which made the environment worse, and they were quick to make money and return to their warm home. Even in my childhood, I was excited by the crowds in my town, but when I think about it, I sometimes wonder if I felt a sense of crisis to a stranger or other people with friends of mine and made them uncomfortable.

It is not that people make money and succeed in Ulsan and stay firmly in this area, but that they make money and eventually leave, so there are fewer people who have affection for this city than other cities. Frankly, unless you are a big company or a public employee, you live in Ulsan for somehow. It might be difficult for them to think that Ulsan is their hometown in real. Even I think the city's veins, Taehwa river, where it smells bad, and you breathe in chemical residue from the factory. At the time, Ulsan citizens lacking interest in politics may have originated from the consciousness of people from different city. In general, politicians in Ulsan are local residents, but since most of the electoral citizens are outsiders with the consciousness that the city doesn't matter anyway, which led Ulsan to divide it from politics, business, and welfare.

People say 'there is no place to go to Ulsan.', 'Air pollution is pretty bad.', 'people think factory jackets as a fashion.', depreciating Ulsan and even myself accepted those comments. Now I am sorry for the city since I feel like I've been taking advantage of it. It's a day when I feel sorry for Ulsan on one side of my heart. Born in Ulsan, I didn't even try to know why or do to get rid of the stigma of instant city.

Now I am envisioning the Ulsan IDT (Intellectual Data Technology) Center, which has digitalized technical know-how and data of Ulsan-based factories and industries. This project is to digitalize experience of Ulsan's projects where seniors who are unemployed in their midlife gets to be the center of this world's largest, the world's first, and the world's first industrial data cloud platform center. I envision Ulsan, where past records become assets emerges as a new face for Korea. Under the concept of pre data post proceed' instead of 'pre-development, post plan ', Ulsan will be loved all over the world with the industrial data and this city will be reborn as a very quality instant city.

Over time, the meaning gets renewed. Until now, 'Instant' has been the concept of simply using and throwing away without durability, but now it's evolving as improvised and creative place with timely ingenuity. Just as the furniture market was completely overturned by the idea that furniture is a tool of life-long fateful life with humans, and that Ikea's idea that anyone can have a good design easily and cheaply, the concept of an instant city in Ulsan is now being changed. By pioneering the field of data science that satisfy each and every people quickly and inexpensively, the huge industrial data of Ulsan, which is systemized and organized, will once again bring about Korea's miracle.

2018. 03. 22. Voice of the industry

巨大资源的快速城市, 蔚山

没有持续性地使用
不知不觉地变成快速城市
通过科学的开拓,希望再次创造奇迹

受到了冲击.竟然说是快速城市…从蔚山出生到现在,在这里的山上,蔚山被称为快速城市的名声震惊不已.这是我妻子在5年前写了蔚山诗才生死业企划书的第一个词.还不够快速城市之后进退两难的城市等等…我觉得蔚山比任何人都值得骄傲的,完全没有掌握来自外地的这位企划者的意图.问为什么用这样的词语攻击蔚山,妻子认为这是"速溶"的修饰语的基础,不是在蔚山的单独创意,而是通过蔚山的研究员、大学、社会团体的问卷调查取得的统计结果.调查的对象大部分不是蔚山的人,而是来自外地的人,不像我,应该是没有埋葬在爱乡心的客观性较高的结果吧…沉浸在兴奋的心上,想知道为什么蔚山是快速城市,笔者浏览了问卷调查的纸牌.

纸张前面有1962年蔚山被指定为工业特色城市的游行照片.照片的地点是现在城南洞钟塔十字路口,现在是庆南银行的位置.1962年,这是笔者出生10多年前的照片,当时观看游行的大部分市民都戴着纱帽.虽然大家都知道蔚山是工业城市,但是事实上直到朝鲜时代为止,这里还是杯山临水的农耕地站,之前是守护新罗的兵营城市.出差在外,一般人都知道蔚山是昌原或群山等城市开发,计划于20世纪60年代末突然出现的工业城市,就连我自己也这样认识蔚山,在蔚山扎根了40多年.随着"先计划,后开发"的"急行难开发"覆盖城市,蔚山成为韩国大企业的代表城市,而且作为背负我国经济的"大哥",狼狈地活到现在.

但为什么会是快速呢? 1960年,蔚山因突然崛起为工业城市,不是故乡的外地人为了赚钱蜂拥而至,蔚山无法提供舒适的居住环境.而且移居蔚山的大部分是劳动者,环境更加恶劣,而且急于赚钱回到本人温暖的家乡,因此将这里视为第二个故乡可能有

140

些过分。童年时,连我也是被我们小区从外地赶来的人冲昏了头,但仔细想想,也许是和老乡一起暗自对外地人和异乡人产生了危机意识,偶尔会想到海边菜鸟。

蔚山无处可去。去蔚山空气不好。去蔚山的话,大叔们就把工厂夹克当成时装,背后说各种各样的蔚山的话,但我早就觉得蔚山故乡的我也是理所当然的结果,这是理所当然的,这座蔚山的城市只是利用的对象,感到很抱歉。为了揭开快速城市的污名究竟该怎么办,为什么蔚山又是另一个岛屿,在蔚山出生的我也不知道原因。

现在,我正在构想建立在蔚山的工厂和产业体的技术革新和数据大数据化的蔚山IDT(Intellectual Data Technology)中心。该事业是将蔚山过去带来的事业经验数据化的事业,特别是以中年失业的老年工人为中心,超越管理工厂大数据的韩国,构想成为世界最大的,世界最高的,世界最早的产业数据云平台中心。在忘记过去的蔚山,过去的纪录逐渐成为资产的蔚山,现在将成为大韩民国的新面孔。在不是"先开发后计划",而是"先数据后进步"的概念下,蔚山将通过产业数据的宝库得到全世界的喜爱,这个城市将成为非常高级的快速城市。

随着岁月的流逝,其意义也不断更新。如果说至今为止的'Instant'是毫无持续性地直接使用的概念的话,那么现在则进化为符合时机的突发奇想即兴和创意性。家具是与人类一起度过一生的命运性生活工具的概念,宜家认为谁都可以轻松,便宜地拥有好的设计,因此家具市场被完全颠覆,现在蔚山的速溶性城市的概念是时代。

2018. 03. 22. Voice of the industry

巨大な資源のインスタント都市、蔚山市

持続性なく使って捨てるを意味する使い捨て
蔚山、知らないうちにインスタント都市され
サイエンス開拓で新たな奇跡を

　衝撃だった。インスタント都市とは… 蔚山(ウルサン)で生まれ、これまでここに住んできた私としては、蔚山が「インスタント都市」という命名に衝撃を禁じえなかった。この言葉は5年前ごろ、蔚山(ウルサン)都市再生事業の企画書を書いた妻の最初の単語だった。インスタント都市でも足りずその後で進退両難の都市など… 蔚山を誰よりも誇りに思ってきた私としては、他地から来たこの企画者の意図が全くつかめなかった。「なぜそのような単語で蔚山を格下げさせるのか」と問うと、「家内はこの 'インスタント'という修飾語の土台は、自分の単独アイディアではなく、蔚山にある研究員、大学、社会団体のアンケートを通じて得られた統計学的結果で創造し出したものだ」と堂々とアピールした。アンケート調査をした対象のほとんどが蔚山人ではなく、他地から来た人達なので私と同じではなく、愛郷心に埋もれていない客観性の高い結果であろう。興奮した気持ちを落ち着かせ、なぜ蔚山を「インスタント都市」と格下げするのか知りたくて、アンケート調査を行ったペーパーに目を通した。

　ペーパーの先頭には1962年に蔚山の工業特化の都市指定を祝うパレード写真があった。写真の場所は現在、城南洞の時計塔交差点で、現在は慶南銀行が位置しているところだ。1962年には筆者が生まれる10年余り前の写真だが、そのパレードを観覧する市民のほとんどが笠を被っての方を負っていた。 蔚山を工業都市と知れわたっているが、実際、朝鮮時代までそれこそ背山臨水の農耕地域であり、それ以前は新羅を守護するための兵営都市であったということを私もその後ろの説明を見て知った。出張で田島に行くと普通一般の人々は蔚山(ウルサン)を、昌原(チャンウォン)や群山(クンサン)のような都市開発、計画によって1960年代

末、いきなり登場した工業都市として多く知られていて、私もそう認識し、蔚山(ウルサン)で40年余りを扶植にして生きてきた。 韓国経済の長兄として先計画、後開発の急行乱開発が都市を覆い、蔚山は韓国大企業の代表都市として浮上し、韓国経済を背負い慌てて今日まで延命してきた。

ところで、なぜインスタントなのか。1960年、急な工業都市の負傷で蔚山(ウルサン)が故郷ではなく、田島人たちがお金を稼ぐために蜂の群れのように集まり、蔚山(ウルサン)は快適な住居環境を提供できなかった。しかも蔚山(ウルサン)に移住して来た人がほとんど労働者たちでさらにその環境は劣悪でたし、今すぐお金を稼ぎ、本人たちのなつかしい故郷に帰ることに汲々としていたために、ここを第2の故郷と考えるにはあまり無理があったはずだ。幼年時代、自分も、自分の町に他地から群がった人々には、興がったが、よく考えると、故郷の友人と一緒に、それとなく外地人や他郷の人々に危機感を覚えたせいか、たまに海辺の留鳥を振舞ったのではないかと思う。

他郷の人々は蔚山で金を稼いで成功し、「この土地でしっかり定着したい」という気持ちでなく、「お金を稼いで結局離れる」という都市になったため、この蔚山という都市に愛情を持った人々が他都市に比べてははるかに少なかっただろうし、率直に言って大企業や公務員就職でなければ、なんとなく蔚山に住むようになるだけであって、ここを暖かい彼らのねぐらとして位置づけるには少し無理があったのではないかと思う。私のようでも都会の血筋である太和江は腐りかけて悪臭を放ち、どこへ行っても休む間もなく工場から噴き出す煤煙で、メケた空気を吸い込んで飲まなければならないこの蔚山を、故郷として生きるには多少苦労しただろう。当時、蔚山市民が政治に対する関心が薄かった理由も、「自分自身の暮らしには誰がなっても関係ない」という他志意識から始まったのだろう。一般的に蔚山の政治家は地域に基盤を置く同郷の人だが、選挙をする市民のほとんどは、この都市がどうなっても別に構わないという意識を持った他郷の人であるため、政治と事業、福祉、福祉、それぞれが別々の内情になったのだろう。

蔚山には行き場がない。蔚山に行くと空気が悪い。蔚山に行けば、「おじさんたちが工場のジャンパーがファッションだと思っている」など、さまざまな蔚山を卑下する言葉が飛びかったが、早く

からそのような言葉に蔚山が故郷である私もただ当然の結果と受け止め、この蔚山という都市をただ利用の対象とばかり思っていたのではないか、という申し訳ない気持ちになった。本当に泣きたい気持ちで胸の片隅に蔚山に申し訳ない気持ちになる一方。「インスタント都市」という汚名を返上するために、果たしてどうすれば良いのか、なぜ蔚山をもう一つの島だと言うのか、これまで蔚山で生まれた私はその理由を知らず、知ろうともしなかったようだ。

今、私は蔚山に基盤を置く工場と産業機関の技術ノウハウとデータをビックデータ化した蔚山IDT(Intellectual Data Technology)センターを構想している。この事業は、これまで蔚山がもたらした事業の経験をデータ化する事業であり、特に中年に失職するシニアを中心に、工場のビッグデータを管理する大韓民国を超え、世界最大、世界最高、世界初の産業データクラウドプラットフォームセンターを構想している。 過去を忘れてきた蔚山で、過去の記録が資産になりつつある蔚山は、今や大韓民国の新しい顔として浮上するだろう。「先開発後計画」ではなく「先データ後進報」という概念の下、蔚山は産業データの宝庫で全世界の愛情を受け、この都市はとても高級なインスタント都市に生まれ変わるだろう。

歳月が経てば、その意味も新しくなる。これまで「インスタント」は持続性なくそのまま使い捨てる概念だったが、今は時宜を得た奇抜さで即興的で創意的なものに進化している。 家具は人間と共に生涯運命的生活道具という概念から、誰でも良いデザインを簡単かつ安価で持てるというイケアの発想で家具市場が完全に転覆したように、今や蔚山のインスタント都市という概念は、タイムスケジュールがそれぞれである企業と現代人に低価格で自分の好みに合わせてくれるデータサイエンス分野を開拓することで、むしろ情報化され体系化された蔚山ならではの巨大な産業データが大韓民国の奇跡を呼び起こすことになるだろう。

2018. 03. 22. Voice of the industry

ICT 기술을 기반으로 공정데이터를 수집, 분석하여 목적에 맞게 스스로 제어하는 공장

4차산업 기반 스마트 팩토리

Cloud / 플랫폼 /
IoT / 빅데이터

예지분석
머신러닝

설비상태이력/
조기경보

기계설비
상태 추적 예측

데이터수집

환경안전

에너지 경영
사고고장 예지보전

객체 /
프로세스 관리

생산관리시스템
기업자원관리시스템

기업차원의
의사결정

SMARTFACTORY

개인의 건전한 욕망으로 진화하는 제조 혁명

관과 대기업 중심의 지금의 대한민국 사회,
혁신 성장을 외치면서 실상은 공무원의 가치를 무한히 높이기만 하는 공공 정책들.
개인의 시장을 확대할 우수한 인력을 민간에서 양성할 수 있도록,
제조 친화 IT 기술의 '산업 데이터 플랫폼' 구축해야.

독창적 기술은 한 기업의 생명과도 같다. 그러나 4차 산업혁명 시대에서는 '대중의 기술'보다는 '개인의 시장'이 더욱 부각되고 있다. 이것은 '무엇을 만들어 내느냐'가 아니라, 개인화한 욕망을 파악하는 능력이 정말 중요한 과제로 등장했다는 것을 뜻한다.

이로 인해 시장이 개방 경제 생태계로 바뀌었고, 거의 모든 기술들은 오픈된 기술들로 일반화되고 있다. 이렇게 시장 경제가 변함에 따라 고객의 욕망을 포착해 제품과 서비스를 구현하는 일련의 과정, 즉 '소셜 이노베이션(social innovation)'의 확산은 '대중'을 위한 기술 중심의 혁신이 '개인의 욕망'을 중심으로 급변한다는 것을 의미한다.

하지만 민을 중심으로 한 개인과 사기업보다 관과 대기업이 우위를 굳건히 차지하고 있는 지금의 대한민국 사회는 이런 시대적 흐름에서 '아주 많이' 퇴행하고 있다. 그 결과가 여실히 드러나고 있는 것이 바로 '일자리'다. 작년까지 30만 개 이상의 신규 일자리가 반의반으로 줄었다. 사실상 공공 일자리를 제외하면 민간 일자리, 특히 제조업 일자리는 오히려 마이너스의 연속이다.

자동차·조선으로 대표되는 주력 제조 산업이 추락하면서 해외 공장으로의 이전이 가속화되고 있다. 그 결과 향후 2022년에는 대한민국의 30년 이상 노후 산단은 무려 240여 곳 이상일 것이라 추정되고 있다. 모두가 예상한 것보다 훨씬 무섭게 진행 중인 대한민국의 일자리 급감은 단지 최저임금만의 문제는 아니다.

국가는 혁신을 외치지만, 세계 경제 시장에 역행하는 정책들로 인해 청년들은 안정과 보장에 가치를 둔 공무원 시험에만 매달릴 수밖에 없다. 혁신 성장을 원한다고 외치면서 실상은 벤처 창업보다 공무원의 가치를 무한히 높이기만 하는 공공 일자리 확대 등의 공공 정책들은 결국 부가가치가 높은 민간 기업들의 일자리 창출 재원을 앗아갈 뿐이다. 또한 세금에 의존한 단순 공공 일자리 확대는 퀄리티 높은 민간의 일자리 창출 기회도 무작위적으로 앗아갈 뿐이다.

독일의 노동 4.0은 대기업과 중소·벤처기업이 융합하는 개방 생태계로 조직화했다. '거대 플랫폼 기업은 효율적인 경제 효율성'을, '벤처 기업은 새로운 혁신'을 각각 분담했다. 성공적 민관 협력 사례로 꼽히는 독일 HTGF(High-Tech Gründerfonds)는 500여 개 창업 초기 기업을 발굴해 총 자본금 1조 1,600억 원 규모의 창업 마중물 자금을 투자한다. 즉 민간의 금융기관들이 창업 기업들과 긴밀한 협업 체계를 갖추면, 정부는 금융기관의 투자 수익성을 개선하는 시장 환경을 조성할 뿐이다.

더불어 저출산으로 인한 생산 가능 인구 감소에 직면한 일본은 스마트 팩토리 구현 기술로 세계 시장 점유율 37.0%(2017년 기준)로 부상했다. 이는 독일(12.5%)과 미국(9.5%) 등을 빠르게 앞서 나가는 추세다. 현재 일본 정부는 스마트 팩토리 도입을 산업 정책의 최우선에 두고, 상대적으로 뒤처져있는 AI, 빅데이터 기술 확보에 상당한 투자를 진행한다고 한다.

흔히 현재 한국의 제조 혁명을 두고 '일꾼도 직장도 없는 상황에서, 일 시킬 방법만 죽어라 고민하고 있다'고 한다. 즉 대한민국의 4차 산업혁명은 기회가 아니라 위기다. 대기업과 중소기업, 그리고 스타트업까지 경쟁력을 이미 상실했다. 지금의 상황을 직시한 케인스는 '기술 혁신으로 인한 실업(Technological Unemployment)'을 언급하면서, 정보가 초대형 글로벌 그룹(중앙정부)에 집중될수록 사람들의 삶은 거기에 종속되는 결과가 초래한다고 했다. 이러한 이유로 이미 선진국을 비롯한 개발도상국의 제조업들은 발빠른 디지털 전환으로 처방 예측 분석, 디지털 트윈, 인공지능, 협동 로봇, 딥러닝, 머신 러닝 등의 제조 혁신을 확대하고 있다.

일본과 중국 사이에 샌드위치로 존재하고 있는 한국 제조업은 민간 주축의 새로운 패러다임을 발굴해야 한다. 대기업과 중소 협력 기업을 공생시킬 '제조 혁신 플랫폼'을 서둘러 구축해야 한다. 대한민국이 제조를 기반으로 4차 산업혁명의 선두에 서기 위한 대책은 다음과 같다.

먼저, 대한민국 제조 친화 IT 기술의 '산업 데이터 플랫폼'을 구축해야 한다. 늦은 감이 없지 않지만, 생산 설비 노후화, 인건비와 원자재 비용 상승, 고령화로 인한 노동 인구 감소 등에 대비한 각 사정에 맞는 솔루션을 개발 구축해야 한다. 또한, 제조 산업 분야에서 정보기술을 활용한 소프트웨어와 하드웨어 및 컨설팅 서비스 사업을 추구해야 한다.

앞서가는 IT 기술에 발맞춰 제조 친화적 융화 시스템을 구축하려면, 다양한 응용 소프트웨어 솔루션 개발에 의한 스마트 팩토리 구축이 절실하다. 이를 위해 정보화 컨설팅에 의한 예측생산, 물량 추이, 제조 변화 등을 정확하게 예지할 수 있는 데이터가 필요하다. 이 데이터 산업만이 제조 혁신에 필요한 클라우드 기반 스마트 공장의 확산을 가속화하고, 글로벌 경쟁력을 갖춘 산업 빅데이터 플랫폼의 선점 구축 및 주도권을 확보할 수 있다.

둘째, 개인의 시장을 확대할 우수한 인력을 민간에서 양성해야 한다. 도전적 실패를 포용할 수 있는 사회적 혁신을 바탕으로 공생의 가치를 창출해야 한다. 이를 위해 다양한 제조 업종의 복잡한 업무 프로세스 분석, 고객과 원활한 의사소통, 생산 설비의 접점 데이터 Gathering, 시스템 사후 유지 관리 등의 다양한 노하우를 공유해야 한다.

이를 기반으로 자동차 부품, 기계, 식품, 화학, 섬유 등 제조업의 생산 라인에 스마트 IoT를 접목할 수 있다. 더욱 객관적인 판단을 할 수 있도록 사람을 돕는 자율 시스템의 생산 공장 구축은 사람과 함께하는 스마트 팩토리의 발전을 도울 것이다. 이처럼 IT 기술인의 현장 경쟁력 확보를 정부가 현명하게 지원한다면, 생산성과 효율성이 확보된 스마트, 스피드 사이언스 팩토리를 확장 및 보장할 수 있다.

마지막으로 스마트 팩토리는 기업의 사정이나 여력, 상황에 따라 점진적으로 구현할 수 있다는 것을 강조하고 싶다. 여기서 중요한 것은 적절한 수준과 기능을 선택해 집중하는 것이다. 제조업 스스로의 노력으로 끊임없이 기술 개발과 연구에 투자함으로써 그에 부합한 부수적 콘텐츠도 무한히 개발할 수 있을 것이다. 수요자 스스로 개념적 전문가가 되어야만 미래를 내다보는 스마트 팩토리가 구축될 수 있기 때문이다.

2019. 09. 29. Industry news

Manufacturing revolution evolved into desires of the individual

Korean society which is centered on government and large corporations, public policies that indefinitely increase the value of public officials.
It is necessary to establish an "industrial data platform" of manufacturing-friendly IT technology so that the private sector can cultivate outstanding human resources to expand the individual market.

Original technology is the lifeblood of a company. But in the era of the Fourth Industrial Revolution, the 'individualized market' is more important than the 'popular technology'. This does not just mean 'making something' is essential, but the ability to grasp personal desires has emerged as a really important task.

This has transformed the market into an open economy, and most of the technologies are becoming more open. 'Social innovation', the process of capturing customer's desires and implementing products and services, once was a technology-driven innovation for the public now is individual desire-centered innovation.

However, Korean society today, where government and conglomerates firmly take the lead over private and private businesses centered in private sector, is "receding" much from this trend. It is the job that reveals the result. By last year, more than 300,000 new jobs were cut in half. In fact, except for public jobs, manufacturing jobs in private sector are hard to find.

As the flagship manufacturing industry, represented by automobiles and shipbuilding, has fallen, the plant transferring to overseas is accelerating. As a result, it is estimated that in 2022, there will be more than 240 old industrial complexes existed for 30 years. The sharp drop in jobs in South Korea, which is much more frightening than anyone has expected, is not just a matter of minimum wage.

The state shouts for innovation, but policies against the global economic market force young people to cling to civil service exams that will make them have a stable and secure job. In reality, public policies, such as the expansion of public jobs, which merely increase the value of public servants rather than venture startups, are taking away the financial resources of high value-added private companies. In addition, the expansion of simple public jobs, which depend on taxes, randomly robs high-quality private jobs.

Labor 4.0 in Germany is organized into an open ecosystem where large companies and small and medium-sized venture companies converge. Big platform companies are assigned 'economic efficiency' and Venture companies 'new innovations.' Germany's High-Tech Gründerfonds (HTGF), one of the most successful public-private partnerships, finds about 500 early start-ups and invests a total of 1.16 trillion won in capital. In other words, if private financial institutions have close collaboration with start-ups, the government will only create a market environment that will improve the profitability of financial institutions.

In addition, faced with a decrease in working age population due to low fertility, Japan has emerged as the world market share of 37.0% (as of 2017) as a smart factory implementation technology. This trend is rapidly ahead of Germany (12.5%) and the United States (9.5%). Currently, the Japanese government puts smart factories at the forefront of industrial policy and makes significant investments in securing AI and big data technologies that are relatively lagging behind.

The current manufacturing revolution in Korea is often criticized in that 'without a worker or a job, they just think about how to get people to work.' In other words, the fourth industrial revolution in Korea is not an opportunity but a crisis. Large companies, SMEs, and even start-ups have already lost their competitiveness. Facing the current situation, Keynes mentions 'Technological Unemployment', saying that the more information is focused on a global group (central government), the more dependent people's lives are. For this reason, manufacturing industries in developed countries, including developing countries, are already expanding manufacturing innovations such as prescriptive analytics, digital twin, artificial intelligence, cooperative robot, deep learning, and machine learning through rapid digital transformation.

The Korean manufacturing industry, which is between Japan and China, must discover a new paradigm in the private sector. We must hurry to build a "manufacturing innovation platform" that will co-exist with large companies and SMEs. Korea's measures to lead the Fourth Industrial Revolution based on manufacturing are as follows.

First, we need to build an "industrial data platform" for manufacture-friendly IT technology. It seems a little late, but it is necessary to develop and implement a solution for each situation in preparation due to the aging of production facilities, rising labor and raw material costs, and the reduction of the labor force due to aging. In addition, the manufacturing industry should pursue software, hardware and consulting services using information technology.

In order to build a manufacture-friendly convergence system in line with advanced IT technologies, smart factories need to be developed by developing various application software solutions. To this end, data that can accurately predict production, volume trends, and manufacturing changes by information consulting is needed. Only this data industry can accelerate the proliferation of cloud-based smart factories required for manufacturing innovation and gain the leadership in globally competitive industrial big data platforms.

Second, it is necessary to cultivate excellent personnel in the private sector to expand the individual market. We must create a symbiotic value based on social innovation that can embrace challenging failures. To this end, various know-hows such as analysis of complex business processes in various manufacturing sectors, smooth communication with customers, gathering of contact data of production facilities, and post-system maintenance should be shared.

Based on this, smart IoT can be applied to production lines of manufacturing such as automobile parts, machinery, food, chemical, and textile. Building a manufacturing plant with autonomous systems that help people to make more objective judgments will help the development of smart factories with people. If the government wisely supports IT technologists to secure competitiveness, they can expand and guarantee smart and speed science factories with productivity and efficiency.

Lastly, I would like to emphasize that smart factories can be implemented gradually depending on the circumstances, capacity and situation of the company. The key here is to focus on choosing the right level and function. By continuously investing in technology development and research through the efforts of the manufacturing industry itself, it will be possible to develop ancillary contents correspondingly. This is because a smart factory for the future can be built only when the consumer himself is an expert.

2019. 09. 29. Industry news

进化为个人健康欲望的制造革命

以官和大企业为中心的当今韩国社会
高呼革新成长,但实际上却无限地提高公务员价值的公共政策。
让个人市场的优秀人才在民间培养,构建制造亲和IT技术的"产业数据平台"

曾经独创技术就是像一个企业的生命。但在第四次产业革命时代,比起"大众的技术","个人的市场"更为突出。这不是"创造什么",而是掌握个人化欲望的能力成为了最重要的课题。由此,市场转向开放型经济生态,几乎所有的技术都普遍采用开放式技术。随着市场经济的改变,捕捉顾客的欲望,实现产品和服务的一系列过程,即"社交革新(social innovation)"的扩散,是旨在"大众"的技术中心变为"个人的欲望"。

但是,比起以民为中心的个人和私企,官和大企业占优势的当今韩国社会,在这种时代潮流中正在"非常退步"。结果如实显现,就是"岗位"。到去年为止,30万个以上的新工作岗位减少了四分之一。事实上,除了公共岗位,民间岗位特别是制造业岗位反而是负增长的延续。随着以汽车,造船为代表的主力制造产业下滑,向海外工厂转移正在加速。其结果,据推测,2022年,韩国30年以上的老旧产团将达到240多处。比所有人预想的都要可怕的韩国工作岗位剧减,不仅仅是最低工资问题。

与世界经济市场背道而驰的政策,例如随机扩大81万公共工作岗位/大企业治理结构/无对策的非正式员工转为正式员工化/最低工资的提高和劳动时间的缩短引起的国家税金浪费等。在这种情况下,国家虽然高呼革新,但青年们只能埋头进行稳定和保障价值的公务员考试。高呼希望革新成长,但实际上比起风险创业,公务员价值无限提升的公共工作岗位和福利扩大财源等公共政策最终只会夺走附加价值高的民间企业创造工作岗位的财源。而且,依靠税收的单纯扩大公共工作岗位只会随意剥夺创造高质量民间工作岗位的机会。工资应该被提高,而不是提高。如果因景气的活跃导致人力不足,企业当然会竞相提高工资。

德国的劳动4.0是大企业和中小,风险投资企业融合的开放生态系,"大平台企业分享高效经济效益","风险企业分享创新"。被称为成功民官合作事例的德国HTGF(High-Tech Gründerfonds)将挖掘500多家创业初期企业,公司投资创始经纪基金, 总资本额为1.6万亿韩元。即民间金融机构与创业企业建立紧密的协作体系,政府只会为改善金融机构投资效益创造市场环境。另外,面临低生育率导致可生产人口减少的日本凭借smart factory实现技术,

在世界市场上的占有率上升到37%(以2017年为准),迅速领先于德国(12.5%)和美国(9.5%)。在这一趋势下,目前日本政府将引进smart factory放到了产业政策的最优先位置,在确保相对落后的AI,大数据技术方面进行了相当大的投资。

人们经常说,现在韩国的制造革命是"在没有工作也没有工作的情况下,只顾着想尽办法要工作"。也就是说,韩国的第四次产业革命不是机会,而是危机,大企业、中小企业和创业企业已经丧失了竞争力。直面现在状况的凯恩斯谈到"因技术革新而失业(technological unemployment)"时称,信息越是集中在超大型国际集团(中央政府),人们的生活就越是服从于它。由于这些原因,发达国家等发展中国家的制造业已经通过快速的数字转换,扩大了处方预测分析、数字双胞胎、人工智能、协作机器人、深度学习、机器学习等制造革新。

夹在日本和中国之间存在的韩国制造业应该发掘以民间为主轴的新模式,尽快建立使大企业和中小合作企业共生的"制造革新平台"。制造业强国,大韩民国以制造为基础,为了在第四次产业革命中成为领先者的对策如下。

首先,要构建大韩民国制造亲和IT技术的"产业数据平台"
虽然有些为时已晚,但为了应付生产设备老化,人工费和原材料费用上涨,再加上高龄化导致的劳动人口减少等问题,应该开发适合各个情况的解决方案,在制造产业领域追求利用信息技术的软件和硬件。要想与领先的IT技术相配合,构建制造亲和性融合系统,开发多种应用软件解决方案构建smart factory是当务之急。为此,需要能够准确预测信息化咨询带来的预测生产,数量推动,制造变化等数据。只有这一数据产业,才能加速制造创新所需的cloud基础智能工厂的扩散,并确保具备国际竞争力的产业大数据平台的抢占构建及主导权。

第二,要在民间培养扩大个人市场的优秀人才。应该通过包容挑战性失败的社会革新,创造共生的价值。为此,需要分享多种制造行业的复杂业务流程分析,与客户进行顺畅的沟通,生产设备的接点数据Gathering,系统事后维护管理等多种技巧。在此基础上,在汽车零部件,机械,食品,化工,纺织等制造业的生产线上,可实现智能IoT。帮助人们做出更客观判断的自律体系的生产工厂的建立,将帮助人们发展smart factory。如果政府能明智地支持IT技术人才的现场竞争力,就能扩大并保障确保生产效率和效率的智能,速度科学的factory等。

最后,我想强调的是,smart factory可以根据企业的情况,余力和情况逐步实现。这里最重要的是选择合适的水平和技能集中。通过制造业自身的努力,不断投资于技术开发和研究,可以无限开发与其相符的附加内容。因为只有需求者自己成为概念性专家,才能构建展望未来的smart factory。

2019. 09. 29. Industry news

156

個人の健全な欲望へと進化するものづくり革命

官と大企業中心の今の大韓民国社会、
革新成長を叫びながら実情は公務員の価値を無限に高める公共政策。
個人の市場を拡大する優秀な人材を民間で養成できるよう、
物づくり親和IT技術の"産業データプラットフォーム"を構築すべき。

　独創的な技術は、一企業の生命のようなものだった。しかし、4次産業革命時代では'大衆の技術'より、'個人の市場'が一段と浮き彫りにされている。これは「何を作り出すのか」ではなく、個人化された欲望を把握する能力が本当に重要な課題として登場したということである。これにより市場が開放経済生態系に変わり、ほとんどの技術はオープン化した技術などで一般化されている。このように市場経済が変貌するにつれ、顧客の欲望を捕捉し製品とサービスを具現する一連の過程、すなわち「ソーシャルイノベーション」の拡散は、「大衆」のための技術中心の革新が「個人の欲望」を中心に急変することを意味する。

　しかし、民を中心とした個人と私企業よりは、官と大企業が優位を堅く占めている今の韓国社会は、このような時代の流れで「非常に大きく」退行している。その結果が如実に表れているのが、まさに「雇用」である。昨年まで30万個以上の新規雇用が半減された。事実上、公共雇用を除けば、民間雇用、特に製造業の雇用はむしろマイナスの連続だ。自動車・造船に代表ある。主力製造産業が失速し、海外工場への移転が加速している。その結果、今後2022年には、大韓民国の30年以上、老朽化産業団地はおよそ240ヵ所以上であることと推定している。皆が予想したよりもはるかに恐ろしいスピードで進んでいる大韓民国の雇用急減は、ただの最低賃金だけの問題ではない。

　世界経済市場に逆行する政策、例えば無作為的81万の公共雇用の拡大/大企業の支配構造/対策のない非正規職の正規職化/最低賃金の引き上げと労働時間の短縮による国家資源歪曲などなど・・・このような状況で、国家は革新を叫ぶが、青年たちは安定と保障に価

値を置いた公務員試験だけにこだわるしかない。「革新成長を望む」と叫びながら、実際はベンチャー創業より公務員の価値を無限に高めるばかりの公共雇用と福祉拡大財源などの公共政策は、結局付加価値の高い民間企業の雇用創出財源を奪うだけだ。そして、税金に依存した単純な公共雇用の拡大は、クオリティの高い民間の雇用創出機会を無作為的に奪うだけである。賃金を上げるのではなく、上げなければならないのである。景気活性化で人手が足りなければ、企業は当然、賃金を必然的に引き上げるしかないからだ。

　ドイツの労働4.0は、大手企業と中小・ベンチャー企業が融合する開放の生態系として組織化した。巨大プラットフォーム企業は効率的な経済効率性'を、'ベンチャー企業は新たな革新'をそれぞれ分担した。成功的民官協力事例とされるドイツHTGF(High-Tech Gründerfonds)は500あまりの創業初期企業を発掘し、総資本金1兆1,600億ウォン規模の創業誘い水資金を投資する。すなわち、民間の金融機関が創業企業と緊密な協力体制を整えれば、政府は金融機関の投資収益性を改善する市場環境を造成するだけだ。そして少子化による生産可能人口の減少に直面した日本は、スマートファクトリー具現技術で世界市場シェア37.0%(2017年基準)に浮上しつつ、ドイツ(12.5%)と米国(9.5%)などを急速にリードした。この勢いに支えられ、現在日本政府はスマートファクトリー導入を産業政策の最優先に置き、相対的に遅れているAI,ビッグデータ技術の確保にかなりの投資を進めるいるという

　よく現在、韓国の製造革命をめぐり、「職人が職場もない状況でありながら、働かせる方法だけ死に物狂いで悩んでいる」と言われる。つまり、大韓民国の4次産業革命は機会ではなく、危機に直面しながら、大企業と中小企業、そしてスタートアップまで競争力をすでに失った。現在の状況を直視したケインズは、「技術革新による失業(technological unemployment)」に触れ、情報が超大型グローバルグループ(中央政府)に集中するほど、人々の暮らしはそれに従属する結果をもたらすとした。このような理由から、既に先進国をはじめとする発展途上国の製造業は、すばやいデジタル切り転換で処方予測の分析、デジタルツイン、人工知能、協同ロボット、ディープランニング、マシンランニングなどの製造革新を拡大している。

　日本と中国の間でサンドイッチとして存在している韓国の製造業は、民間が主軸とした新しいパラダイムの発掘で、大企業と中小協力企業を共生させる「ものづくり革新プラットフォーム」を急いで登場させなければならない。製造業強国、大韓民国が製造を基盤に4次産業革命に

首位になるための対策は次のようだ。

まず、韓国の製造親和IT技術の「産業データプラットフォーム」を構築しなければならない。
　遅きに失した感がなくはないが、生産設備の老朽化、人件費と原材料コストの上昇、さらに高齢化による労働人口の減少等に備えた各事情に即したソリューションを開発構築し、製造産業分野で情報技術を活用したソフトウェアとハードウェア及びコンサルティングサービス事業を追求すべきである。先行するIT技術に歩調を合わせてものづくり親和的融和システムを構築するには、多様なアプリケーション開発によるスマートファクトリーの構築が切実である。このため、情報化コンサルティングによる予測生産、物量推移、製造変化等を正確に予知できるデータが必要である。このデータ産業のみが、ものづくりの革新に必要なクラウド基盤スマート工場の拡散を加速化させ、グローバル競争力を備えた産業ビッグデータプラットフォームの先取り構築や主導権を確保できる。

　第二に、個人の市場を拡大させる優秀な人材を民間で養成すべきである。挑戦的失敗を包容できる社会的革新で、共生の価値を創出しなければならない。このため、様々な製造業種の複雑な業務プロセス分析、顧客との円滑な意思疎通、生産設備の接点データGathering、システム事後メンテナンス等の多様なノウハウを共有する必要がある。これを基盤に自動車部品、機械、食品、化学、繊維など製造業の生産ラインにスマートIoTを組み合わせることができる。より客観的な判断ができるよう、人を助ける自主システムの生産工場構築は、人と共にするスマートファクトリーの発展に役立つだろう。このようにIT技術者の現場競争力確保を政府が賢明に支援することになれば、生産性と効率性が確保されたスマート、スピードサイエンスファクトリーを拡張、保障することができる。

　最後に、スマートファクトリーは企業の事情や余力、状況に応じて漸進的に実装可能であることを強調したい。ここで重要なことは、適切なレベルと機能を選択して集中することだ。製造業自らの努力で絶えず技術開発と研究に投資することで、それにマッチした付随的コンテンツも無限に開発できるであろう。需要者が自ら概念的な専門家になってこそ、未来を見通すスマートファクトリーが構築できるからだ。

2019. 09. 29. Industry news

국내 글로벌강소기업들의 진출 사례를 세계화 시키다

현대·기아자동차 포함 누적매출 108.5억 원의 실적

- 2016년 상용화에 성공한 전류 예지보전의 '유예지 솔루션'은 이미 현대·기아자동차 국내외 공장에 4,000대를 납품, 표준기술로 등록
- 현재까지 일진NTS, SK이노베이션, 한국항공우주산업, 효성, 포스코ICT, 경등나비엔 등이 납품 및 개발
- 기존 적용 기업 뿐주 진행 중 (H자동차 러시아 공장, K자동차 인도 공장 등)

대통령의 울산 방문, 아니 반가울 수 없다

문재인 대통령의 유니스트 학위 수여식 참석
울산 정보산업 기술력 인정하는 것 같아 기뻐
혁신적 산업 생태계 구축에 전사적 역량 집중을

지난 12일 문재인 대통령이 울산을 방문했다. 취임 후 문 대통령이 울산을 방문한 것은 이번이 처음이다. 우리나라에서 대통령이 어느 특정 대학 졸업식에서 축사를 하는 것은 그리 흔한 일은 아니지만, 본인들이 주장하는 시급 국책을 밝히기 위해 졸업식에서 그 중요성과 당위성을 강조해 왔다. 노무현 전 대통령은 KAIST 졸업식, 이명박 전 대통령은 마이스터고 졸업식, 박근혜 전 대통령은 경찰대 졸업식을 방문한 바 있다. 이에 문 대통령은 작년 과학기술정보통신부에 이공계 대책을 지시했었는데, 유니스트 졸업식 참석은 이공계 중요성을 대내외적으로 강조하는 행보라 할 수 있겠다.

청와대에 따르면 울산과학기술원(UNIST)은 문 대통령과 인연이 깊다고 한다. 2007년 문 대통령이 청와대 비서실장으로 근무할 때 직접 설립에 관여한 곳으로, 영국 대학 평가 기관의 세계 대학 평가에서 우수 대학으로 평가받은데 이어, 논문 피인용 수에서도 국내 1위를 기록하면서 정부의 혁신 성장·4차 산업혁명과 관련된 연구·개발 과제를 적극적으로 추진 중에 있다. 문 대통령은 UNIST와 같은 과학 기술 특성화 대학이 지역 인재 양성과 산학 협력을 이끌도록 할 것이며, 지역 대학과 공공기관, 지역 기업들 간 연계를 통해 지역 인재들이 지역을 떠나지 않고서 대한민국 산업을 이끌어갈 수 있도록 아낌없이 지원할 것이라고 밝혔다. 이와 더불어 문 대통령은 '울산은 대한민국 산업 수도, 우리나라 총수출액의 20%를 담당하는 우리 경제의 젖줄'이라고 강조했다.

그렇다면 우리 울산은 과연 지금 무엇을 준비해야 할까. 지난 7월 한국무역협회가 발표한 보고서에 따르면 4차 산업 관련 한국 국가 경쟁력 순위는 19위였다. 1위는 싱가포르였고 핀란드와 미국, 네덜란드가 그 뒤를 이었고, 10위 홍콩, 14위 대만, 15위 일본 순이었다. 4차 산업의 숨통을 정부가 쥐어 잡고 있는 한 이 19라는 순위도 곧 30위 밖으로 밀려 나가는 것은 시간문제다.

한국의 대응 수준이 아직은 부족한 상황이지만, 향후를 내다보는 긍정적 시각으로 고찰해 본다면 선진국들의 산업 트렌드 변화와 대응 자세가 현재 초기 단계인 만큼, 우리 대한민국의 4차 산업혁명은 그 준비 여부에 따라 '기회의 창'이 될 수도 있지 않을까.

현재 울산의 제반 여건이 상대적으로 열악한 건 사실이다. 하지만 지금까지 대기업과 협력해온 강소 중소기업들의 강점인 제조 기반과 IT 인프라 등을 활용하면 오히려 폭발적 기회가 될 수 있다. 이미 많은 사례들을 통해 알려졌듯이 미국, 독일, 일본 등 제조업 선진국에서도 창의성을 바탕으로 한 민간 기업들이 4차 산업의 트렌드를 주도하고 있다. 거대 대기업이 뿌리내린 울산 지역에서 끈질기게 자생한 울산 ICT 전문가들이, 자유롭고 창의적으로 연구할 수 있는 환경을 조성할 수 있도록 붙들어 매는 것이야말로 문재인 정부가 제창하는 대한민국 산업 수도로서의 명분이 되지 않을까.

기업은 크든 작든, 개혁을 하지 못하면 시장에서 퇴출된다. 지역 특화형 스마트 전략을 구축하기 위해서는 조선·해양과 자동차·석유화학·철강·에너지 업종의 '뿌리 산업'을 빅데이터로 한 지역 특화형 스마트 전략 구축이 절실하다. 이를 위해 울산은 지역 단위 혁신 생태계 구축을 위한 자원 발굴이 먼저 이뤄져야 한다. 그중 가장 중요한 자원은 대기업과 맞붙고 협력하며 버텨온 기술 인력들로, 그 우수 인력의 제조업체가 집적된 곳이 바로 울산이다. 이러한 산업 운영 플랫폼의 빅데이터는 곧 전 세계로 확산될 수 있고, 울산의 특성화된 메이저급 혁신적 산업 생태계는 울산의 축복과도 같은 자원이라 그 구심점을 서둘러 울산에 구축해야 한다. 일률적 진보가 아니라, 지역별 4차 산업의 폭발적 순항을 위해선 경제 과학 정책과 산업 현장의 호흡이 그 무엇보다 중요하다.

대기업의 패러다임에 그간 '현대자동차의 하청 공장 도시, 울산'이란 이미지가 깊숙이 자리 잡아 온 것이 사실이지만 그 덕으로 드러나지 않은 울산 정보 산업 기술의 밑천은 우리가 상상하는 그 이상이란 것을 우리 기술자들은 이미 알고 있는 바였다. 만약 아직도 '대기업 하청 도시, 울산'이란 메카로 이 도시가 연명하고 있었다면 이런 이야기는 전혀 나오질 않았을 것이다. 그간 대기업의 그늘 속에 정부 지원에 의지하기보다는, 나름의 기술 개발로 독립적으로 사업을 확장시켜 온 수많은 침묵의 기술자들이 울산에 포진하고 있다는 것을 아는 사람은 다 알기에, 이번 문 대통령의 울산 방문은 아니 반가울 수 없다.

2018. 02. 18. Ulsan Maeil

Mr. Moon's visit to Ulsan city is more than welcome.

President Moon Jae-in attends the UNIST degree conferment ceremony
Glad he appreciates Ulsan's information technology
Requires company-wide capabilities to build an innovative industrial ecosystem

On the 12th, President Moon Jae-in visited Ulsan. This is the first time Moon has visited Ulsan since he took office. It is not uncommon for a president to give a speech at a particular university graduation ceremony in Korea, but he has emphasized its importance and justification at the graduation ceremony to clarify the urgent state policy that he insists. Former President Roh Moo-hyun visited KAIST graduation ceremony, former President Lee Myung-bak was at Maester High school graduation ceremony, and former President Park Geun-hye visited police graduation ceremony. President Moon ordered the Ministry of Science, Technology and Information last year to boost science and engineering and attending the UNIST graduation ceremony is a step to emphasize the importance of science and engineering internally and externally.

According to the Blue House, the Ulsan Institute of Science and Technology (UNIST) has a close relationship with President Moon. In 2007, President Moon was directly involved in the establishment of his office as secretary-general of the Blue House. UNIST was recognized as an outstanding university in the UK university evaluation institution's world university evaluation. It is actively pursuing research and development tasks related to the 4th Industrial Revolution as it goes on top in Journal Impact Factor. President Moon will help science and technology specialized universities such as UNIST lead regional talent development and industry-university cooperation, and help local talents lead the Korean industry without leaving the region by linking local universities, public institutions and local companies. In addition, Moon emphasized that 'Ulsan is Korea's industrial capital and the mainstream of our economy, which accounts for 20% of Korea's total exports.'

Then what should Ulsan prepare for now? According to a report released by the Korea International Trade Association in July, Korea ranked 19th in terms of competitiveness in the fourth industry. Singapore ranked first, followed by Finland, the United States, and the Netherlands, followed by Hong Kong 10th, Taiwan 14th, and Japan 15th. It's only a matter of time we pushed out of the 30th as long as the government holds the breath of the fourth industry.

Although Korea's level of response is still insufficient, considering the positive perspective of the future, Korea's 4th Industrial Revolution is an 'opportunity', depending on whether it is prepared. Could it be the window of opportunity?

It is true that the current conditions in Ulsan are relatively poor. However, it can be explosive when taking advantage of the manufacturing and IT infrastructure, which are strengths of SMEs that have cooperated with large companies. As already known in many cases, in the advanced manufacturing industries such as the US, Germany and Japan, private companies based on creativity are leading the trend of the fourth industry. Would it make justification for the Korea's industrial capital promoted by the Moon Jae-in government to hold on to Ulsan's ICT experts, who survived within companies, to create a free and creative research environment?

Firms, whether big or small, will eventually leave the market if they fail to reform. In order to build a regional-specific smart strategy, it is urgent to establish a regional-specific smart strategy that uses the "root industry" of the shipbuilding, offshore, automobile, petrochemical, steel, and energy industries as big data. For this to work, Ulsan must discover resources for building an innovative ecosystem at the local level. Among them, the most important resource is technical personnel who have worked with and cooperated with large companies, and Ulsan is the place where the excellent manufacturer personnel is accumulated. The big data of these industrial operation platforms will soon spread all over the world, and Ulsan's specialized major innovative industrial ecosystem is a blessing to Ulsan. For the explosive success of the fourth industries, economic science policy and industrial sites are paramount.

It is true that the image of Ulsan was described as a subcontractor factory city of Hyundai Motors, which has been deeply embedded in the paradigm of large corporations, but our engineers already know that the power of Ulsan's information industry technology that has not been revealed is more than we can imagine. If the city was still alive with the mecca of "large subcontracting city, Ulsan," this story would not have come out at all. Rather than relying on government support in the shadow of large corporations, everyone knows that Ulsan has many engineers who have independently expanded their business to develop their own technologies. That's why Mr. President's visit to Ulsan is so welcomed.

2018. 02. 18. Ulsan Maeil

很高兴见到文在寅总统蔚山访问

总统出席UNIST学位授予仪式
很高兴认同蔚山信息产业技术能力
要集中在革新的产业生态界的力量

12日文在寅总统访问了蔚山。就任后，文总统首次访问蔚山。我国总统在某某特定大学毕业典礼上庆祝不是很常见的事，但为了表明本人主张的时级国策，在毕业典礼上强调了其重要性和党卫星。前总统卢武铉参加了KAIST毕业典礼，李明博前总统参加了Myster高中毕业典礼，朴槿惠前总统也参加了警察大学的毕业典礼。对此，文总统去年向科学技术信息通信部指示了理工科对策，而参加UNIST毕业典礼可以说是对内外强调理工科重要性的举动。

据青瓦台透露，蔚山科学技术院(UNIST)与文在寅总统有着很深的渊源。2007年文在寅担任青瓦台秘书室长时，曾亲自参与设立，在英国大学评估机关的世界大学评估中被评为优秀大学，论文被引用次数也位居国内首位，政府的革新成长·第四次产业革命。文在寅总统表示："像UNIST这样的科学技术特性化大学将引领地区人才培养和产学合作，通过地区大学和公共机关，地区企业间的联系，将不遗余力地支援地区人才不离开地区，引领大韩民国产业。" 与此同时，文强调总统'蔚山是韩国首都，我国产业总出口额的20%的韩国经济的母亲河'。

那么我们蔚山究竟该准备什么呢？据7月韩国贸易协会发表的报告，第4产业相关的韩国国家竞争力排名第19位。第一名是新加坡，芬兰和美国，荷兰继之后，排在第十名香港、第14名、台湾、15名。只要政府控制着第4次产业的命脉，这个第19名的排名也即将被挤到30名之外只是时间问题。

虽然韩国的应对水平还不足,但从今后的积极角度进行考察,发达国家的产业趋势变

167

化和应对姿态目前尚处于初期阶段,因此韩国第四次产业革命是否会根据准备情况而成为"机会之窗"。

目前蔚山的诸多条件相对恶劣是事实。但是如果利用与大企业合作的强小中小企业的制造基础和IT基础等, 反而会成为爆发性的机会。在美国、德国、日本等发达国家也以创意为基础的民间企业主导了第四产业的潮流。在巨大大企业扎根的蔚山地区自生的蔚山ICT专家, 为了营造自由、有创意的环境, 才是文政府提倡的大韩民国产业首都的名分

企业不论大小,如果不能进行改革,就会被市场淘汰。为了构建地区特色型智能战略,迫切需要构建以造船、海洋、汽车、石油化学、钢铁、能源等行业的"根产业"为大数据的地区特色型智能战略。为此,蔚山首先要进行资源挖掘,以构建地区为单位的革新生态系统。其中最重要的资源是与大企业进行竞争,合作的技术人才,其优秀人力的制造企业聚集的地方就是蔚山。这样的产业运营平台的大数据会很快扩散到全世界,蔚山的特性化专业级的革新产业生态界是蔚山的福地,因此要尽快构筑核心轴。经济,科学政策和产业现场的配合对各地区第4次产业的爆发性发展至关重要。
虽然在大企业的模式中,"现代汽车的转包工厂城市,蔚山"的形象已经深入人心,但韩国技术人员早已知道,蔚山信息产业技术的本钱远超我们想象的。如果现在这个城市还在被称为"大企业转包城市,蔚山"的麦加苟延残喘的话,根本就不会有这样的说法。一直以来,在大企业的阴影下,比起依靠政府的支持,通过自己的技术开发独立扩张事业的众多沉默的技术人员分布在蔚山,这是众所周知的事情,因此文总统此次访问蔚山实在是令人高兴。

2018. 02. 18. Ulsan Maeil

大統領 蔚山訪問、嬉しく思えない

文在寅(ムン・ジェイン)大統領のユニストゥ学位授与式に出席
蔚山情報産業、技術力を認めるようで嬉しい
革新的産業生態系の構築に全社的力量集中を

　この12日、文在寅(ムン・ジェイン)大統領が蔚山(ウルサン)を訪問した。就任後、文大統領が蔚山を訪問したのは今回が初めてだ。韓国で大統領が特定の大学の卒業式で祝辞を述べることは、まれなことではないが、当人が主張する時給の国政を明らかにするために、卒業式でその重要性と当為性を強調してきた。盧武鉉(ノ・ムヒョン)前大統領はKAIST卒業式、李明博(イ・ミョンバク)前大統領はマイスター高校の卒業式、朴槿恵(パク・グンヘ)前大統領は警察隊卒業式を訪問している。これに対して、文大統領は昨年、科学技術情報通信部に理工系対策を指示したが、ユニスト卒業式の出席は理工系の重要性を対内外的に強調する行動と言えよう。

　大統領府によると、蔚山(ウルサン)科学技術院(UNIST)は文大統領と縁が深いという。2007年に文大統領が大統領府秘書室長として勤務した時、直接設立に関与したところで、英国の大学評価機関の世界大学評価で優秀大学と評価されたのに続き、論文被引用数でも国内1位を記録し、政府の革新成長・4次産業革命と関連された研究・開発課題を積極的に推進中である。文大統領は、「UNISTのような科学技術特性化大学が、地域人材の育成と産学協力を導くようにし、地域大学と公共機関、地域企業間の連携を通じて、地域の人材が地域から離れず、大韓民国の産業をリードできるよう、惜しまず支援する」と明らかにした。これとともに、ムン大統領は'蔚山は大韓民国の産業首都、韓国の輸出額の20%を担当する韓国経済の水源で'と強調した。

　それなら、韓国の蔚山は果たして今、何を準備しなければならないのか。この7月韓国貿易

協会が発表した報告書によると、4次産業関連の韓国国家競争力順位は19位だった。 1位はシンガポールで、フィンランドと米国、オランダがその後を追い、、10位は香港、14位台湾、15位、日本の順だった。 4次産業の息の根を政府が握って握っている限り、この19位という順位もすぐ30位圏外に押し出されて行くのは時間の問題だ。

　韓国の対応水準がまだ不足した状況だが、今後を見通す肯定的な視点で考察してみると、先進国の産業トレンドの変化と対応姿勢が現在、初期段階であるため、我が大韓民国の4次産業革命はその準備状況によって'機会の窓'になるかも知れないからだ。

　現在、蔚山の環境が相対的に劣悪なのは事実だ。 しかし、これまで大企業と協力してきた強小中小企業の強みである製造基盤とITインフラなどを活用すれば、かえって爆発的な機会になり得る。 すでに多くの事例を通じて知られているように、米国、ドイツ、日本などの製造業の先進国でも創意性を基にした民間企業が4次産業のトレンドを主導している。巨大な大企業が根を下ろした蔚山(ウルサン)地域からしつこく自生した蔚山(ウルサン)ICT専門家たちが、自由で創意的に研究できる環境を造成できるように縛りつけることこそ、文在寅(ムン・ジェイン)政府が提唱する大韓民国の産業首都としての名分が立たないだろうか。

　企業は大なり小なり、改革ができなければ市場から撤退する。 地域特化型スマート戦略を構築するためには、造船・海洋と自動車・石油化学・鉄鋼・エネルギー業種の「根っこ産業」をビッグデータにした地域特化型スマート戦略の構築が切実だ。 このため蔚山は、地域単位の革新生態系構築のための資源発掘が先行されなければならない。 その中で最も重要な資源は、大企業と取り組んで協力しながら耐えてきた技術人材で、その優秀な人材の製造会社が集積されたのが蔚山だ。 このような産業運営プラットフォームのビッグデータはすぐに全世界に広がり、蔚山の特性化されたメジャー級の革新的産業生態系は蔚山の祝福のような資源であり、その求心軸を急ぎ蔚山に構築すべきである。 一律的進歩ではなく、地域別4次産業の爆発的な巡航に向けては、経済科学政策と産業現場の呼吸がその何より重要だ。

　大企業のパラダイムに、これまで「現代自動車の下請け工場都市、蔚山」というイメージが深く根付いてきたのは事実だが、そのおかげで現われていない蔚山情報産業技術の土台は、私た

ちが想像する「その理想」だということを、韓国の技術者たちはすでに知っていたことであった。 もし、まだ「大企業の下請け都市、蔚山」というメッカでこの都市が延命していれば、このような話は全く出なかっただろう。 これまで大企業の陰に政府支援に頼るよりは、それなりの技術開発で独立的に事業を拡大させてきた数多くの沈黙の技術者が蔚山に布陣しているということは、知る人ぞ知るが、今回の文大統領の蔚山訪問は、いや喜ばしいことではない。

2018. 02. 18. Ulsan Maeil

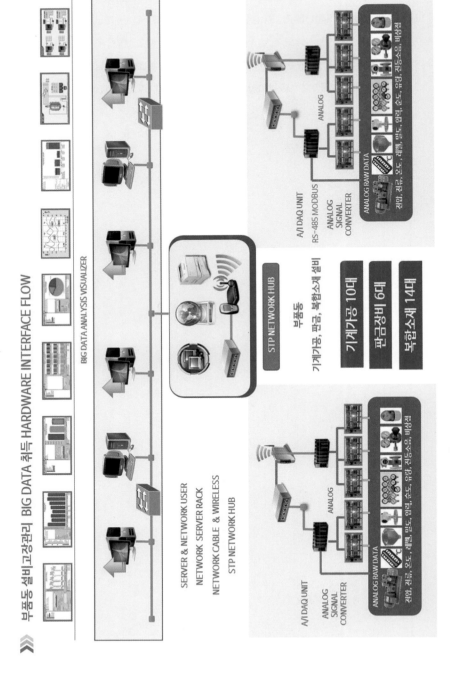

부품등 설비고장관리 BIG DATA 취득 HARDWARE INTERFACE FLOW

BIG DATA ANALYSIS VISUALIZER

SERVER & NETWORK USER
NETWORK SERVER RACK
NETWORK CABLE & WIRELESS
STP NETWORK HUB

STP NETWORK HUB

부품등
기계가공, 판금, 복합소재 설비

기계가공 10대

판금장비 6대

복합소재 14대

A/I DAQ UNIT
RS-485 MODBUS
ANALOG SIGNAL CONVERTER
ANALOG
ANALOG RAW DATA
장력, 진동, 온도, 레벨, 압력, 습도, 유량, 진동소음, 비젼성

A/I DAQ UNIT
ANALOG SIGNAL CONVERTER
ANALOG
ANALOG RAW DATA
장력, 진동, 온도, 레벨, 압력, 속도, 유량, 진동소음, 비젼성

산업 데이터로 도시를 재생하는 세계 유일 도시 '울산'

태화강 인근 마구잡이식 건설 '울산 젖줄' 스토리 소멸
울산만의 역사·삶의 가치 추구해야 '진정한 도시 재생'
첨단 산단 연계 미래형 플랫폼 신산업 유치 서둘러야

 도시의 정체성은 곧 장소의 상징성을 의미한다. 도시를 다시 부활시키기 위해서는 퇴보 산업의 무리한 재생이 아니라, 기존 도시 역사에 기초한 지역의 특화 사업을 유치해야 한다. 상징성 강한 도심권 일대에 새로운 도시 기능을 부여하고, 고용 기반 창출을 통해 울산을 다시금 대한민국 경제 중심지로 부상시킬 계획 수립이 절실한 지금이다.

 이를 위해 오랜 기간 혈이 막힌 도시의 맥에 새로운 기능을 부여함으로써, 창조적 고용 기반 창출에 의한 재도약의 기반을 울산은 어서 서둘러야 한다. 그야말로 지역과 공간을 향한 궁리가 절실한 이때, 전 시민들의 공감대 형성은 그 무엇보다 중요하다. 공감대에 기반한 주민들의 의지와 적극적 참여, 그리고 관심과 협조는 울산을 다시 부활시킬 참여형 프로세스로 확대시킬 수 있다.

 얼마 전까지만 해도 도시와 관련된 무수한 계획들은 사실상 지역의 실제적 문제를 다루지 못했었다. 중앙에서 일방적으로 결정된 도시 문제 해결책을 지역에 그대로 대입해 왔었기 때문이다. 하지만 중앙의 여러 계획들이 도시 재생과 같은 지역성을 부각한 계획들로 바뀌어가고 있다. 그 결과, 지역의 좋은 사례가 다른 지역으로 확산되고, 중앙 차원으로 역순환 하는 일이 자주 발생하고 있다. 지역의 자립이 자치와 사회 혁신으로 이어지면서, 시민들의 기

억과 추억이 공유되고, 공감의 공간으로 혁신하고 있다.

　이처럼 도시의 재생은 일차원적 도시계획의 무리한 단순 복원이 아니라, 도시 삶의 스토리가 지금과 연결되는 메커니즘으로 구현돼야 한다. 시민들의 관심과 노력으로 이뤄낸 성취의 결과가 장소로 발현된 공간으로 구현되어야 할 것이다.
　부동산 경제 순환으로 막강한 부를 창출하는 한국은 기존의 장소적 역사성을 모두 밀어냈다.

　특히 울산은 장기적 비전 없이 기존 몇몇 관계자들의 관(공공) 중심 거대 마스터플랜으로 지금의 삭막한 도시 결과를 초래했다. 시민의 공감대와 장기적 비전이 없는 불특정 기능의 주거 단지와 유휴 공간은 도시의 쇠퇴를 더욱 가속화시켰다.

　울산의 태화강은 도시 전체를 살리는 기념비적 의미로 그야말로 울산의 젖줄이다. 그렇게 자연을 보호하겠다는 명분은 어디 가고, 태화강 인근의 생뚱맞은 무작위적 몇몇 고층 건축물들의 마구잡이식 건설은 울산 삶의 스토리를 소멸시켜 버렸다.

　중앙 정부에서 무작위로 선정된 도시에 일률적으로 예산을 내려 주고, 예산을 연도 안에 집행하는 방식은 재생이 아니라 개발이다. 기존의 거주자들이 몰려나가고 단지 경제적 가치만을 추구하는 도시가 아니라, 그 도시만이 가진 역사와 삶의 가치에서 해결책을 모색해 나가는 것이야말로 진정한 도시의 재생이 아닐까.

　최근 지역을 기반으로 사회 문제를 스스로 해결해 보려는 시민들의 사회 역량이 강화되면서 지역마다의 구체적 상태와 조건을 따져서 해법을 찾는 로컬 소사이어티가 활발하다. 도시의 재생 프로세스 안에 시민이 어떻게 주체로

들어와 있느냐가 관건인 요즘, 행정이 변화해야 하는 이유도 여기에 있다. 이것은 특정 힘 있는 몇몇 소수의 단체가 아니라, 구체적 현실 문제를 해결하기 위한 다수의 개인들이 더 많이 확대되고 있다는 증거다.

사회의 변화는 시민 사회의 역량을 키우고, 사회적기업의 형태를 띤 협동조합과 청년 단체 등을 증가시키고 있다. 사회가 고령화된다지만, 생각이 늙지 않고 의식이 성장한 시민들이 스스로 사회 문제에 도전할 수 있도록 크라우드 펀딩처럼 개인이 사람을 모을 수 있는 플랫폼을 더욱 장려해야 한다. 왜냐하면 지역 경제에 기반한 일자리 창출은 삶의 질을 업그레이드시키고 공간을 중심으로 시민들의 관심과 활동을 확장시켜 나갈 수 있기 때문이다.

이처럼 일회성으로 그치지 않고, 사회적 커뮤니티로 연결되는 플랫폼은 특정 힘 있는 단체들의 목소리를 약하게 만들 수 있다. 특히 울산 산업 도시에서의 사회적 경제 영역의 이야기들을 풀어내기 위해서는 무엇보다 우리가 전통적으로 가지고 있던 조직의 기능과 역할이 달라져야 한다. 어떤 분야에서만 독점적 역할과 지위를 차지한 전문가는 더 이상 필요하지 않다.

사람들을 사회 혁신 생태계로 집약시키는 일은, 이제 울산의 소규모 네트워크에 기반한 일반인도 얼마든지 가능하기 때문이다. 이러한 구상 속에 아주 조심스러운 접근이지만, 태화강의 수변 공간을 비롯한 울산의 수많은 장소들이 보호라는 장벽으로 마냥 방치되기보다는, 장소의 소망과 혁신을 꿈꾸고, 그에 걸맞은 미래를 시민들과 함께 순차적으로 그려보는 것이 무엇보다 중요하다. 그리하여 잃어버린 스토리들이 문화적 기획으로 연결되면서 공간의 커뮤니티를 활성화시켜 보면 어떨까.

그러기 위해서는 무엇보다 울산의 상징적 공간을 글로벌 문화·관광·경제 거점으로 조성해, 신규 일자리를 창출하고 지역 경제를 활성화하기 위한 울산만의 도시 재생 정책이 절실하다. 이를 통해 당장 울산이라는 도시가 당면한 고령화, 기후 변화, 에너지 등에 의한 지역 소멸의 문제를 공동체의 커뮤니티로 해결할 정책을 서둘러야 한다. 울산만이 가능한 도시 재생 뉴딜의 목적은 미래 사업 연구 개발 및 관련 해외 기업 유치 및 창업 교육과 육성의 기획 운영으로, 다음과 같은 정책이 우선 고려되어야 할 것이다.

△친환경 에너지 기반 글로벌 커뮤니티 산업 데이터 연구 단지 조성 △접근성 강한 에코 수변 문화 공간 조성에 의한 '히스토리 에어리어' 확대 추진 △인근 혁신 도시와 첨단 산업 단지, 에너지 지구를 연계한 미래형 플랫폼 신산업 유치를 서둘러야 한다. 이를 위한 첫 번째 실천은, 행정이 민간을 신뢰할 수 있는 접점에서의 공감은 무엇보다 중요하며, 그 결과들의 데이터가 함께 공유될 수 있는 공간으로 확장되어야 한다.

이런 사회적 흐름에 발맞추어 현재 과학기술정보통신부는 데이터 거래 플랫폼 구축 사업을 서두르고 있다. 데이터 공급자와 데이터 가공자, 그리고 데이터 구매자를 연결시키는 사업을 아주 빠르게 진행 중에 있다. 미국의 경우 산업 데이터 거래 규모가 400조 원인데 비해, 한국은 5,000억 원 규모로 겨우 1/200에 그치고 있다. 이런 수치로 미루어 볼 때, 울산이 국내에서의 산업 데이터 발굴과 가공, 그리고 거래를 위한 시장을 선점할 수 있는 절호의 기회이다.

또 세계적으로 희귀한 산업 구조에서 나오는 세계 최대의 산업 데이터들을 다이아몬드처럼 잘 다듬어 울산의 독창적인 부가가치로 활용할 수 있다. 그 결과, 데이터를 연구하기 위해 전 세계의 인재들이 울산으로 모여들고, 글로벌 데이터 기업들이 서둘러 울산에 연구소를 유치할 미래는 곧 현실이 될 것이다. 울산의 미래 시민을 위해, 그리고 우리의 자녀들을 위해, 서둘러 여기 울산에 지금 바로 추진을 촉구해 본다.

2019. 08. 01. Economy

'Ulsan', the world's only city towards regeneration with industrial data

'Ulsan's lifeline' story disappeared due to the random construction along Taehwa River
Pursuing the value of Ulsan's history and life will regenerate the city.
Need to be hurry to attract new platform industries which links advanced industry.

The identity of the city means the symbolism of the place. In order to resurrect the city, it is necessary to work on local specialization projects based on existing urban history, not excessive regeneration with regressed ones. It is urgent to establish a plan to grant new urban functions to the symbolic metropolitan area and to create Ulsan as the economic center of Korea again by creating jobs.

Ulsan has to hurry to lay the groundwork for a leap by creating a creative employment by granting new functions to a clogged city. Indeed, there is an urgent need for locality and space, the formation of consensus among all citizens is more important than anything else. The willingness, active participation, interest and cooperation of the community based on consensus can be extended to a participatory process that will revive Ulsan again.

Until recently, countless plans related to the city had in fact failed to address the real problems of the region. This is because the urban problem solution decided unilaterally in the central government was applied to the local area as it is. However, the central plans are changing into plans that emphasize locality, such as urban regeneration. As a result, it is often the case that good local practices spread to other regions and are reversed to the central level. Local self-reliance leads to self-governing and social innovation, sharing memories and memories of citizens and innovating into a space of sympathy.

Likewise, urban regeneration should be implemented not as a simple restoration of one - dimensional city planning but as a mechanism that links the story of urban life to the present. The result of achievement achieved through the attention and efforts of the citizens should be embodied in a space.

Korea, which creates tremendous wealth through the real estate economic cycle, has pushed away all of its history in its places.

A public-centered giant master plan of several existing officials without a long-term vision made Ulsan city desolate. Residential area with no specific purposes and idle spaces without civic consensus and long-term visions further accelerated the decline of the city.

The Taehwa River in Ulsan is monumental to Ulsan, which saves the whole city. The cause to protect nature is nowhere, and the random construction of high-rise buildings along the Taehwa River has destroyed the story of Ulsan.

The central government gives uniform budgets to randomly selected cities and implements them within a year, that is called development, not regeneration. City that seeks solutions from the history and life values of the city, rather than the one where existing residents are evicted and pursue only economic value, will results in true regeneration.

Recently, as citizens' ability to solve social problems on their own is strengthening, local societies are actively finding solutions based on local conditions and requirements. Nowadays, the key is how citizens are engaged in the urban regeneration process and here is the reason why administration should change. This is a proof that not a few powerful groups but a growing number of minorities are to solve specific problems in real life.

Changes in society increase the capacity of civil society and co-operatives and youth groups in the form of social enterprises. As society ages, we need to further encourage platforms that allow individuals to gather people, such as cloud funding, to help citizens who are young and thought-free to challenge social issues on their own. This is because job creation based on the local economy can upgrade the quality of life and expand citizens' interests and activities around space.

It this is not over as a one-time thing, a platform that connects social and community can weaken the voices of certain powerful groups. In particular, the function and role of the organization that we traditionally had need to be changed in order to make the stories of the social economy in Ulsan industrial city. Experts who play exclusive roles and positions in certain fields are no longer needed. Integrating people into social innovation ecosystems is now possible for the general public due to Ulsan's small network. This takes a cautious approach but rather than leaving many places in Ulsan including the Taehwa River's waterfront space as a barrier to protection, it is much better to make this place enable to dream renovate, and to draw the future with the citizens. How about revitalizing the community of space as linking those lost stories to cultural planning?

To make this happen, Ulsan's unique urban regeneration policy is required to create the symbolic space of Ulsan as a global cultural, tourism and economic hub, to create new jobs and revitalize the local economy. Through this, we must hasten the policy of solving the problem of local disappearance by aging, climate change, energy, etc., which the city of Ulsan is facing right now, as a community. The purpose of the New Deal for Urban Regeneration, which can only be achieved by Ulsan, is to consider the following policies as the planning and operation of future business research and development, attracting foreign companies, and entrepreneurial education and training.

△ Creation of an eco-friendly energy-based global community industrial data research complex △ Expansion of the history area by creating an accessible eco-waterfront cultural space △ Promotion of new industries for the future platform linking innovative cities, high-tech industrial complexes and energy districts. The first step towards this is that empathy at the point of the administration can trust the private sector and it should be extended to a space where the data of the results can be shared together.

In line with this social trend, the Ministry of Science and ICT is currently hastening the data trading platform construction business. They are expediting the process of the business of connecting data providers, data processors and data buyers. In the US, industrial data transactions amount to KRW 400 trillion, while Korea is only one 2 hundredth, KRW 500 billion. From these numbers, Ulsan has a great opportunity to preoccupy the market for industrial data discovery, processing and trading in Korea.

In addition, the world's largest industrial data from the world's rare industrial structure can be polished like diamonds and used as Ulsan's unique supplementary value. As a result, the future will soon become a reality in which global talents will gather in Ulsan to study the data, and global data companies will hurry to establish laboratories in Ulsan. For the future citizens of Ulsan, and for our children, I urge Ulsan to take action right now.

2019. 08. 01. Economy

通过产业数据重生的世界唯一城市"蔚山"

泰和江附近乱建设"蔚山奶源"的故事消失
只有追求蔚山独有的历史和生活价值，才能实现"真正的城市再生"
应尽快引进尖端产业相联系的未来型平台新产业是必要的

城市的认同感意味着场所的象征性。要使城市重新焕发生机，必须吸引基于现有城市历史的区域特色项目，而不是盲目地再生落后产业。现在迫切需要制定在象征性较强的城市圈一带赋予新的城市功能，通过创造雇佣基础使蔚山重新成为韩国经济中心的计划。

为此，蔚山应该尽快赋予长期处于"血液堵塞"状态的城市脉络新的功能，从而创造创造工作岗位的基础。在迫切需要思考地区和空间的当下，全体市民的共识，形式比什么都重要。基于共识的居民们的意志和积极参与，以及关心和协助，可以将蔚山扩大为重新复活的参与型进程。

不久前，与城市有关的无数计划实际上还没有涉及地区的实际问题。因为，中央单方面决定的城市问题的解决方案一直沿用地区。但是，中央的多个计划逐渐转变为强调城市 新等地区性的计划。其结果是，地区好的事例扩散到其他地区，在中央层面逆循环的事情经常发生。区域的自立伴随着自治和社会创新，市民的记忆和回忆被共享，被创新为认同的空间。

由此可见，城市的再生不是单向城市规划的盲目简单修复，而是城市生活的故事与现在相联系的机制，必须体现为一种机制。市民们的关心和努力取得的成果，应该体现为场所。通过房地产经济循环创造巨大财富的韩国，将现有的场所性，历史性全部挤掉了。

特别是蔚山没有长远规划，而是以现有的几个负责人的"官(公共)中心"巨大总体规

划,导致了如今冷漠的城市结果.没有市民的共识和长远规划,非特定功能的居住区和闲置空间进一步加速了城市的衰退。

蔚山的太和江具有拯救整个城市的里程碑意义,可谓是蔚山的"轴心"。如此保护自然的名分何去何从,太和江附近的几处随意的高层建筑的盲目建设,使蔚山的生活故事化为乌有。

对中央政府随机选定的城市一律下达预算,预算年度内执行的方式不是再生,而是开发。一个既有的居住者蜂拥而出,不单单追求经济价值的城市,而是从这个城市所具有的历史和生活价值中寻求解决办法,这才是真正的城市的再生。

近年来,随着以地区为基础,主动解决社会问题的市民社会力量的增强,各地根据具体状态和条件,积极寻找解决之道的"本地消夏会"。在城市 新进程中,市民如何进入主体是关键的今天,行政需要改变的原因也在于此。这证明,不是某些特定力量的少数群体,而是解决具体现实问题的多数少数群体正在扩大。

社会的变化增强了公民社会的力量,增加了具有社会,企业形式的合作社和青年团体等。虽说社会会老龄化,但为了能让思想不老,意识成长的市民自己去挑战社会问题,应该像云计算一样,进一步鼓励个人聚集人的平台。因为以地区经济为基础的工作岗位可以提高生活质量,以空间为中心扩大市民的关心和活动。

如此一次性的,而社会社交与社区互动的平台,则会削弱特定力量团体的声音。特别是为了讲述在蔚山产业城市社会经济领域的故事,我们应该改变传统上拥有的组织的功能和作用。不再需要只在某些领域具有垄断作用和地位的专家。

因为将人们集中到社会革新生态系的事情,现在以蔚山小规模网络为基础的普通人也可以做。在这样的构想中,虽然非常谨慎,但是与保护包括太和江的水边空间在内的蔚山众多场所相比,以场所的愿望和革新为梦想,与市民们一起面对符合这些场所的未来。将失去的故事联系到文化企划上,激活空间的社区怎么样?

为此,首先要制定蔚山独有的城市 新政策,将蔚山的象征性空间打造成全球文化,旅游,经济据点,创造新的工作岗位,搞活地区经济。应该尽快制定相关政策,通过共同体

的社区解决蔚山这座城市面临的老龄化,气候变化,能源等问题。只有蔚山才能实现的城市 新新政的目的是,在未来事业研究开发及相关海外企业引进及创业教育和培养的企划运营中,首先应该考虑以下政策。

△尽快建立以环保能源为基础的全球社区产业Data研究园区△尽快建立接触性强的ECO水边文化空间;扩大推进历史空间△将近邻创新型城市和尖端产业园区。实现这一目标的首要实践是,行政在可信赖的接触点上取得共识比什么都重要,必须将其结果的数据扩展为共同分享的空间。

顺应这一社会潮流,目前科技,信息和通信部正在抓紧建立数据交易平台。连接数据提供者和数据加工者以及数据购买者的工作正在迅速进行。美国的产业数据交易规模为400万亿韩元,而韩国仅为1/200,仅为5000亿韩元。从这些数据来看,蔚山是抢占国内产业数据挖掘,加工和交易市场的绝好机会。

另外,还可以像钻石一样整理好从世界罕见的产业结构中提取的世界最大产业数据,作为蔚山独创性的附加价值。结果,为了研究数据,全世界的人才将聚集到蔚山,全球数据企业将尽快在蔚山建立研究所。为了蔚山的未来市民,也为了我们的子女,赶紧敦促蔚山现在立即推进。

2019. 08. 01. Economy

産業データで都市を再生する世界唯一の都市、'蔚山'

テファガン近くの無計画な建設、「蔚山の乳源」ストーリー消滅
蔚山湾の歴史・暮らしの価値を追求すべき「真の都市再生」
先端産業団連携、未来型プラットフォームの新産業誘致を急ぐべき

　都市の正体性は、すなわち場所の象徴性を意味する。都市を再復活させるためには、退歩産業の無理な再生ではなく、既存の都市の歴史に基づく地域の特化事業を誘致する必要がある。象徴性の強い都心圏一帯に新しい都市機能を付与し、雇用基盤の創出を通じて蔚山を改めて韓国経済の中心地として浮上させる計画樹立が切に求められている。

　このため、長期間血がつまった都市の脈に新しい機能を与えることで、創造的雇用基盤創出による再跳躍の基盤を蔚山は早く急がなければならない。まさに地域と空間への工夫が切実なこの時、全市民の共感形成は、何よりも重要だ。共感に基づいた住民の意志と積極的な参加、そして関心と協力は蔚山を再び復活させる参加型プロセスに拡大させることができる。

　つい最近まで都市に関する多くの計画はその地域の実際問題には触れていなかった．中央で一方的に決定された都市問題の解決策を、地域にそのまま代入してきたためだ。しかし、中央の多くの計画が都市再生のような地域性を強調した計画が変わりつつある。その結果、地域の良い事例が他地域に広がり、中央レベルで逆循環することがしばしば発生している。地域の自立が自治と社会革新に繋がり、市民の記憶や思い出が共有され、共感の空間へと革新している。

　このように都市の再生は一次元的な都市計画の無理な単純復元ではなく、都市の暮らしのストーリーが現在とつながるメカニズムで実現されなければならない。市民の関心と努力で成し

遂げた成果が、場所として発現された空間に具現されなければならない。

　不動産経済循環で莫大な富を創出する韓国は、既存の場所的歴史性をすべて押し出した。

　特に、蔚山は長期的なビジョンなしに、既存の数人の関係者たちの官(公共)中心の巨大マスタープランで、今の索漠とした都市結果をもたらした。市民の共感と長期的ビジョンのない非特定機能の住居団地と遊休空間は、都市の衰退をさらに加速化させた。

　蔚山の太和江は都市全体を蘇らせる記念碑的な意味で、それこそ蔚山の乳源である。そのように自然を保護するという名分はどこへ行き、太和江(テファガン)近隣の無作為的な何層もの高層建築物の建設は、蔚山(ウルサン)の暮らしのストーリーを消滅させてしまった。

　中央政府で無作為的に選ばれた都市に一律に予算を出し、予算年度内に執行する方式は再生ではなく開発だ。既存の居住者が群がり、単に経済的価値だけを追求する都市ではなく、その都市だけが持つ歴史と暮らしの価値から解決策を模索していくことこそ、真の都市再生ではないだろうか。

　最近、地域を基盤に社会問題を自ら解決しようとする市民の社会力量が強化され、地域ごとの具体的な状態と条件を突き詰めて解決策を模索するローカルソサエティーが活発だ。都市の再生プロセスの中に市民がどのように主体として入っているかがカギとなっている今日、行政が変化しなければならない理由もここにある。これは、特定の力のある少数の団体ではなく、具体的な現実問題を解決するための多数の団体が、さらに拡大しているという証拠だ。

　社会の変化は、市民社会の力量を育て、社会的企業の形態を帯びた協同組合や青年団体などを増加させている。社会が高齢化するとはいえ、考えが衰えず意識の成長した市民自らが社会問題に挑戦できるよう、クラウドファンディングのように個人が人を集められるプラットフォームの更なる奨励が必要である。なぜなら、地域経済に基づいた雇用創出は暮らしの質を向上させ、空間を中心に市民の関心と活動を拡大させていけるからだ。

このように一過性にとどまらず、社会的ソーシャルとコミュニティにつながるプラットフォームは、特定の力のある団体の声を弱めかねない。特に蔚山産業都市における社会的経済領域の話を紐解くためには、何よりも我々が伝統的に持っていた組織の機能と役割が変わらなければならない。ある分野だけで独占的役割と地位を占めた専門家は、もはや必要ではない。

人々を社会革新生態系に集約させることは、今や蔚山の小規模ネットワークに基づいた一般人もいくらでも可能だからだ。このような構想の中、非常に慎重なアプローチではあるが、太和江の水辺空間をはじめとする蔚山の多くの場所が保護という障壁で放置されるよりも、場所の希望と革新を夢見、それにふさわしい未来を市民とともに逐次的に描いてみることが何よりも重要である。そして失われたストーリーが文化的企画へとつながり、空間のコミュニティを活性化させてみてはいかがだろうか。

そのためには何よりも蔚山の象徴的空間をグローバル文化・観光・経済拠点に造成し、新規雇用を創出し地域経済を活性化するための蔚山湾の都市再生政策が切実だ。これを通じて、今すぐ蔚山という都市が当面の高齢化、気候変動、エネルギーなどによる地域消滅の問題を共同体のコミュニティで解決する政策を急がなければならない。蔚山ならではの都市再生ニューディールの目的は、未来事業の研究開発および関連海外企業の誘致および創業教育と育成の企画運営として、次のような政策が優先的に考慮されなければならない。

△環境にやさしいエネルギー基盤グローバルコミュニティ産業データ研究団地造成△アクセス性の強いエコ水辺文化空間造成によるヒストリーエリア拡大推進△人近革新都市と先端産業団地、エネルギー地区を連携した未来型プラットフォーム新産業誘致を急ぐべきである。そのための第一の実践は、行政が民間を信頼できる接点となりうる共感は何よりも重要であり、その結果のデータが共有できる空間に拡張されなければならない。

このような社会の流れに歩調を合わせ、現在科学技術情報通信部はデータ取引プラットフォームの構築事業を急いでいる。データ供給者とデータ加工者、そしてデータ購買者を連結させる事業を急速に進めている。米国の場合、工業データ取引の規模が400兆ウォンなのに対し、

韓国は5000億ウォン規模でやっと1/200にとどまっている。 このような数値から考えると、蔚山は国内における産業データの発掘と加工、そして取引のための市場を先取りできる絶好のチャンスである。

　また、世界的に珍しい産業構造から出る世界最大の産業データをダイヤモンドのようにみがかれ、蔚山の独創的な付加旗印として活用することができる。 その結果、データを研究するために全世界の人材が蔚山に集まり、グローバルデータ企業が急いで蔚山に研究所を誘致する未来は、すなわち現実のものになるだろう。 蔚山の未来の市民のために、そして私たちの子どもたちのために、急いで蔚山に直ちに推進してほしい。

2019. 08. 01. Economy

04

Strategy of Crisis, Diversification of Business

04 위기 전략, 사업다각화

데이터 패권주의 시대 데이터는 어디에서 어떻게 가지게 되나?

빅데이터 영향 (산업과 기업)

생산성 향상
- 위험과 비용 절감
- 시간 절약
- 복잡성 감소

발견에 의한 문제 해결
- 새로운 패턴 발견
- 이상 징후 발견
- 부정 행위 탐지

의사 결정 향상
- 더 적합한 전략 선택
- 정밀한 고객 타깃팅
- 고객 감성 개선

새로운 가치 창출
스마트 비지니스
- 맥락/상황 기반 마케팅
- 새로운 서비스 제공
- 새로운 산업 창출

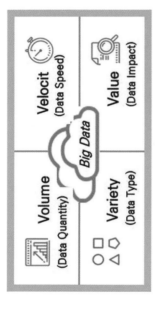

GOAL

✓ Quality
✓ Cost
✓ Down Time
✓ Delivery Time
✓ Flexible
✓ Sustainable

빅데이터 기술 분야

- 스몰 데이터 기술
- 데이터 레이크
- 데이터 디스커버리
- 데이터 마이닝
- 데이터 시스템 구성
- 신호 처리
- 데이터 수집
- 데이터 속도 용량 처리
- 데이터 저장
- 데이터 시각화
- 데이터 지수화
- 데이터 집계
- 데이터 검색
- 데이터 마트
- 데이터 웨어 하우스
- 데이터 레이크
- 빅데이터 축적
- 빅데이터 파이프라인
- 빅데이터 분석 기반 구축
- 데이터 이해
- 데이터 가치와 효율
- 데이터 처리의 지능자동화
- 빅데이터 클라우드
- 빅데이터 플랫폼

5G 시대의 스마트 노멀

산업 현장에서의 5G 환경의 프라이빗 보안 통신의 인프라 필요성 더욱 절실
인체의 혈류와 같은 전기 흐름을 데이터로 변환시키는 기술은 이미 진행 중
우리의 건강과 산업의 안전 서비스 사업이야말로, 5G 시대의 진정한 킬러 콘텐츠
이타적 개성을 발휘할 수 있는 스마트 노멀 시대의 출발점을 선언해야

'뉴 노멀(New Normal)'이라는 경제 용어는, 세계적 IT 버블 경제 위기였던 2000년대 이후, 과거 기준에 대한 의문에서 새로운 성장 동력에 대한 방식과 질서를 모색하는 새로운 보통이 되는 표준, 즉 '평범'을 말한다. 이 평범(平凡)이라는 단어를 국어사전에서 찾아보면, 뛰어나거나 색다른 점이 없는 '보통'이라는 뜻이다. 보통은 뛰어나지도 열등하지도 않은 중간 정도를 의미하는 것으로, 고난이 많았던 우리 민족에게 단지 '평범'하다는 것은 미덕만은 아니었다. 그러한 사유에서 어려웠던 시절의 우리 부모들은 그들의 자식을 열심히 교육시켜 '입신양명'하길 간절히 원했다. 지금도 그러하겠지만, 우리 시절의 부모들은 자기 자식이 남들보다 조금이라도 뛰어난 면모가 보이면 본인의 위로를 겸해 '비범'한 아이라며 영재 취급하곤 했다. 내가 못나 이 세대에 고생한 억울함을 해소하기 위해서라도 내 자식만은 이 세상에서 평범하게만 살다 갈 수 없다는 것이, 1950년대 이전의 대한민국 부모들의 소망이었을 것이다.

그러나 세상이 바뀌었다. 임금을 줄 일자리는 사라져 가고, 계층 간의 격차는 더욱 벌어졌다. 부모 세대보다 가난한 첫 세대로 등장한 요즘 젊은이들의 '밀

레니엄' 세대에게 '모험과 도전'은 사치에 불과하다. 그저 평범한 삶이 꿈과 비전이 되어 버린 세대들은 '중간'만이라도 가기 위해서, 이 사회의 규칙과 상식에 과하게 순종해야 함을 택하고 있다. 이렇게 평범하게 살아가기 위해 가장 중요한 것은, 내가 앞서 있는지, 아님 뒤처지고 있는지 상시 확인해야만 한다. 더 심각한 것은 항상 중간에서 존재하기 위해서는, 자신보다는 '주변'에 더 많은 신경을 써야만 한다는 것이다. 좋아하는 나만의 스타일을 고집해서도 안 되고, 나만의 이상형이 있어서도 안 되고, 사회 통념과 주변의 평균에 항상 열심히, 애써서 맞춰 나가야만 한다. 정말 그런 것이 평범한 삶이라면, 오히려 평범하지 않은 사람만이 그렇게 살 수 있지 않을까.

평범한 '일상생활'의 '일반적 기술'이 되어 버린 인터넷과 센싱(Sensing) 기술은 사회나 개인이 필요로 하는 정보를 취득하여, 연결하고 저장, 분석해 왔다. 그 일련의 평범한 과정들은 정보통신기술의 발달로 이미 우리 주변의 일상(노멀)이 되었다. 얼마 전까지, 군사력이 최고의 이념이었던 시절에는 최신 과학이 제일 먼저 군사용으로 개발되면서, 그 무수한 기술들은 사회에 공개되자마자 일반화되고 평범화되었다. 하지만 이러한 평범이라는 일반적인 것들을 조금 특별하게 만들어 나갈 스마트 시티는 U시티의 연장선상에 있었다. 스마트 시티는 우리에게 좀 더 친숙하고 필수적인 개념으로, 군사용으로 개발된 GPS가 현대인의 자동차나 스마트폰에서 없어서는 안 되는 기술이 된 것과 같다. 전쟁과 아우토반은 독일의 자동차 산업을 발전시키고, 경부고속도로는 대한민국의 경제를 발전시켰다. 이전 U시티는, 정통부(과학기술정보통신부)와 미래창조부(미래창조과학부), 그리고 과기부(과학기술정보통신부) 같은 도전적 기술로 미래 산업을 개척하는 부서들의 업무였다. 그러나 현재, 스마트 시티는 국토교통부에서 담당하고 있다. 지금까지 국토교통부는 일반적으로 국민의 편리와 안전을 담당하기 위한 일반적인 실무를 해 왔다. 그러나 이번 스마트 시티 사업은 전 국민을 위한 보통의 평범한 일반적 인프라 기반 위에 그 장소의 특별함을 도시 재생으로 인식해야 한다는 것이 제일 큰 차이다.

5G 시대가 막 도래했다. 온갖 교통수단들이 무한 질주 가능한 아우토반이 뚫렸다는 것이다. 하지만, 정보통신 수단에 의한 기존의 세발자전거 수준의 데이터들만 겨우 이용되고 있는 실정이다. 거기다 이동수단의 발달처럼 도로, 철도, 수로, 항공로처럼 더 대량의 데이터와 더 고속의 정보들이 연결되고 소통될 수 있게 할 킬러 콘텐츠와 킬러 서비스의 도래가 필수적, 아니 필연적이다. 그러나 이 아우토반을 활주할 교통량은 너무 미비하다. 5G 시대에 있어서, 고속 대량의 통신만큼 중요한 것은 그만큼의 보안과 안전의 담보다. 더 많이 가진다는 것은 그만큼 더 많이 잃을 수 있다는 것이다. 그렇기 때문에 더 안전하기 위한 보안의 단계와 수준에 더 열중해야 한다.

이런 우려로 인해 산업 현장에서의 무선통신 서비스 중에 PLTE라는 서비스(프라이빗 LTE 무선통신)가 사용되면서, 5G 환경의 프라이빗 보안 통신의 인프라 필요성이 더욱 절실해지고 있다. 이 기술의 진화된 결과는 우리 인체의 혈류와 같다. 사람에게는 피가 흐르고, 기계는 전기가 흐른다. 세상의 모든 사람의 생체 변화와 기계의 전기 흐름을 데이터로 변환시키는 기술은 이미 진행 중으로, 우리의 건강과 산업의 안전 환경을 더 공고히 할 수 있게 하는 서비스야말로, 5G 시대의 진정한 킬러 콘텐츠다. 4차 산업혁명 이후의 스마트 시대는 기존 서비스에 지능과 지성을 더해 일반화되는 평범을 거부한다. 스마트한 것이 일반화, 일상이 되면서 스마트가 노멀(보통, 평범)이 되고, 거기에 지성적 서비스와 지능적 서비스가 더해지면서 영화 '아이언맨의 자비스' 같은 비서를 모두가 가지게 될 때야말로, 이타적 개성을 발휘할 수 있는 스마트 노멀 시대의 출발점을 선언하여야 될 것이다.

2019. 09. 24. Maeil

Smart normal in 5G era

Desperately need infrastructure of private secure communication in 5G environment in industrial fields
Technology to transform the flow of electricity, such as blood flow in human body, into data is already in progress
Our health and industrial safety business is the true killer content of the 5G era.
We must declare the starting point of the era of smart normal which has altruistic personality

The economic term 'New Normal' refers to a new common standard, or 'normal', that seeks ways and orders for new growth engines in the question of past standards since the 2000s' global IT economic bubble crisis. If you look for this word in a Korean dictionary, it means 'normal' without any outstanding or unusual points. Usually, it means middle, which is neither excellent nor inferior, and it is not really a virtue for people who went through hardships to be "normal". In times of difficulty, parents were eager to educate their children so that they gain fame. As it is now, parents of our time used to call their children as genius to comfort themselves when their children showed a little better performance than others. Korean parents before 1950s would have thought that their children could not live in this world being normal because they suffered from a lack of ability.

But the world has changed. Paid jobs are gone, and the gap between classes widened. 'Adventure and challenge' is a luxury for the young Millenniums, who have emerged as the first generation poorer than their parents. Having ordinary life for them has been becoming dreams and they choose to obey the rules and follow the common sense of this society in order to be just normal. The most important thing to live ordinary life is to always check whether I am ahead or behind. Worst thing is that to be in the middle(normal), you have to pay more attention to the people around you than yourself. You shouldn't stick to your favorite style, you shouldn't have your own ideals, and you'll always have to work hard and try to fit in the social conventions. If that's what ordinary life is, only those who are not really ordinary would live like that.

The Internet and sensing technology, which has become the common technology of everyday life, has acquired, connected, stored, and analyzed the information that society and individuals need. The series of processes have already become normal (normal) around us with the development of ICT. Not long ago, in the days when military power was the first priority, the latest science was first developed for military use, and the myriad technologies were generalized as soon as they were released to society. However, Smart City, which will make this general thing a little bit special, was an extension of U City. Smart cities are a more familiar and essential concept for us, as GPS developed for military use has become an indispensable technology in modern cars and smartphones.

The war and Autobahn made the German automobile industry develop, and Gyeongbu Expressway did it to the Korean economy. Formerly, U-City was the work of departments that pioneered future industries with challenging technologies such as the Ministry of Science and ICT, and the Ministry of Science and Technology. At present, however, Ministry of Land, Infrastructure and Transport is in charge of the Smart City. Until now, the Ministry of Land, Infrastructure and Transport has dealt with the practices to improve the convenience and safety of the people. However, the biggest difference in this smart city project is to recognize the uniqueness of the place as urban regeneration based on the general infrastructure for the whole nation.

The 5G era has come, which means Autobahn, which allows all kinds of transportation to run indefinitely high speed, has opened up. However, only the existing tricycle-level data by the information and communication means is merely being used. In addition, the advent of killer contents and killer services, such as roads, railroads, waterways, and air routes, that enable greater amounts of data and faster connection and communication, is essential or inevitable. However, there is little traffic to run this Autobahn. In the 5G era, what's as important as high-speed mass communications is security and safety. To have more means to you might lose more. That's why you need to be more focused on the levels of security needed so that you want to be safe.

Due to these concerns, the use of PLTE (private LTE wireless communication) among wireless communication services in the industrial field urgently requires for the infrastructure of private secure communication in 5G environment. The result of this technology is like the blood flow of our body. Blood flows in our body, and electricity flows in machines. Technology that transforms biotransformation of people in the world and the electrical flow of machinery into data is already underway, and services that make our health and industrial safety environment more solid are the real killer contents of the 5G era. The smart era after the Fourth Industrial Revolution rejects the norm by adding intelligence to existing services. When smart becomes general and every day life, smart becomes normal and when everyone has a secretary like 'Jarvis' in Iron Man, adding intellectual and intelligent services on top of that, when that time comes, we should proclaim that now is the time for Smart Normal.

2019. 09. 24. Maeil

5G时代的智能常态

在产业现场，迫切需要5G环境中的私有安全通信基础设施，将电流(对人来说等同于血液)转化为数据的技术已经在研究中
我们的健康和产业的安全服务事业，才是5G时代的真正内容
可以发挥个人性的智能常态时代出发点

经济术语"New Normal"，是指世界IT泡沫经济危机的21世纪以后,对过去基准的疑问中寻找新增长动力的方式和秩序的新标准，即"平凡"。把这个平凡的词从国语词典中查出来，是一种出类拔萃的"普通"。通常意味着出类拔萃不等于中等程度，对患难较多的我们民族来说，只是"平凡"。在这样的思维上，我们的父母很努力教育他们的孩子，恳切地要求他们养育他们的孩子。虽然现在也如此，但我们时代的父母们认为自己的孩子比别人有一点出色的面貌，就兼自己的安慰为"非凡"的一个孩子。即使是为了消除我不好的一代受苦的冤屈，我的孩子也不能在这个世界上平凡地生活下去，这是1950年代以前的大韩民国父母的愿望。

但是世界变了。岗位消失，阶层之间的差距更大了。现在的年轻人比父母一代更穷，成为"Millennium"一代,"冒险和挑战"只不过是奢侈。只是平凡的生活成为梦想和想象的一代为了去《中间》而选择了这个社会的规律和常识过度服从。为了过上这样平凡的生活,最重要的是要随时确认自己是否在前面，还是在后面。更严重的是，为了在中间存在，比起自己，更应该花更多的心思。不能坚持自己喜欢的风格，也不能有我自己的理想型，在社会观念和周围的平均平均上努力，一定要努力配合。真的是平凡的生活，反而只有不平凡的人才能那样生活。

成为平凡的"日常生活"的"一般技术"的互联网和感性技术获得了社会或个人需要的信息，并进行了连接和储存和分析。这一系列的平凡过程已成为信息通信技术的发展，成为我们周围的日常。不久前，军力是最理想的理念时期，最新科学最先被开发为军用，其无数技术在社会上公开就普及，平凡化了。但是，将这种平凡的一般

197

东西变得特别的智能城市在U城的延长线上。智能城市对我们来说是更加熟悉和必备的概念，作为军用开发的GPS成为现代人的汽车或智能手机不可少的技术。战争和弟弟托班发展德国汽车产业，京釜高速公路发展了大韩民国的经济。

以前的U城市是信息通讯部(科学技术信息通信部)，未来创造部(未来创造科学部)，科学技术部(科学技术信息通信部)等挑战性技术开拓未来产业的部门的业务。但是目前，智能城市在国土交通部负责。到目前为止，国土交通部一般都是为负责国民的便利和安全而做的常务工作。但此次智能城市事业是最重要的，在普通普通的普拉底基础上，将其场所的特别感视为城市再生。

5G时代刚刚到来。各种交通工具可以无限奔驰的奥托班被打通了。但是，这是只有根据信息通信手段的世代自行车水平的数据才被利用的实情。像移动手段的发展一样，道路、铁路、航道、航道、航线等大量数据和更高的信息联系，能够通通的杀手和杀手服务的来源是必然的。但要滑行这个奥托班的交通量太不完善了。在5G时代，与高速大量通信一样重要的，是相应的安全与安全的保证。拥有更多的东西会失去更多的东西。因此，为了更加安全，应该更加重视安保的阶段和水平。

由于这种担忧，在产业现场的无线通讯服务中使用了PLTE的无线电通讯服务(个人专用LTE无线电通讯)后，更需要5G环境的基础通信的基础设施。这项技术进化的结果，相当于我们人体的血流。人有血，机器有电 让世界上每一个人的生物变化和机器的电流转化为数据的技术已经在进行中，使我们的健康和产业的安全环境得到进一步巩固的服务，才是5G时代真正的杀手。第四次产业革命以后的智能时代，拒绝在现有服务的基础上加上智能和智慧而变得普遍的平凡。智能化成为普遍化，日常化，智能化成为常态，再加上知性服务和智能服务，电影《钢铁侠的贾维斯》这样的秘书才能发挥自己的个性

2019. 09. 24. Maeil

5G時代のスマートノーマル

**産業現場での5G環境のプライベート・保安通信のインフラの必要性、さらに切実
人体の血流のような電気の流れをデータに変換させる技術はすでに進行中
私たちの健康と産業の安全サービス事業こそ、5G時代の真のキラーコンテンツ
利他的な個性を発揮できるスマートノーマル時代の出発点を宣言しなければ**

'ニューノーマル(New Normal)'という経済用語は、世界的ITバブル経済危機だった2000年代以降、過去の基準に対する疑問から新しい成長動力に対する方式と秩序を模索する新しい通常となる標準、つまり'平凡'をいう。「平凡」という単語を国語辞典で引くと、優れているとか、変わったところがない「普通」という意味だ。普通は優れても劣等でもない中間程度を意味するもので、苦難の多かったわが民族にとって「平凡」であることは美徳だけではなかった。そのような理由で苦しかった時代の両親たちは、彼らの子どもを一生懸命に教育し、「立身養命」することを切望していた。今でもそうであろうが、私たちの頃の親は、自分の子供が他人より少しでも優れた面貌を見せれば、本人の慰労を兼ねて「非凡」な子だと英才扱いしていた。私がばか、この世代に苦労した悔しさを解消するためにも、自分の子供だけには、この世の中で、平凡に生きるためばかりではいられないというのが、1950年代以前の韓国の親たちの願いだったのだ。

しかし、世の中が変わった。賃金を払う働き口は消え、階層間の格差はさらに広がった。親の世代よりも貧しくなった初代とし登場した最近の若者たちの'ミレニアム'世代に'冒険と挑戦'は贅沢に過ぎない。ただ平凡な人生が夢とビジョンになってしまった世代は、「中間」だけでも得るために、この社会の規則と常識に過した従順を選んでいる。このように平凡に生きていくために最も重要なことは、私がリードしているのか、それとも遅れを取っているのか、常時確認しなければならない。もっと深刻なことは、常に中間で存在するためには、自分よりも周りにもっと気を使

わなければならないということだ。好きな自分だけのスタイルにこだわってもいけないし、自分だけ
の理想のタイプがあってはいけないし、社会通念と周辺の平均にいつも一生懸命、頑張って合
わせていかなければならない。本当にそんなことが平凡な人生だと言って、むしろ平凡でない人
だけがそのように生きることができるのではないだろうか。

　平凡な「日常生活」の「一般的な技術」となってしまったインターネットとセンシング技術は、社
会や個人が必要とする情報を取得し、つないで保存、分析してきた。その一連の平凡な過程
は、情報通信技術の発達により、すでに私たちの身近な日常(ノーマル)となっている。つい最
近まで、軍事力が最高の理念だった時代には、最新科学が軍事用として開発され、その多く
の技術は社会に公開されるやいなや一般化し、平凡化された。しかし、このような平凡という
一般的なものを少し特別にしていくであろうスマートシティは、Uシティの延長線上にあった。ス
マートシティは、我々により親しみやすく必須の概念であり、軍事用として開発されたGPSが、現
代人の自動車やスマートフォンではなくてはならない技術となったのと同じだ。戦争とアウトバー
ンはドイツの自動車産業を発展させ、京釜(キョンブ)高速道路は大韓民国の経済を発展させ
た。以前のUシティは、情通部(科学技術情報通信部)と未来創造部(未来創造科学部)、
そして科技部(科学技術情報通信部)といった挑戦的技術で未来産業を開拓する部署たち
の業務だった。しかし現在、スマートシティは国土交通部が担当している。これまで国土交通
部は一般的に国民の利便と安全を担うための一般的な実務をしてきた。しかし、今回のスマ
ートシティ事業は、全国民のための普通の一般的なインフラ基盤の上に、その場所の特別さを
都市再生と認識しなければならないというのが最大の違いだ。

　5G時代が渡来した。あらゆる交通手段が無限に疾走可能なアウトバーンが開通したというこ
とだ。しかし、情報通信手段による既存の三輪車並みのデータばかりがようやく利用されている
のが現状である。そのうえ、移動手段の発達のように、道路、鉄道、水路、航空路のように、
より多くのデータと、さらに高速な情報がつながり、疎通できるようになる「キラーコンテンツ」と「キ
ラーサービスの到来」が必須であり、いや必然的だ。しかし、このアウトバーンを滑走する交通量
はあまりにも不備だ。5G時代において、高速大量の通信に劣らぬほど重要なのはそれだけの
セキュリティと安全の担保だ。持てるということは、とり失うことがあるということだ。そのため、より

安全であるためにセキュリティの段階とレベルに熱中しなければならない。

　このような懸念を受け、産業現場での無線通信サービスの中にPLTEというサービス(プライベートLTE無線通信)が使用され、、5G環境のプライベート・保安通信のインフラの必要性がさらに切実になっている。 この技術の進化した結果は、我々の大部分の血流のようなものだ。 人には血が流れ、機械は電気が流れる。 世の中のすべての人の生体の変化と機械の電気の流れをデータに変換させる技術はすでに進行中で、私たちの健康と産業の安全環境をさらに強固にできるようにするサービスこそ、5G時代の真のキラーコンテンツだ。 4次産業革命以後のスマート時代は既存サービスに知能と知性を加えて一般化している平凡を拒んでいる。 スマートなものが一般化、日常になりながらスマートがノーマルになり、そこに知性的サービスと知能的サービスが加わりながら映画 'アイアンマンのジャビス'のような秘書を皆が持つようになる時こそ、利他的個性を発揮できるスマートノーマル時代の出発点を宣言すべきだろう。

2019. 09. 24. Maeil

㈜아이티공간 사업분야

예지보전

기계 설비의 컨디션(상태)과 경향성을 통해 이상징후를 사전에 감지하고,
사고와 고장으로 인한 정지를 '제로화'하기 위한 Solution 사업

에너지경영

공장 전체의 에너지 관리(FEMS) 및 빌딩의 에너지 절감, 관리(BEMS)를 해주는 Solution 사업

환경안전

사고, 고장, 화재 등을 사전에 차단하여 환경과 안전에 대한 리스크의 최소화를 제공하는 Solution 사업

스마트팩토리

기기, 설비, 공장 전체의 운전 상태와 성과를 분석하여 더 효율적이고, 더 생산적인 의사 결정을 유발하는 AI 사업(LUDA)

빅데이터

데이터化 노이즈를 구분하여 최고의 속도로 최상의 특허 알고리즘을 통한 양질의 데이터 제공사업 (설비 고장, KPI 자료 ‥‥등)

제5의 에너지는 '절약'

피터 드러커 '측정하라. 측정 없이 개선 없다' 측정과 감시의 중요성 강조
25년간 에너지 관리 및 측정 사업에 수많은 백야를 헌신
측정은 낭비를 줄이고 절약이 실천되는 에너지 절감의 근거
2014년 측정 및 관리로 97% 에너지 절감에 성공
에너지 측정과 절감을 지원하는 글로벌 에너지 전문 기업으로 성장

 초, 중, 고 학창 시절의 10년간을 사실상 '야구 선수'로 살아왔던 나는, 어느 날 광속의 정확하고 똑똑한 화면 속 프롬프트 위에 쏟아져 내리는 숫자 하나 하나가 마치 영화 '매트릭스'의 숫자 비처럼 나를 충격에 빠뜨렸다. 그 이후 1994년 현대중공업 울산 공장 성능 측정 시스템을 시작으로 25년간 에너지 관리 및 측정 사업에 나의 수많은 백야를 헌신했다.

 1996년부터 2000년까지 현대자동차 울산 공장 전체 에너지 감시를 수행하면서 관리 시스템의 보급 및 개발을 위해 2001년 5월 '아이티공간'이라는 환경, 에너지, SCADA 전문 기업을 창업했다. 현대중공업, SK케미칼, 금호석유화학, 포스코, 삼성정밀, LG화학, KT, 한국석유공사, 삼성전기, 효성, 고려아연, LG전자, GM대우, 한국제지, 롯데케미칼, 한솔케미칼, 바스프, LS니꼬동제련, 대한유화, 후성, 고리원자력, 남양유업 등의 우량 기업들과 25년을 함께 보내며 몸으로 에너지와 환경을 기억하고 에너지 측정, 관리, 개선에 관한 자연스러운 연상이 어느새 직업병이 돼 버렸다.

에너지 감시, 관리 업무의 많은 경험과 이력은 에너지 수요처에만 구미가 당긴 것은 아니었다. 에너지 측정과 절감을 지원하는 글로벌 에너지 전문 기업의 관심도 받을 수 있는 행운도 안겨 주었다. 슈나이더, 하니웰, 오므론, ABB 등의 글로벌 기업들과 파트너십을 구축한 협력 파트너가 되면서 훌륭한 글로벌 에너지 전문 그룹들의 교육과 시스템을 경험할 수 있는 감사한 시간들을 보내게 됐다. 누구나 알고 있듯이 에너지 측정, 감시는 에너지를 아껴 주지 않는다. 그런데 에너지를 측정하고 감시하면 에너지가 아껴진다. 관심을 가지고 측정하면 개선하고자 하는 욕구가 솟아나기 때문이다. 수도꼭지에서 물이 콸콸 쏟아져 하수구로 직행하고 있거나, 사우나에서 임자 없는 샤워기에 뜨거운 물이 낭비되고 있을 때, 우리들은 잠가서 낭비를 멈추고자 하는 본능이 작동한다. 당연한 처사에 당연한 결과, 그래서 측정하면 낭비를 줄이게 되고 절약이 실천됨으로써 최대 5~15% 에너지 절감의 근거가 된다.

이러한 이유로 에너지 외에도 환경, 기업 경영, 품질, 성과 관리 등의 첫 번째 우선 과제가 '측정'인 것이다. 경영학의 창시자 피터 드러커는 '측정하라. 측정 없이 개선 없다', 또 성공하는 사람들의 7가지 습관의 저자 스티븐 코비는 '처방 전에 진단하라'는 말로써 측정과 감시의 중요성을 강조했다. 체계적 기록으로 축적된 데이터는 더 발전된 내일의 기술에게 풍부한 자원으로 역할하게 되어 현실을 개선시키게 한다.

제5의 에너지를 '절약'이라고 한다. 이미 잘 알고 있겠지만 불, 석유, 원자력, 수소/태양, 다음의 다섯 번째 에너지원 '절약'은 가장 빨리 적용될 수 있는 소프트적 기술이다. 발전소에서 100의 에너지를 만들게 되면 송전 및 변전 시설에서 66의 전달 비용으로 최종 사용자에게 1/3의 에너지만이 전달되기 때문이다. 이는 최종 사용자가 10을 아끼면 발전소에서는 30을 덜 생산해도 되는 선순환 친환경 구조가 되는 것이다. 이것이 소프트 파워로 구현되어야 할 인텔렉튜얼 에너지 관리 시스템이라고 할 수 있겠다. 물론 이것을 위한 EMS, FEMS, BEMS, EnMS라는 솔루션을 활용하고 있지만 부족하다. 스마트하다는 것은 상대적이다. 더 똑똑하게 한다는 소프트 파워이다. 인텔렉튜얼 소프트 파워로 97% 에너지 절감을 하겠다고 선언한 적이 있다. 몇몇 사람은 97% 에너지 절감이라는 타이틀에 심기가 불편할 수도 있다. 왜냐하면 에너지 전문가들은 밤낮으로 연구해서 5%, 10% 절감만 실현해도 대단한 업적인데, 97%라는 현혹적인 수치를 들고나왔으니 도대체 이것이 가능하다면 전문가로서 미심쩍을 것은 당연하기 때문이다. 나는 이 수치를 곧장 실천하고 증명하기 위해 2012년 포항에 위치한 P 제철소에 제안하여 '선투자 및 결과 확인 후 비용 지급'이라는 전제로 2012년 설치, 2013년 검증 및 에너지 비교 측정 시작, 2014년 측정 및 관리를 통하여 97% 에너지 절감을 구현에 성공함으로써 합격 판정을 받았다.

산업용과 빌딩용, 그리고 환절기 공조용으로 고활용, 고효율의 발견은 에너지 절감을 넘어, 97%만큼의 사용하지 않는 에너지를 환원한 것이고, 그만큼 환경오염 방지에 기여한 것이다. 또 고가의 설비 수명이 2배 늘어나고, 유지보수 비용을 50% 줄임으로써 탄소 배출권 확보와 에너지 경영에도 도움이 됐다. 스마트한 97% 에너지, 환경 개선은 지성적 소프트 기술과 발견으로 혁신적 절감을 끈기 있는 실천으로 증명한 성공적 프로젝트였다. 1년 전 본사 공장 출입구에 전력량계를 설치하였다. 7개의 빨간 LED 세그먼트가 밝게 빛나는 전력량계 설치 후, 공장의 조명을 모두 LED 전구로 교체했다. 수치적으로 투자 회수 기간이 5~10년 정도 걸리기에 대부분 투자가 망설여지는 것이 사실이지만, 2배 이상 낭비되는 전력량을 매일 확인하다 보니 교체 비용에 대한 계산적 판단보다는 낭비시키고 있다는 공공적 죄의식이 나를 얼마 버티지 못하게 만들었다. 내가 아닌 다른 누구도 이런 비효율의 현장을 매일 목도하게 된다면 똑같은 질문을 스스로 던지게 될 것이다.

전력량계 설치의 또 한 가지 이점은 마지막 퇴근길 불 꺼진 공장 출구 쪽에 또렷이 보이는 대기 전력량이 행여 평소와 다르게 높게 나온다면 공장과 사무실을 다시 돌아보게 된다는 것이다. 미처 끄지 못한 히터, 직원들 발밑의 난로 등이 모두가 퇴근한 공장과 사무실의 전력 사용량을 높였던 것이다. 이것으로 난방기 사용으로 인한 화재 위험도 줄일 수 있어 측정의 효용성은 입에 침이 마르도록 떠들어 가며 권장하지 않을 수 없는 것이다. 가뜩이나 추운 겨울철 전통시장 화재 소식이 간간이 들려온다. 작은 단위 사업장이나 전통시장의 전기 시설이 열악한 상점에 누전에 의한 화재 방지를 위하여 눈에 잘 띄는 전력량계 하나씩 달아 주고 싶은 마음이 굴뚝같다. 추운 겨울 에너지가 부족한 곳의 소외 계층을 생각하며 마음의 온도를 조금이나마 올려 보았으면 좋겠다.

2015. 03. 24. Energy economy

The fifth energy is 'Saving'

Peter Drucker put importance on measurement and monitoring and said "If you can't measure it, you can't improve it."
devoted myself to the energy management and measurement business for the past 25 years.
When you measure, you don't waste your energy and try to save it.
In 2014, measuring and managing successfully led us to achieve 97% energy savings.
ITS grew up to be the Global energy specialized company which helps other companies to measure and decrease the energy use

I have been a "baseball player" for 10 years throughout elementary, middle, and high school days, and one day I was shocked at the number hit on the bright and clear prompt in the display, like the rain of the movie "Metrix". Since then, I have devoted myself to the energy management and measurement business for the past 25 years, starting my career at the Hyundai Heavy Industries Ulsan Plant Performance Measurement System in 1994.

We launched "ITSpace", an environment, energy and SCADA specialized company for the dissemination and development of management systems since we took the job of total energy surveillance at Hyundai Motors Ulsan Plant from 1996 to 2000. In May 2001. We have spent 25 years with excellent companies such as Hyundai Heavy Industries, SK Chemicals, Kumho Petrochemical, POSCO, Samsung Fine Chemical, LG Chemical, KT, KNOC, SEMCO, Hyosung, Korea Zinc, LG Electronics, GM Daewoo, Korea Paper, Lotte Chemical, Hansol Chemical, BASF, LS, Korea petrochemical, Foosung chemical, and Namyang Dairy Company, which all had me embrace energy and environment by experience and I have been thinking about energy measurement, management and improvement since then on.

Many experiences of energy monitoring and management were not only attracted to energy consumers. It also gave us the chance to get attention from global energy companies that are in favor of energy measurement and reduction. Having partnered with global companies such as Schneider, Honeywell, Omron, and ABB, we gratefully got to have the opportunity to experience the education and systems of excellent global energy specialist groups. As everyone knows, energy measurement and surveillance do not save energy. However, when you measure and monitor energy, energy is saved. If you monitor it with best interest, you will want to improve the situation. When water is pouring from the faucet and going straight to the sewer, or when hot water is being wasted in the sauna when nobody is using it, we naturally think that we want to turn it off and stop the waste. Of course, this will cut water use by 5 ~ 15%.

For these reasons, "measurement" is the first priority of environment, business management, quality and performance management other than energy. Peter Drucker, founder of business administration, said, "If you can't measure it, you can't improve it." Stephen Covey, author of 'Seven Habits of Highly Successful People', emphasized the importance of measurement and surveillance by saying 'Diagnose before prescribing'. The data accumulated systematically make it a rich resource for the tomorrow's technology which will improve the reality.

The fifth energy is "saving". The fifth energy source, following fire, oil, nuclear power, hydrogen /solar, is the softest technology that can be applied the fastest. When the power plant makes 100 energy in the power plant, only 1/3 of the energy is delivered to the end user at a transmission cost of 66 at the transmission and transformation facilities. This is a virtuous cycle and environmentally friendly structure that can produce 30 less at the plant if the end users save 10. This is an intellectual energy management system that should be implemented with soft power. Of course, it already uses a solution called EMS, FEMS, BEMS, and EnMS for this, but it is not enough. Smart is relative. Soft power is much smarter.

I have once declared that I will save energy by 97% with Intellectual Soft Power. Some people may be uncomfortable to this grandiose 97% energy saving campaign. Because energy experts have been working days and nights to achieve 5 to 10% of savings, which is a great achievement, 97 can be ridiculous figures, because if it is possible, it is reasonable to be suspicious as an expert. I wanted to prove it to P steel company located in Pohang in 2012 and suggested the proposal under the term "payment will be made after installation and the results confirmed". We installed in 2012, started measurement of verification and energy in 2013, measured and managed in 2014 and successfully achieved 97% energy savings.

Findings of high efficiency utilization of industrial, building, and air conditioning systems for conversion is not only saving the energy but also returning 97% of unused energy, contributing to the prevention of environmental pollution. It also doubled the lifespan of expensive equipment and reduced maintenance costs by 50%, helping to secure carbon credits and energy management. Smart 97% energy and environmental improvement was a successful project that proved its dedication to innovation with intelligent soft technology and discovery.

A watt hour meter was installed a year ago at the entrance of our main factory. After installing the watt-hour meter in which seven red LED segments shone brightly, all the factory lights were replaced with LED bulbs. Although it is true that investment is not easy because getting paid takes about 5 ~ 10 years in numerical terms. However, checking the daily amount of wasted energy, I felt guilty about the energy I was wasting. If anyone, other than myself, would see this ineffective energy use every day, they would most certainly question themselves.

2015. 03. 24. Energy economy

第五能量是"节约"

彼得·德鲁克说,"测量吧。没有测量就没有改善"-强调测量和监测的重要性
致力于能源管理和测量业务长达25年
测量是节能的基础,可减少浪费并节省能源
通过测量和管理,2014年节省了97%的能源
成长为支持能源测定和节约的全球能源专门企业

我在小学, 初中和高中时代一直是一名"棒球运动员", 已经有10年了。有一天, 每
个数字都在精确而智能的灯光屏幕上倾泻而下, 就像电影《黑客帝国》中的数字雨
一样让我震惊。之后从1994年现代重工业蔚山工厂性能测定系统开始, 25年间为能
源管理及测定事业献出了我的无数个日夜

从1996年到2000年, 现代汽车蔚山工厂进行整体能源监督系统的普及及开发,
2001年5月创立了"IT空间"环境、能源、SCADA专门企业。现代重工业、化工、SK、浦项制
铁、锦湖石油化学、LG、三星精密化学、韩国石油公司、KT、三星电子、晓星、LG电子、高
丽锌、通用大宇、造纸、韩泰纸业、韩国的乐天化学、巴斯夫、nikko铜冶炼、大韩油化、古
里核电站、FOOSUNGCHEN、南洋乳业等优质企业合作,25年来一直致力于改善能源
和环境,测定、管理。

能源监测、管理工作的很多经验和履历并不仅仅局限于能源需求方。同时也带来了
幸运, 可以获得支持能源测定和节约的全球能源专门企业的关注。成为与施耐德、
霍尼韦尔、欧姆龙、ABB等跨国企业建立合作伙伴, 度过了可以体验优秀全球能源
专门集团的教育和体系的值得感谢的时间。众所周知, 能量测定和监视不会节省
能源。但如果测定和监视能量, 就会节约能源。因为只要关注和测定, 就会产生想

要改善的欲望。当水龙头里的水哗哗地流到下水道，或者在桑拿浴里没有主人的淋浴器里浪费热水时，我们就会启动锁水、停止浪费的本能。理所当然的处事方法必然的结果，所以测量的话可以减少浪费，节约成为最大节能5%~15%的依据。

因此，除了能源之外、环境、企业经营、质量、成果管理等首要课题也是"测定"。经营学创始人彼得德鲁克曾说过"测量吧。《没有测量就没有改善》和《成功人士的7种习惯》的作者史蒂芬科比(stephen cobby)用"在处方前诊断"来强调了测定和监视的重要性作为系统记录积累的数据在明天的更先进技术改善现实方面起着重要作用。

第五种能量叫"节约"。也许大家已经非常清楚,火,石油,核能,氢/太阳,下面的第五个能源"节约"就是应用最快的软技术。因为,如果发电站生产出100升的能源,那么从输电及变电设施以66升的传达费用向最终用户只传递1/3的能源。如果最终用户节省10分,发电站就可以减少30分,从而形成良性循环的环保结构。可以说这就是需要通过软实力实现的智能能源管理系统。当然,为了实现这个目标,我们使用了EMS,FEMS,BEMS,EnMS等解决方案,但还不够。

智能是相对的。使自己更加聪明的是软能量。曾经宣布过用智能软件节能97%。一些人可能对"97%的能源节约"这一头衔感到不快。因为能源专家日夜研究,只要能实现5%,10%的节约就是了不起的业绩,却拿出了97%的迷惑性数据,如果这可以的话,作为专家当然会感到疑惑。我提议2012年为实践和证明此数值,向位于浦项的P制厂提议,以"先投资和结果确认后支付费用"为前提,2012年安装、2013年验证及能源比较测试开始。通过2014年的测量及管理,成功体现97%的能源,获得合格判定。

风冷·水冷在工业和建筑高利用率和高效率的发现不仅减少了能源,而且减少了多达97%的未使用能源,有助于防止环境污染。此外,昂贵设施的使用寿命延长了一倍,维护成本降低了50%,有助于确保碳信用额度和能源管理。智能97%的能源,环境改善是一个成功的项目,它通过智能软技术证明了创新的节约,并在实践中坚持不懈地发现了这一点。一年前,在总部的工厂入口处安装了一个电度表。在安装了带有7个红色LED片段并闪烁着光的电度表之后,所有的工厂照明灯都被LED灯泡取代了。的确,大多数投资都犹豫了,投资回收期需要5~10年左右,大部分投

资都会犹豫不决，但是每天确认浪费2倍以上电量的电力量后，比起对更换费用的计算性判断，浪费的公共罪恶感让我无法坚持多久。如果除了我以外的其他人每天都能目睹这种低效率的现场，那么就会提出同样的问题。

安装电度表的另一个优点是，如果在工作的最后一天关闭的工厂出口处清晰可见待机功率，并且您的待机功率比平常高，您可以回头看看工厂和办公室。无法关闭的加热器和员工脚下的火炉增加了每个人离开办公室的工厂和办公室的功耗。这也可以减少由于使用加热器而引起的着火危险，并且测量的有效性在于它会使唾液在口腔中干燥，因此值得推荐。在寒冷的冬季，偶尔会听到有关传统市场的新闻。为了防止小型企业场所或传统市场中电气设备不良的商店中的短路引起的火灾，我想安装一个出色的电度表。考虑到在寒冷的冬天能源匮乏的贫困地区，希望人们能提高一些心灵的温度。

2015. 03. 24. Energy economy

第5のエネルギーは '節約'

ピーター・ドラッカー '測定せよ。測定なしに改善なし' 測定と監視の重要性を強調
25年間エネルギー管理及び測定事業に多くの白夜を献身
測定は無駄を省き節約できる省エネの根拠
2014年測定および管理に97%エネルギー節減に成功
エネルギー測定と節減を支援するグローバルエネルギー専門企業として成長

　小、中、高校生時代の10年間を事実上'野球選手'として生きてきた私は、ある日、光速の正確で、賢明なる画面の中のプロンプトの上に降る数字一つひとつがあたかも映画'メトリックス'の数字の雨のように私を衝撃に陥れた。その後1994年、現代重工業蔚山工場性能測定システムを皮切りに25年でエネルギー管理及び測定事業に私の数多くの白夜を献身した。

　1996年から2000年までに現代自動車蔚山(ウルサン)工場全体エネルギーの監視を遂行しながら、管理システムの普及および開発に向けて2001年5月'ハイチ空間'と環境、エネルギー、SCADA専門企業を創業した。現代(ヒョンデ)重工業、SKケミカル、錦湖(クムホ)石油化学、ポスコ、三星(サムスン)精密、LG化学、KT、韓国石油公社や三星電気、暁星(ヒョソン)、高麗(コリョ)亜鉛、LG電子、GM大宇(テウ)、韓国製紙、ロッテケミカル、ハンソルケミカル、バスフ、LSニッコー銅製錬、大韓油化、後成、古里(コリ)原子力、南陽乳業などの優良企業と25年を共に送り身を持ってエネルギーと環境を記憶してエネルギー測定、管理、改善に関した自然な連想がいつのまにか職業病になってしまった。

　エネルギー監視,管理業務の多くの経験と履歴はエネルギー需要先にだけ興味がついたわけではなかった。エネルギー測定と節減を支援するグローバルエネルギー専門企業の関心も受ける幸運も与えられた。シュナイダー,ハニーウェル,オムロン,ABBなどのグローバル企業とパートナーシップを構築した協力パートナーになり,グローバルエネルギー専門グループの教育とシステムを体験できる有難い時間を過ごすことができた。誰でも知っているようにエネルギー測定,監視はエネルギーを節約しない。ところが,エネルギーを測定し監視すれば,エネルギーが節約できる。

関心を持って測定すれば改善しようとする欲求が生まれるからだ。蛇口から水がどぶどぶと流れ,下水溝に直行していたり,サウナで使用者のいないシャワー器に熱い水が無駄遣いされている時,私たちはロックして無駄を止めようとする本能が働く。当然の仕打ちに当然の結果、それで測定すると、浪費を減らすことになって節約が実践され、最大5〜15%エネルギー削減の根拠になる。

　こうした理由から,エネルギーのほかにも,環境,企業経営,品質,成果管理などの第一の優先課題が"測定"である。経営学の創始者ピーター・ドラッカーは"測定せよ。測定あらず改善なし',また、成功する人たちの7つの習慣の著者スティーブン・コヴィーは'処方箋に診断しと'は言葉で測定と監視の重要性を強調した。体系的記録として蓄積されたデータは,さらに発展した明日の技術に,豊かな資源としての役割をするようになり、現状を改善させることになる。

　第5のエネルギーを'節約'という。すでによく知っているが、火、石油、原子力、水素/太陽、次の五番目のエネルギー源'節約'は最も早く適用できるソフト的技術である。発電所で100のエネルギーをつくることになれば、送電・変電施設で66の伝達費用としてエンドユーザに1/3のエネルギーだけが伝えられるためだ。これは、最終使用者が10を惜しむと発電所では30を減少生産してもいいという循環の環境にやさしい構造になるのだ。これがソフトパワーとして具現されるべきインテレクチュアルエネルギー管理システムだと言えるだろう。もちろん,そのためのEMS、FEMS、BEMS、EnMSというソリューションを活用しているが不足である。スマートであることは相対的だ。"より利口にする"というソフトパワーだ。インテレクチャルソフトパワーとして97%エネルギーを節減できると宣言したことがある。多くの人は97%エネルギー削減というタイトルに不信感を持つだろう。なぜならエネルギー専門家たちは日夜で研究して5%、10%の削減を実現しても優れた業績であるが、97%という蠱惑(こわく)的な数値を持ってきた為、一体これが可能であるなら専門家として不審するのは当然である。私はこの数値を正しく実践して証明するため、2012年、浦項(ポハン)に位置したP製鉄所に提案して'先行投資及び結果を確認した後、費用を支払う'との前提で2012年に設置、2013年の検証およびエネルギー比較測定開始、2014年測定および管理を通じて97%エネルギー削減を実現し成功したことになって、合格判定を受けた。

　産業用とビルディング用、そして季節の変わり目協力用に高活用、高効率の発見は、エネルギーの節約を超えて、97%ほどの使用しないエネルギーを還元されたもので、そのだけに、環境汚染防止に貢献したのである。また高価設備の寿命が2倍増し、維持保守費用を50%減ら

すことで、炭素排出権の確保とエネルギー経営にも役立った。 スマートな97%エネルギー、環境改善は、知性的ソフト技術と発見で、革新的削減を粘りある実践で証明した成功的プロジェクトであった。1年前本社工場の玄関口に電力量計を設置した。 7つの赤いLEDセグメントが明るく輝く電力量計を設置し、工場の照明をすべてLED電球に交換した。 数値的に投資回収期間が5年〜10年程度かかることでほとんどが投資をためらいがちになったのは事実だが、2倍以上無駄な電力量を毎日確認したため、交代費用についての計算的判断よりは浪費させているという公共的な罪の意識が私を耐えることができなくしていった。 私ではない誰であっても,このような非効率の現場を毎日目撃することになれば,同じ質問を自ら投げかけることになるだろう。

　電力量計設置のもうひとつの利点は,最後の退勤途中の消火工場の出口側にはっきりと見える待機電力量が,普段とは違って高い値段で出るなら,工場と事務室を再び回るようになるだろう。 消されなかったヒーター,職員の足下のストーブなどが,全員退勤した工場や事務所の電力使用量を高めたのだ。これで暖房技師用による火災のリスクも軽減でき、ただでさえ寒い冬,伝統市場の話題をたびたび耳にすることがある。小さな単位事業場や在来市場の電気施設が劣悪な商店には漏電による火災防止のため,よく目につく電力量計がひとつずつ設置されたらという思いである。寒い冬のエネルギー不足の疎外階層を思うなら、心の温度を少しでも上げてみてほしいという気持ちである。

2015. 03. 24. Energy economy

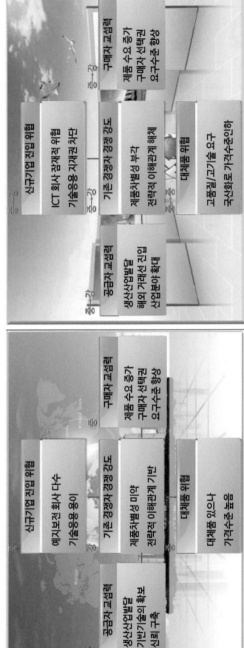

■ 미래 산업구조 분석

■ 현재 산업구조 분석

경쟁강도 변화이유 및 ㄱㅅ시사점

- 원자재의 안정적인 확보를 위해 구매 기술이 개발
- 신규 시장의 개척 및 거래선의 다변화 모색, 기존 고객 기술 응용 지원 및 관리 솔루션 개발 제공
- 차별화된 기술이 개발 및 영업력 확충

위기의 울산조선산업, 사업다각화로 극복하자

IT·제조·에너지 기반 수주 경쟁력 강화
타 업종으로 외연 확장 불황 타개 모색
발전 플랜트 등 신규 수익 모델 구축해야

울산은 자동차, 조선, 석유화학 등 3대 주력 산업을 바탕으로 대한민국의 경제 성장을 이끌어 왔다. 특히 조선업은 1970년대 글로벌 시장에 진입한 뒤 10년도 안 돼 세계 2위를 기록했고, 2003년 이후 세계 1위였던 일본을 추월하여 단일 품목 기준으로 우리나라 수출 1위를 차지하며 국가 주력 산업이 됐다. 2008년 글로벌 금융 위기 이후에는 해양 플랜트 시장에 성공적으로 진입해 중국 조선업의 벤치마킹 대상이 되기도 했다.

그러나 해양 플랜트는 프로젝트마다 맞춤 제작해야 하는 등의 어려움이 많았다. 그리고 건조 경험·핵심 기술이 부족해 조선업 위기를 가속화하게 했다. 이렇게 지역 경제의 든든한 버팀목이었던 조선업은 세계 경제 침체와 유가 하락 등에 따른 수주 급감, 해양 플랜트 분야의 대규모 손실, 중국의 추격 등으로 침체의 늪에 빠져 있으며, 앞으로의 전망도 불투명한 상황이다. 울산 지역 대표 조선소인 현대중공업은 지속적인 수주 잔량 감소에 따른 일감 부족으로 작년 6월 4도크 가동 중단에 이어 지난 3월 5도크 역시 가동을 중단했다.

이로 인해 구조조정이 본격화되면서 울산 지역의 고용 상황은 갈수록 어려워지고 있다. 또한, 조선업의 침체가 지속되면서 울산시의 인구는 2015년 12

월부터 올 1월까지 14개월 연속 1만여 명이 감소하는 등 조선 경기 불황의 심각성을 여실히 보여 주고 있다. 비록 작년 6월 30일 제45차 「고용정책심의회」에서 조선업을 '특별 고용 지원 업종'으로 지정했지만 지금도 조선업계와 지역 경제는 큰 어려움에 놓여 있다. 이제 이 위기를 어떻게 극복하고 기회로 전환할 것인가를 고민해야 한다.

먼저 세계적 수준의 IT 인프라와 제조 기반, 경쟁력 있는 에너지 산업 여건 등 우리의 강점을 활용해 경험을 쌓고 기술력을 확보해 추후 활황기에 대비해 우리의 수주 경쟁력을 강화해야 한다. 국제해사기구(IMO) 환경 규제에 따른 친환경, 스마트 선박 수요 증가가 예상돼 핵심 기술 역량 강화가 필요한 만큼 R&D 등을 통한 사업 구조 고도화, 환경 규제에 대응한 기술 투자, 엔지니어링 역량 강화를 통한 비즈니스 영역 확대, 기자재·소재 등 전방 산업의 지원 등 상생의 조선·해양 생태계 구축을 통한 위기 극복이 필요하다. 정부는 중장기 스마트 선박 육성 전략 마련, 조선 해양 핵심 기술 R&D, 실증, 제도 개선 등을 통해 우리 조선업계의 성장을 전방위적으로 지원할 계획이라고 밝혔다. 정부의 이런 지원을 바탕으로 차별화된 기술력을 확보해 추후 불황이 오더라도 흔들리지 않는 체력을 갖춰야 한다.

그리고 자체 기술을 활용해 다양한 플랜트 사업에 진출하는 등 시황 회복기를 대비해 경험과 기술력을 축적할 필요가 있다. 특히 기자재 산업 육성을 통한 사업 영역의 확대를 도모해야 한다. 즉, 조선업에만 의존하는 사업 구조에서 탈피해 사업다각화를 통해 다른 업종으로 외연을 확장할 필요가 있다. 이에 발전 산업 등 다양한 플랜트 사업에 진출해 불황을 타개할 방법을 모색해야 한다. 발전 산업 역시 플랜트 산업의 하나로서 조선업을 통해 키워 온 기술력을 적용시킬 수 있다. 요즘 친환경에 대한 관심과 요구가 증가하는 만큼 발전 플랜트에 친환경 설비 기술을 접목한다면 추후 친환경·스마트 선박 수주에도 경쟁력을 가질 수 있으며 조선 설계 기술력의 확보에도 도움이 될 것이다.

발전 플랜트 건설 사업에 진출해 경험과 기술력을 확보하기 위해서는 추가 신규 발전소 건설이 필요하다. 발전소의 추가 건설은 울산 지역의 안정적인 전력 공급에도 큰 보탬이 될 것이다. 이에 지난 4월 5일 울산시의회의 「친환경 비상 발전소 건설 촉구 결의안」에 대해 시의원 22명이 만장일치로 가결한 것은 시의적절하다. 특히 결의안의 주요 안건 중 하나인 어려워진 지역 경제 활성화를 위해 발전소 건설에 조선 관련 중소기업을 참여하게 하라는 주문은 관련 조선 기자재 업계에 큰 힘이 될 것이다.

발전 플랜트 건설 사업 참여 등을 통해 경쟁력을 강화하는 등 신규 수익 모델 구축에 힘쓴다면 조선업계의 새로운 성장 동력이 될 수 있을 것이다. 힘든 시기를 겪고 있는 울산 조선 기자재 업체들의 발전소 건설 참여는 고용 유발, 세수 증대 등 울산 경제 활성화에 큰 도움이 될 것이다. 산업 수도 울산이 가진 기술력 등 잠재력을 극대화하기 위해서는 신규 복합 발전 건설 산업과 같은 다양한 사업 참여를 보장하는 등 정부 차원에서의 정책적 배려가 요망되는 바이다.

2017. 06. 19. Economy column

Ulsan shipbuilding industry in crisis to overcome with business diversification

Strengthening the competitiveness of IT, manufacturing in winning contracts
Seek to break out of recession in other sectors
Need to build new profit model such as power plant

Ulsan has led Korea's economic growth based on three major industries: automobiles, shipbuilding, and petrochemicals. In particular, the shipbuilding industry ranked second in the world in less than 10 years after entering the global market in the 1970s, and overtook Japan, which was the world's number one since 2003, to become the national flagship industry, ranking first in Korea's exports on a single item basis. After the global financial crisis in 2008, it successfully entered the offshore plant market and became a benchmark for the Chinese shipbuilding industry.

However, offshore plants had many difficulties, such as customizing them for each project. The lack of shipbuilding experience and core technologies has accelerated the shipbuilding crisis. The shipbuilding industry, which has been a strong support for the local economy, is in a swamp of recession due to a sharp decline in orders from the global economic downturn and falling oil prices, massive losses in the offshore plant sector, and the chase of China. Hyundai Heavy Industries, a major shipyard in Ulsan, continued to shut down its 4 docks in June last year stopped running 5 docks in March due to continuous decrease in order.

As a result of the restructuring, the employment situation in Ulsan has been more difficult. In addition, as the shipbuilding industry continues to stagnate, Ulsan's population has declined more than 10,000 people for 14 consecutive months from December 2015 to January this year, demonstrating the seriousness of the recession. Although the shipbuilding industry was designated as a 'special employment support industry' by the 45th Employment Policy Council on June 30, last year, the shipbuilding industry and local economy are still in great difficulty. We must now consider how to overcome this crisis and turn it into opportunities.

First of all, we should use our strengths such as world-class IT infrastructure, manufacturing base, and competitive energy industry conditions to gain experience and secure technology to increase competitiveness. As the demand for eco-friendly and smart ships is expected to increase due to IMO environmental regulations, it is necessary to strengthen core technology capabilities. In addition to that, we also need to overcome the crisis by building a marine ecosystem such as supporting downstream industries like equipment and materials, investment in tech regarding environment regulations, expansion through engineering capabilities.

The government said it plans to support our shipbuilding industry by establishing mid to long-term smart ship development strategy, R & D of core technologies for shipbuilding and offshore, demonstration, and institutional improvement. Based on this support from the government, it is necessary to secure differentiated technology and to have strength that will make us robust confronting hardships.

In addition, it is necessary to accumulate experience and technical skills in preparation for the economic recovery by entering into various plant businesses using its own technology. In particular, the business area should be expanded through fostering the equipment industry. In other words, we need to expand our business to other sectors by diversifying our business structure. Therefore, we need to find ways to break down the recession by entering various plant businesses, including the power generation industry. The power generation industry is also one of the plant industries, and can apply the technology that has been highly developed through the shipbuilding industry.

As interest and demand for eco-friendly industry increase, incorporating eco-friendly technology into power plants can make it competitive in winning a contract of eco-friendly and smart ships in the future, and it will help to secure shipbuilding design technology. To build on experience and technology, additional new power plants are needed. The additional construction of the power plant will also contribute to the stable supply of electricity in Ulsan. Therefore, it is timely that the 22 members of the city council voted unanimously on Ulsan City Council's resolution call for construction of an eco-friendly emergency power plant on April 5th. In particular, an executive order to make shipbuilding-related SMEs to involve in the construction of power plants in order to revitalize the difficult regional economy, which is one of the main issues of the resolution, will be a great help for the shipbuilding equipment industry.

If the company strives to build a new profit model by strengthening its competitiveness through participation in power plant construction projects, it will be a new growth engine for the shipbuilding industry. Participation in the construction of power plants by Ulsan shipbuilding equipment companies, which are going through hard times, will help vitalize Ulsan's economy by inducing employment and increasing tax revenues. In order to maximize the potential of Ulsan, including its technological prowess, policy consideration at the government level is required, such as guaranteeing participation in various projects such as the new combined power generation industry.

2017. 06. 19. Economy column

[2017.06.19. 经济专栏]
蔚山造船业危机中，让我们通过业务多元化来克服

IT·制造·能源基础订单竞争力增强
外延扩张到其他行业,寻求解决低迷的局面
构建发电成套设备等新收益模式

蔚山以汽车、造船、石油化学三大主力产业为基础，引领了大韩民国的经济增长。特别是造船业在20世纪70年代进入国际市场后，不到10年便位居世界第2位，2003年以后超过世界排名第一的日本，以单一品种为标准，韩国出口第一，成为国家主力产业。2008年全球金融危机以后，成功进入海洋成套设备市场，成为中国造船业的标杆。

但是，海洋成套设备每一个项目都要配合制作等困难很多。而且，干燥经验、核心技术不足，加快了造船业危机。造船业一直是地区经济的支柱,但受世界经济停滞和油价下跌等影响,造船业订单剧减,海洋成套设备领域的大规模损失,中国的追击等影响,造船业陷入了停滞状态,今后的前景也不容乐观。蔚山地区代表性造船厂现代重工业因订单持续减少导致订单不足,继去年6月4日停止运行后,今年3月又停止了5道船坞的运行。

因此，结构调整正式化，蔚山地区的雇佣情况越来越困难。另外，随着造船业的停滞持续，蔚山市人口从2015年12月到今年1月连续14个月减少1万多名，呈现了造船经济萧条的严重性。虽然去年6月30日在第45次《雇佣政策审议会》中将造船业指定为"特别雇佣支援行业"，但现在造船业界和地区经济处于巨大困难之中.现在应该考虑如何克服危机，转换成机会。

首先,要利用世界水平的IT基础设施和制造基础,具有竞争力的能源产业条件等我

们的优势,积累经验,确保技术力量,以应对今后的活跃期,加强我们的订单竞争力。由于国际海事机构(IMO)环境规制的环保、智能船舶需求增加, 需要加强核心技术力量, 因此, 通过R&D等事业结构高度化、环境规制的技术投资、工程逆力强化、业务领域扩大、记者材料等前方产业的支援等。需要通过建立相生的海洋生态系统来克服危机。政府表示, 计划在制定中期智能船舶培养战略, 通过造船海洋核心技术R&D、实证、制度改善等, 全面支援我国造船业界的成长。政府要以这种支援为基础, 确保差别化的技术能力, 即使日后经济萧条, 也要具备不动摇的体力。

而且, 利用自身技术进军多种设备项目等, 为了应对时况恢复机, 需要积累经验和技术能力。尤其要通过培养器材产业, 谋求事业领域的扩大。也就是说, 在只依靠造船业的事业结构中, 有必要通过事业多角化扩张外延。因此, 要考虑进军发展产业等多种成套设备事业, 打破不景气的方法。发展产业也是一种设备产业, 适用通过造船业培养的技术能力。最近, 随着对环保环境的关心和要求增加, 如果把环保设备技术接合在一起的话, 对亲欢、智能船舶订单也会有竞争力, 对造船设计技术的确保也会有帮助。

为了进入发展成套设备建设事业, 确保经验和技术能力, 需要进一步建设新的发电站。发电站的追加建设对蔚山地区的稳定电力供应也会有很大的帮助。对此, 4月5日蔚山市会议「敦促亲环境紧急发电站建设决议案」时, 22名市议员全场一致一致表决。特别是决议案的主要议案之一, 为了促进困难的地区经济活动, 让造船相关中小企业参与建设的订单将成为有关造船器材行业的力量。

如果通过参与发电成套设备建设项目等来强化竞争力,致力于构建新的收益模式,将成为造船业新的增长动力。正在经历艰难时期的蔚山造船器材企业参与发电站建设,将对刺激就业,增加税收等蔚山经济的活性化起到很大的作用。产业首都蔚山为了将拥有的技术力等潜力最大化,需要政府层面的政策性关怀,包括保障新复合发展,建设产业等多种事业的参与。

2017. 06. 19. Economy column

危機の蔚山(ウルサン)造船産業、
事業多角化で克服しよう

IT・製造・エネルギー基盤受注競争力強化
他の業種で"外延拡大不況"を打開
発電プラントなど,新規収益モデルを構築すべき

　蔚山は自動車、造船、石油化学など3大主力産業をもとに、大韓民国の経済成長を率いてきた。特に、造船業は1970年代、グローバル市場に進入した後、10年足らずで、世界2位を記録し、2003年以降、世界1位だった日本を追い越して単一品目では、韓国の輸出1位を占め、国家の主力産業となった。2008年グローバル金融危機以後は、海洋プラント市場に順調に進入して中国の造船業のベンチマーキングの対象になったこともある。

　しかし,海洋プラントは,プロジェクトごとにオーダーメイド製作などの困難が多かった。そして建造経験・核心技術が不足し,造船業の危機を加速させた。このように地域経済の頼もしい支えだった造船業は,世界経済の低迷や原油価格の下落などによる受注急減,海洋プラント分野の大規模な損失,中国の追撃などで低迷に陥っており,今後の見通しも不透明な状況だ。蔚山(ウルサン)地域代表の造船所である現代重工業は持続的な受注残量の減少による職不足で、昨年6月4ドックの稼動中断に続き、今月3月5デッキも稼動中断した。

　このため,構造調整が本格化し,蔚山地域の雇用状況はますます厳しくなっている。また、造船業の低迷が続くなか、蔚山(ウルサン)市の人口は2015年12月から今年1月まで14ヵ月連続一万人余りが減少するなどの造船景気不況の深刻性を如実に見せてくれている。昨年6月30日、第45次"雇用政策審議会"で造船業を'特別雇用支援業種'に指定したが、今も造船業界と地域経済は大きな困難に置かれている。これからこの危機をどのように克服し,機会

に変えるかを考えなければならない。

　まず,世界的水準のITインフラや製造基盤,競争力のあるエネルギー産業の環境など,韓国の強みを活用して経験を積み,技術力を確保し,今後の活況期に備えて,韓国の受注競争力を強化しなければならない。国際海事機関(IMO)環境規制による環境にやさしい船舶需要の増加が予想され,核心技術の力量の強化が必要なだけに,R&Dなどを通じた事業構造の高度化,環境規制に対応した技術投資,エンジニアリング力量の強化によるビジネス領域の拡大,機資材·素材など前方産業の支援など相生の造船·海洋生態系の構築による危機克服が必要だ。政府は,中長期スマート船舶の育成戦略作り,造船海洋の核心技術R&D,実証,制度改善などを通じて,韓国造船業界の成長を全方位的に支援する計画だと明らかにした。政府のこのような支援をもとに差別化した技術力を確保し,今後不況に見舞われても,動揺しない技量を備えなければならない。

　そして,自社技術を活用して多様なプラント事業に進出するなど,市況回復に備えて経験と技術力を蓄積する必要がある。特に機材産業の育成を通じた事業領域の拡大を図るべきである。すなわち,造船業だけに依存する事業構造から脱却し,事業多角化を通じて他の業種へ外延を拡大する必要がある。これに発電産業など多様なプラント事業に進出し,不況を打開する方法を模索しなければならない。発電産業もプラント産業の一つとして,造船業を通じて培ってきた技術力を適用することができる。近年,エコへの関心とニーズが増しているだけに,発電プラントにエコ設備技術を融合させれば,今後エコ·スマート船舶の受注にも競争力がつき,造船設計技術力の確保にも役立つだろう。

　発電プラント建設事業に進出し,経験や技術力を確保するためには,追加的な新規発電所の建設が必要だ。発電所の追加建設は蔚山地域の安定的な電力供給にも大きく役立つだろう。これにともない4月5日、蔚山(ウルサン)市議会の"エコ非常発電所建設を促す決議案"に対して、市会議員22人が全員一致で可決したのは適切である。特に,決議案の主な案件の一つである"難しくなった地域経済活性化のため,発電所の建設に造船関連の中小企業を参加させるように"という内容は,関連造船機材業界に大きな力になるだろう。

発電プラント建設事業への参加などを通じて競争力を強化するなど,新規収益モデルの構築に力を入れるなら,造船業界の新たな成長動力にになるだろう。 厳しい時期を迎えている蔚山(ウルサン)造船資材メーカーの発電所建設への参加は,雇用誘発や税収増大など,蔚山経済の活性化に大きく役立つことになるだろう。 産業数も蔚山が持つ技術力など潜在力を最大化するためには新規複合発電、建設産業のような多様な事業参加を保障するなど,政府レベルでの政策的配慮が求められるところである。

2017. 06. 19. Economy column

울산 산업 생태계, 연명 아닌 혁신에 나서야

울산, 중소기업 대기업 의존해 살아가는 현실 속에서
제2·제3 셀트리온 발굴로 산업 생태계 자생력 키우길
정부, 온실 속 화초 대처 말고 피부에 와 닿는 지원해야

 올해 첫날 정부는 산업, 기업, 지역 분야의 3대 혁신으로 '새 정부의 산업 정책 방향'을 보고했다. 그 내용은 대기업과 수도권 그리고 특정 산업에서 벗어나, 각 지역이 자생할 수 있는 지원 정책에 포커스를 맞춰, 우리나라 5대 신산업의 중심을 오는 2022년까지 30만 개 이상의 일자리를 창출한다는 것이다. 그러나 이날 발표된 산업부 정책을 두고 관계 현장과 학계에선 구체적이고 실질적인 해결책이 완전히 결여됐다고 지적하고 있다. 그 이유는 현재 우리나라에서는 5대 선도 프로젝트가 이미 오래전부터 대기업 중심으로 고착화되어 왔고, 규제 특례도 이전 정부가 추진하던 규제 프리존과 큰 차이가 없다는 것이 큰 골자이다.

 대통령제에 의한 지방자치제로 경영되는 우리나라에서, 산업 전반의 흥망성쇠는 정부 정책 및 지자체장의 의지가 압도적 힘을 발휘한다. 하지만 정부와 정치가들은 언제나 해외 사례들을 언급하며 우리나라도 경제 성장을 위해 중소기업을 활성화해야 한다고 한결같이 목소리를 높여 왔다. 우리나라 기업 생태계는 대기업에 의존해 연명하는 중소기업 수가 압도적이다. 혁신적 열정과 창의적 아이디어로 그 기반을 탄탄히 굳혀온 중소기업 대표가 아닌 이상, 대기업에 의존한 기업 생태계에서 실패를 무릅쓴 새로운 시도를 부추기기엔

229

그 장벽이 너무나 크다. 그리고 우린 이 모든 결과를 정부 탓으로 돌린다. 하지만 도시와 기업은 피와 맥, 온도가 있는 사람의 인체와 같다. 천편일률적인 잣대로 수천, 수만 중소기업들의 자생 능력과 구제 방법을 정부가 일일이 강구하기엔 사실 무리가 있다.

얼마 전 '미래를 여는 인물 대상'을 수상한 김용환 한의원장과의 개인적인 자리를 가진 적이 있다. 한의학의 미래에 관한 질문에 김 원장은 서양 의학은 첨단 기계화된 로봇으로 대체 가능해 서양 의학은 머지않은 미래에 사라지지만, 한의학은 그렇지 않을 것이라 예상했다. 그 이유는 서양 의학은 인간을 단일화된 개체로 보고, 그 개체에서 발현할 수 있는 모든 의학적 정보를 통계학에 기초해 자료화할 수 있다는 것이다.

하지만 한의학은 '인간마다 체질과 그 기질이 천차만별로 다르다'라는 출발점에서 비롯된다고 한다. 그래서 한의학은 개인마다의 수만 가지 체질과 특성에 기인하여 한의사의 촉과 감, 경험과 경륜에 의한 진맥 등으로 그 병의 근원이 되는 뿌리를 잡아야 하기 때문에 통일되고 정리된 단일화 개념을 만들어 내기가 쉽지 않다고 한다.

기업 구조도 마찬가지다. 그나마 대기업에 의존치 않고 생존에 몸부림치는 대한민국 중소기업들이 건강한 자생을 이어가기 위해선 그 기업들의 생존 체계를 면밀히 파악해야만 한다. 기업은 제도아래 움직이는 학교도, 조직적 체계도 아니다. 그야말로 생존에 목숨을 건 정글과 같은 삶의 전쟁터로 약육강식의 생태계에서는 언제나 제1인자만 존재하는 법이다.

그러나 언제라도 생쥐가 사자도 될 수 있다는 희망으로 그 힘을 눈물겹게 길러야만 하는 생존 경쟁의 터전이 바로 산업 생태계인 것이다. 이러한 울산이란 산업 생태계에서 왜 울산은 현대, SK로 대변하는 대기업의 도시, 그 대기업으로 장악되는 도시로 포장해 오고 있는지 알 수가 없다. 정말 정부의 주장대로 중소기업의 활로를 펼치는 실질적 정책을 반드시 실현하고 싶다면, 지금 이 대기업이 군림하는 도시 경제 시스템에서 울산이라는 브랜드를 높이고 그 생존 대책을 강구하고 싶다면 어떻게든 자생하는 울산 중소기업들의 생존 전략을 한 번이라도 귀 기울여 보면 어떨까.

 정부의 정책은 정말 중요하다. 그 정책이 기업 정글의 환경과 토대가 될 수밖에 없으니 말이다. 하지만 모든 동물은 그 환경에 적응해 살아가야만 하는 생존 본능과 운명이 있다. 처절한 생존 본능으로 이 피라미드에서 일인자로 자리 잡기 위해선 정부가 매번 발표하는 비닐하우스 온실 속의 화초 키우기식의 대처 방법이 아니라, 예상치 못한 변화에 기회를 포착 할 수 있는 힘을 키울 수 있도록 지원해야 한다. 사자들에게 둘러싸이고 웅덩이에 빠져 허우적거린다면 지금 당장의 거추장스러운 것들을 살펴 주는 것이야말로 정부가 해야 할 일이 아닐까.

 거대한 공룡의 시대를 지나, 민첩하고 상상력이 풍부한 인간의 시대가 왔듯이 말이다. 목숨을 겨우 이어 살아가는 연명이 아니라, 혁신을 성공시킬 제2, 제3의 셀트리온이 현재 최악의 위기에 직면한 울산에서 발굴되길 기대해 본다.

2018. 01. 09. Ulsan Maeil

Ulsan Industrial Ecosystem needs Innovation not prolongation

Ulsan where it relies on SMEs and conglomerates
Developing industrial ecology by discovering the second and third Celltrions
Government should support something relatable, not treating like plants in the house

On the first day of the year, the government reported the "new government's industrial policy direction" with three major innovations in industry, business and regional sectors. Its content is to create more than 300,000 jobs by 2022, centering on Korea's five new industries, focusing on the support policies that each region can grow independently of large companies, the metropolitan area, and certain industries. However, the ministry's policy, which was announced today, points out that there is a complete lack of concrete and practical solutions in the field and academia. The reason for this is that the five leading projects in Korea have been firmly centered on large corporations for a long time, and there are no significant differences in the regulatory exceptions from the regulatory free zone that the previous government has promoted.

In Korea, which is managed by the local autonomy system under the presidential system, the rise and fall of the industry as a whole is overwhelmingly driven by the government policy and the will of the local government. However, governments and politicians have always cited foreign cases and have repeatedly voiced that Korea should activate SMEs for economic growth. Korea's corporate ecosystem is overwhelmed by the number of SMEs that depend on large companies. The barriers are too high to encourage new attempts to fail in a business ecosystem that relies on large corporations, unless they are representatives of SMEs that have solidified their foundations with innovative enthusiasm and creative ideas. And we blame the government on all of this. But cities and corporations are like human bodies with blood, veins, and temperatures. In fact, it is hard for the government to devise ways to be self-sufficient and think of remedies of tens of thousands of SMEs.

Recently, I had a personal meeting with Kim Yong-hwan, the Korean medical director who won the "People who open the future" award. When asked about the future of oriental medicine, Kim predicted that western medicine could be replaced by advanced mechanized robots, so western medicine would disappear in the near future, but oriental medicine would not. The reason is that Western medicine sees humans as unified individuals and can document all medical information that can be expressed in them based on statistics.

However, it is said that oriental medicine comes from 'the constitution and its temperaments vary from person to person'. Therefore, because of the tens of thousands of constitutions and characteristics of each individual, oriental medicine has to take root that is the origin of the disease by taking patients pulse, and by experiences, which means it is not easy to make unified, organized answers to a certain disease.

The same applies to the corporate structure. However, Korean SMEs that struggle to survive without relying on large companies must closely grasp the survival system of those companies in order to maintain healthy self-sufficiency. Firms are neither schools nor organizational systems that move under the system. It's a jungle-like battlefield of life that survives, and there is only a winner in the law of the jungle.

However, industrial ecosystem is where there is cut throat competition that a mouse can become a lion at any time. In the industrial ecosystem of Ulsan, it is not clear why Ulsan has been paved by the city of Hyundai, SK, and the city dominated by the big companies. If you really want to realize the actual policy of opening the path of SMEs as the government insists, if you want to raise the brand of Ulsan and take measures for its survival in the urban economy system where this large company reigns. How about just listen to the SMEs which have managed to survive?

Government policy is really important. That policy is inevitably the foundation and environment for the corporate jungle. However, all animals have a survival instinct and a fate that they must adapt to their environment. In order to become number one in this pyramid with desperate survival instinct, the government should support the development of the power to seize the opportunity for unexpected change, not treating like them like a flower growing in the greenhouse. If you are surrounded by lions and drowning in a puddle, isn't this the government's job to look after the messy things in front of you?

After the age of giant dinosaurs, the age of agile and imaginative humans has come. I hope that the second and third Celltrions will be discovered in Ulsan faced with the worst crisis.

2018. 01. 09. Ulsan Maeil

蔚山产业生态系统, 不是进行延命而是进行革新的时候

中小企业依赖大企业生存的现实
第2·第3 Celltrion发掘, 希望培养产业生态系统的自生能力
政府要给予贴合于切肤的支援, 不应该应对温室里的花草

今年头一天, 政府作为产业, 企业, 地区领域的三大创新, 报告了"新政府的产业政策方向". 其内容是, 将焦点放在脱离大企业, 首都地区和特定产业, 各地区可以自力更生的支援政策上, 截止到2022年, 以韩国5大新产业为中心创造出30万个以上的工作岗位。但是当天发表的产业部政策, 相关现场和学界指出:"缺乏具体的, 实质性的解决方案。" 究其原因, 目前在我国, 五大领先项目早已以大企业为中心固化, 而限制特例也与之前政府推进的"限制自由区"相差无几。

在依靠总统制的地方自治制经营的韩国, 政府政策及地方自治团体长的意志发挥着压倒性的力量, 使整个产业兴亡盛衰。但是, 政府和政治家们总是提及海外事例, 一致表示:"我国也要为了经济增长, 激活中小企业。" 在我国企业生态界, 依靠大企业维持生计的中小企业数量是压倒性的。既然不是以革新热情和创意打下坚实基础的中小企业代表, 那么在依靠大企业的企业生态界中, 要煽动冒失败而新的尝试, 其壁垒实在是太大。我们把这一切的结果都归咎于政府。但是城市和企业就像有血脉, 温度的人体一样。政府很难用千篇一律的尺度一一研究数千、数万中小企业的自生能力和救济方法。

不久前曾与获得"开创未来人物大奖"的韩医院院长金容焕有过私人会面。对有关韩医学的未来的提问, 金院长预测说:"西洋医学可以被尖端机械化的机器人代替, 因此西方医学会消失在不久的未来, 但韩医学不会这样。" 究其原因, 西方医学可以将人类视为单一的个体, 并将所有可能产生于其个体的医学信息以统计学为基础进行资料化。

235

不过,韩医学认为,这源于"每个人的体质及其气质千差万别"的出发点。因此,中医必须基于个人的上万种体质和特点,通过中医的触觉,经验和经纶的诊脉等,抓住其病根的根,形成统一,整理的单一概念。

企业结构也一样。为了不依赖大企业而挣扎生存的大韩民国中小企业为了维持健康的自生,必须仔细了解那些企业的生存体系。企业既不是在制度下行动的学校,也不是有组织的体系。简直是在生存中拼上性命的丛林一样的生活战场,在弱肉强食的生态界里总是存在第一人。

但是,无论何时,都要以老鼠可以成为狮子的希望,这就是产业生态界。在这种蔚山的产业生态界,为什么蔚山在现代、SK代言的大企业的城市,也不知道该市是以大企业掌控的城市。如果真的想实现按照政府的主张实现中小企业的活路的实质政策,如果想提高蔚山这个大企业在群林的城市经济体系上蔚山这个品牌,想寻求生存对策的话,那么我们想尽办法去倾听一下蔚山中小企业的生存战略吧。

政府的政策真的很重要。因为该政策只能成为企业丛林的环境和基础。但所有动物都有生存本能和命运,只有适应环境才能生存。为了以凄惨的生存本能在该金字塔中占据第一的位置,政府不应该每次都发表塑料大棚温室里的养花方式,而是应该支持培养能够抓住机会的潜力。如果被狮子们包围,陷入水坑里挣扎的话,那么现在政府应该做的事情就是观察眼前的丑陋事物。

过去了巨大恐龙时代,到了富有想象力的人时代。并不是勉强维持生命的缘故,而是能够成功革新的第2,第3个Celltrion在目前面临最恶劣危机的蔚山被发掘出来。

2018. 01. 09. Ulsan Maeil

蔚山産業生態系、延命ではなく革新に乗り出すべき

蔚山、中小企業大企業に依存して生きていく現実の中で
第2・第3、セルトリオンの発掘で、産業生態系の自生力を強化するように
[社説]政府、温室の中の草花に対処せず、肌に感じる響く支援が必要

　今年の初日、政府は産業、企業、地域分野の3大革新と'新政府の産業政策方向'を報告した。その内容は大手企業と首都圏、そして特定産業から離れ、各地域が自活するための支援政策にフォーカスを合わせて、我が国5代新産業を中心に来る2022年まで30万個以上の雇用を創出するということだ。しかし、同日発表された産業部の政策をめぐり、関係現場と学界では具体的で実質的な解決策が完全に欠けていると指摘している。その理由は現在の我が国では5大先導プロジェクトが、すでにだいぶ前から大企業中心として固着化されてきており、規制特例も以前の政府が推進していた規制フリーゾーンと大差がないというのが大きな骨子だ。

　大統領制による地方自治制で経営されるわが国において、産業全般の興亡盛衰は政府政策及び自治体長の意志が圧倒的な力を発揮する。しかし、政府や政治家は、常に海外の事例に触れ、我が国も経済成長のためには中小企業を活性化しなければならないと一様に声を高めてきた。韓国の企業生態系は、大企業に依存して食いついないでいる中小企業の数が圧倒的だ。革新的情熱と創意的アイデアでその基盤をしっかりと固めてきた中小企業の代表でない以上、大企業に依存した企業生態系で失敗を冒した新しい試みを煽るには、そのハードルがあまりにも高い。そして、私たちはこの全ての結果を政府のせいにする。しかし、都市と企業は血と脈、温度のある人の人体と同じだ。千篇一律の基準で数千、数万の中小企業の自生能力と救済方法を政府が一つ一つ講じるには、実は無理がある。

　先日、'未来を開く人物大賞'を受賞したキムヨンファン韓医院長との個人的な席を持ったこと

がある。韓医学の未来に関する質問に対し、金元長は「西洋医学は先端機械化されたロボットに代替可能で、西洋医学は遠くない未来に消え去るが、韓医学はそうではないだろう」と予想した。その理由は西洋医学は人間を一本化した個体と見なし、その個体から発現できるあらゆる医学的情報を統計学に基づいて資料化できるということである。

しかし、漢方医学は「人間ごとに体質とその気質が千差万別で異なる」という出発点から始まるという。そのため、漢方医学は個人個人ごとの数万種類の体質と特性に根ざして、漢方医の触覚と感、経験と経綸による振脈などでその病気のもとになる根幹を整えなければならないため、統一して整理された一本化の概念を作り出すのは容易ではないという。

企業構造も同じだ。それほど、大企業に頼らず生存にもがいている大韓民国の中小企業が、健康な自生を続けるためには、その企業の生存体系を綿密に把握しなければならない。企業は制度の下で動く学校でも、組織的体系でもない。それこそ生存に命をかけたジャングルのような暮らしの戦場と弱肉強食の生態系では、いつも第1因子だけが存在するものだ。

しかし、いつでもネズミがライオンになれるという希望で、その力を涙ぐみながら育てなければならない生存競争の場は、まさに産業生態系なのだ。このような産業生態系で、なぜ蔚山は現代、SKに代弁する大企業の都市、その大企業に掌握される都市と見なされているのか分からない。本当に政府の主張どおり中小企業の活路を広げる実質的政策を必ず実現したければ、今この大企業が君臨する都市経済システムで蔚山というブランドを高め、その生存対策を講じたいなら、何とか自生する蔚山中小企業の生存戦略に一度でも耳を傾けてみてはどうだろうか。

政府の政策は本当に重要だ。その政策が企業ジャングルの環境の土台になるしかないからだ。しかし、すべての動物はその環境に適応して生きていかなければならない生存本能と運命がある。凄絶な生存本能にこのピラミッドから1因子として位置付けるためには、政府が毎回発表するビニールハウス温室の中の草花を育てるような対処方法ではなく、予想できなかった変化に機会をキャッチできる力を育てることができるよう支援しなければならない。ライオンに囲まれ

て水溜りにはまってもがいているなら、今の目障りなものを観察することこそ、政府がなすべきこと
ではないだろうか。

　巨大な恐竜時代を過ぎ、敏捷で想像力が豊富な人間の時代が来たように。 命をやっと引き
継ぎ、生きていく延命ではなく、革新を成功させる第2、第3のセルトリオンが現在、最悪の危機
に直面した蔚山(ウルサン)で発掘されことを期待している。

2018. 01. 09. Ulsan Maeil

05

So what should we do?

05 그래서 앞으로 어떻게

1 에지보전

- pCBM : 에지 상태 보전
  (Predictive Condition Based Maintenance)
- TiCBM(Total Inspection):전수검사 상태보전

2 Energy 경영

- pBEMS : Predictive 빌딩 에너지 관리 시스템
- pFEMS :Predictive 공장 에너지 관리 시스템

3 환경·안전

- pSmartcity : ⓐ 사회 기반 시설의 안전
  ⓑ 도시 에너지(물, 전기…등) 관리 시스템
  ⓒ 승강기, 공조기, 상하수 고장 예지

4 스마트 팩토리

- pSmartfac : UYeG에 추출한 빅데이터를 AI 알
  고리즘에 의한 가시 자료 융합 시스템

5 빅데이터

- pMach_Bigdata : 업종별 설비 가동율, 고장 데
  이터 콘텐츠의 공유경제 LUDA 포탈 사업

안전과 행복을 예지하는 것, 그것이 우리가 만드는 기술 입니다.

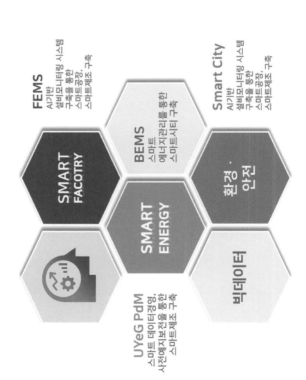

안전과 건강성과 생산성 및 물과 전기 절감과 에너지총을 정보를 실시간 최적화 속의 데이터 수집을 통하여 산업의 수익성과 안전성 그리고 지속가능성의 정보를 사전에 PREDICTION 하여 건전하고 안전한 시설물의 유지를 돕는 기술을 구현하는 전세계적인 사물 모델을 플랫폼으로 구축하고 데이터 거래 서비스를 제공할 것 입니다.

선거, 내일을 위한 진화된 우리의 축제

소통의 매개체로 만들어진 언어
진화 거쳐 상상력까지 갖추게 돼
인류 진화의 또 다른 과정 '선거'
아름답게 펼쳐질 미래 위한 선택

막바지로 불어 닥친 '전국동시지방선거'로 거리 곳곳마다 자주 뵙던 분들의 미소 띤 얼굴이 온 도시를 뒤덮고 있다. 아마도 선거 때 제일 횡재 맞는 건 각종 인쇄 업체가 아닐까 싶다. 이 수많은 현수막들은 우리에게 자신의 정보를 제공하고 있는 것 같지만, 애절하리만큼 간절한 그들의 '말과 표정'이 오히려 우리를 설득시키고 명령하는 것 같기도 하다. 오로지 당선만을 위한 이력과 경력, 그리고 포부 등을 가장 설득력 있는 엑기스의 말과 표정으로 담아내기 위해 처절히 고심한 걸 조금이라도 이해한다면, 그 수많은 현수막들을 그저 그렇게 지나쳐 버리진 못할 것 같다. 이 쏟아져 내리는 리더들의 외침(말)을 보며, 과연 리더는 어떻게 진화돼 왔고, 그 조건은 무엇인지 새삼스레 의구심이 들었다.

최초의 원시인들을 포함한 그 시대 동물들은 '말'하지 않고도 잘 살아갔다. 단순하게 서로를 껴안거나 몸을 비비는 것으로 충분했다. 그러나 지구의 환경 조건 변화로 인류는 땅에서 더 많은 시간을 보내야 했기 때문에 직접적으로 맹수들로부터의 위협을 감당해야만 했다. 생존하기 위한 전투를 벌이기 위해서는, 개인보다는 무리를 지어 그 맹수를 공격해야 했기에 인류는 집단

생활을 할 수밖에 없었을 것이다.

　이 집단생활이 인간의 생존에 유리한 작용을 하면서 무리가 기하급수적으로 커졌지만, 그 안에 상상치도 못했던 더 큰 적이 생겨났다. 그건 자연도 맹수도 아닌, 바로 함께 살아가야만 하는 이웃들이었다. 다양한 특혜를 누릴 수 있는 이 무리 속에서 갈등의 순간순간들을 슬기롭게 해결해 나가야만, 자신의 가족들을 안전하게 지켜나갈 수 있었다. 그러기 위해서는 개인이 피 터지게 싸우는 것보다는, 다수를 상대로 서로가 덜 손해를 보는 입장에서 가능한 쉽게 친근감을 표현하는 방법이 필요해졌다. 그게 바로 '말'이었다.

　말이라는 소통의 매개체가 만들어졌지만, 또 다른 문제가 발생했다. 손짓, 발짓만으로는 후세의 생존을 위한 생활 상식 등을 말만으로 전하기 애매했다. 생존에 관련된 이 복잡하지만 중요한 내용들을 잘 전하기 위해 우리가 상상할 수도 없는 안간힘을 썼을 것이다. 정글의 생존 법칙처럼 현세만 살아가는 인류에게는 힘이 세고 자손을 잘 번식시키는 인물이 리더가 됐다. 하지만, 인간이 진화돼 가면서 내 소중한 후손들의 안전과 번영을 위해서는 잘 설명하고, 그 설명을 잘 알아듣는 인물이 당연히 더 잘 살아남았을 것이다. 즉 '정확하게 설명하고 전하는 능력'이 리더의 최고 조건이 된 것이다.

　지금으로부터 20만 년 전, 드디어 놀라운 능력을 갖춘 '지혜가 있는 사람(호모사피엔스)'이 등장했다. 그러나 여기서 더욱 놀라운 사실은 단순하게 전해지는 '말'을 넘어 인류는 상상하게 됐다는 것이다. 불과 3만 년 전부터는 세상에 존재하지 않는 존재까지도 마음껏 상상하고, 그 상상을 표현해 내는 존재가 됐다. 우리 조상들의 상상력은 이렇게 완성돼 간 것이다.

　어마어마한 암석에 새겨진 공룡 발자국 화석으로 우리는 아주 먼 고대의 공룡을 상상하고, 그 시대를 상상한 실감 나는 영화를 만든다. '숫자'를 통해 그 수만큼의 크기나 거리를 가늠하고, '고래'라는 글자만으로도 드넓은 바다의 움직이는 생물체를 상상하기도 한다. 꿈꾸고 상상하는 능력은 인간이 진화하게 된 가장 주요 포인트이며, 지금 우리 주변에 널린 모든 것들이 우리의 상상에 의해 만들어져 나온 것들이다. 지구 반대편으로 데려다주는 비행기, 가족의 얼굴이 내 손바닥에 들어오는 모바일 등 일상에서 사용하는 거의 모든 것들은 자연에는 없다. 생각해 보면 상상력 없이 이뤄낸 것은 아무것도 없다. 지금 우리 머릿속에 펼쳐지는 이 모든 상상이야말로 가장 좋은 공부이고, 가장 가치 있는 경험이 아닐 수 없다.

짧지 않은 긴 역사 속에서 우리는 '선거'라는 제도를 통해 믿고, 속고, 후회하는 일련의 시행착오를 겪어 왔다. 그러면서도 또 이때가 되면 우리는 리더가 될 후보들의 막연한 공약(말)에 희망을 품고, 그 말들이 아름답게 펼쳐지고 이뤄질 미래를 제 나름의 그릇으로 상상하게 된다. 선거 후 고배를 마신 후보들은 정말 고통이겠지만, 지금 리더를 선택하기 위한 이 축제 아닌 축제의 여정을 선거 전까지만 이라도, 우리 인류의 진화돼 가는 또 다른 과정이라 여겨 보면 어떨까.

2018. 05. 30. Ulsan Maeil

Election, festival for tomorrow

Language created as a medium of communication
Now it even has imagination as it evolves
Election is another process of human evolution
A choice for the better future ahead

At the end of National Elections, the smiles of those who frequently encounter on the streets cover the whole city. Perhaps print business is the busiest of all at the campaign period. Many of these banners seem to be providing some information to us, but their "words and expressions", which are eagerly sincere, seem to persuade and command us. If you understand even just a little bit about their concerns to make their career, aspirations more presentable, you will not be able to get past that many banners, just like that. Hearing the cries of these pouring leaders, I was wondering how leaders have evolved and what the requirements are to be a good leader.

The primitive men at the time lived well without "talking". Simply hugging each other and rubbing their face were enough. However, due to the changes in the environmental conditions on Earth, mankind had to spend more time on the ground and had to face direct threats from wild beasts. In order to win the battle for survival, mankind would have had to live in groups because it was easier to attack the beast than to do it individually.

While this collective life was beneficial to the survival of humans, the group grew exponentially, but there was a bigger enemy that was unimaginable. It was not nature or wild beasts but the neighbors who had to live together. While they could have various privileges, they had to solve the moments of conflict in a sincere manner, so are able to safely protect their own families. In order to do this, it was necessary to have a way of expressing friendliness as easily as possible because they knew what they can get is much bigger when they are together. So 'language' became so important.

A medium of communication was created, but another problem arose. Language itself was not enough to deliver certain messages such as common sense for survival. We would have done some nonsense that we could not imagine to convey these complex but important details about survival. Like the law of survival of the jungle, the human being who has the strength and the good breeder of the descendants only survived. However, as human beings evolve, the person who explains well and understands the explanation will surely survive better for the safety and prosperity of my precious descendants. In other words, 'the ability to explain and communicate accurately' became the most important quality to be the leader.

About 200,000 years ago, the "wise man" (Homo sapiens) with remarkable ability finally appeared. But what is even more surprising here is that mankind has come to imagine beyond a simple word. From just 30,000 years ago, we have been able to imagine things that do not exist in the world, and to express that imagination. The imagination of our ancestors was thus completed. With dinosaur footprint fossils engraved on massive rocks, we imagine a very distant ancient dinosaur and create a realistic film from that.

We can imagine the size and distance just through the 'number', and imagine the moving creature of the sea by the word 'whale'. The ability to dream and imagine contributed human beings' evolvement and everything that is now around us is created by our imagination. Almost everything we use in everyday life is not in nature, such as airplanes that take us to the other side of the globe, and mobile phones that put the face of my family in my palm. If you think about it, there is nothing you can do without imagination. All of these imaginations that are now in our heads are the best study and the most valuable experience

Throughout the history, we have experienced a series of trial and error while we believe, are deceived, and regret through the system of 'election'. At this point, however, we are hoping for the vague promise that the candidates make to be leaders, and imagining the future in which the words are beautifully unfolded and fulfilled. Candidates who are failed election may be in pain, but why not consider this journey to choose a leader as another step to the evolution of our humanity?

2018. 05. 30. Ulsan Maeil

[2018.05.30. 诗论专栏]
选举, 为了明天而进化的我们的庆典

语言被创建为交流的媒介
经过进化具备了想象力
人类进化的另一个过程'选举'
美好未来的选举

随着临近尾声的"全国同时地方选举"，大街小巷随处可见的人们露出微笑的脸庞覆盖了整个城市。选举中最大的意外收获也许就是印刷公司。这无数条横幅似乎在向我们提供自己的信息，但他们恳切的"言语和表情"反而好像是在说服我们并命令我们。只是为了当选的经历和经验，还有抱负等，最有说服力的话和表情的精华展现，为了考虑的东西彻底一点理解，那无数的横幅，只是那样放过就不会一样。看着这些领袖们的呼声，人们不禁怀疑，领导人究竟是如何进化而来的，其条件是什么？

包括最初原始人在内的当时，大动物不说"话"也过得很好。单纯地互相拥抱。但由于地球的环境条件变化，人类不得不在地上度过更多的时间，因此不得不直接受到猛兽的威胁。为了生存而展开战斗，比起个人，应该拼命攻击那个猛兽，人类只能集体生活。

这一集体生活对人类生存的有利作用，使群体迅速壮大，但其中却出现了意想不到的更大敌人。那不是自然也不是猛兽，而是必须一起生活的邻居。在享受各种特惠的人群中，只有巧妙地解决矛盾，才能安全地守护自己的家人。为此，比起个人的血拼，在面对大多数人时，更需要从互相少受损失的立场上尽可能地表现出亲近感。这就是"话"。

语言沟通的媒介构成，但又发生了另一个问题。仅用手势、脚步来表达为了后世生存的生活常识等。虽然有关生存的问题很复杂，但为了好好传达重要的内容，我们会尽最大的努力。像丛林的生存法则一样，对只活现世的人类来说，力量很大，培

养儿孙的人物成为了领导。但是随着人类的进化，为了我珍贵的后代的安全和繁荣进行了说明，听懂这些说明的人物当然会活得更好。即"准确地说明并传达的能力"成为了队长的最高条件。

20万年前，终于出现了具有惊人能力的"智慧的人(homosapiens)"。但在这里，更令人惊讶的事实是，人类已经超越了单纯流传的"话语"，开始想象。从3万年前开始，他甚至可以尽情地想象世界上不存在的存在，并表现出这种想象。我们祖先的想象力就是这样完成的。

巨岩上雕刻的恐龙脚印化石，让我们想象着遥远的古代恐龙，想象着那个时代的逼真电影。通过"数字"来衡量其数量的大小和距离，单凭"鲸鱼"二字，人们甚至可以想象一个广阔的海洋流动生物体。梦想和想象的能力是人类进化的最大亮点，现在我们周边的一切事物都是根据我们的想象创造的。送我到地球另一端的飞机，家人的脸进入我的手掌的手机等日常生活中使用的所有东西，自然是不存在的。想想看，没有想象力就什么也没有实现。现在摆在我们脑海中的这一切想象，才是最好的学习，最有价值的经历。

在不短的漫长历史进程中，我们通过"选举"的制度，经历了一系列令人信服，上当受骗，后悔的错误。同时，每到这个时候，我们就会对成为领导人的候选人的盲目的承诺(话语)抱有希望，并想象出这些承诺美好地展开并实现的未来。选举后受苦的候选人们真的会感到痛苦，但不要把现在选择领导人的庆典当成是选举之前的事情，也可以看作是人类进化的又一过程。

2018. 05. 30. Ulsan Maeil

我々の選挙，明日のための進化した祝祭

疎通の媒介体として作られた言語
進化を経て想像力まで備える
人類進化のもう一つの過程「選挙」
美しく広がる未来のための選択

　大詰めの「全国同時地方選挙」で、街のいたるところでたびたびお目にかかっていた人々の笑顔が、都市全体覆っている。おそらく選挙の時、一番幸運なのは各種の印刷会社ではないかと思う。これらの横断幕は私たちに自分の情報を提供しているようだが、切なくらい切実な彼らの「言葉と表情」がむしろ私たちを説得し、命令しているようにも思える。ひたすら当選のための履歴や経歴、そして抱負などを最も説得力のあるエキスの言葉と表情で表現するために、凄絶に苦心したことを少しでも理解できれば、その数多くの垂れ幕をただ通り過ぎることはできないだろう。このあふれるリーダーたちの叫び声を聞き、果たしてリーダーはどう進化してきたのか、その条件は何なのか、改めて疑問を抱いた。

　最初の原始人を含む当時の動物は、何も言わなくてもよく生きていた。単純にお互いを抱えたり、体をこすり合わせたりするだけで十分だった。しかし、地球の環境条件の変化で人類は地でさらに多くの時間を過ごさなければならず、直接的に猛獣からの脅威に耐えなければならなかった。生存のための戦闘を繰り広げるためには、個人よりも群れをなしてその猛獣を攻撃しなければならなかったため、人類は集団生活をするしかなかったのだろう。

　この集団生活が人間の生存に有利な作用をし、群れがネズミ算式に大きくなったが、その内に想像もできなかったさらに大きな敵が生まれた。それは自然でも猛獣でもなく、まさに一緒に生きていかなければならない隣人たちだった。様々な特典を享受できるこの群れの中で、葛藤の瞬間瞬間を賢明に解決していかなければ、自分の家族を安全に守ることができなかった。そのためには、個人個人が激しく争うよりは、多数を相手にお互いが損をしない立場で、できるだけ容易に親近感を表現する方法が必要になってきた。それがまさに「言葉」だった。

言葉という疎通の媒介が作られたが、また別の問題が発生した。身振り手振り、身振り手振りだけでは後世の生存のための生活常識などを言葉だけで伝えるのが曖昧だった。生存に関してはとても複雑だが、重要な内容を伝えるために、私たちが想像もできないほど必死だっただろう。ジャングルの生存法則のように、現世のみ生きていく人類には力が強く、子孫をよく繁殖させる人物がリーダーになった。しかし、人間が進化していく中で、私の大切な子孫の安全と繁栄のためにはよく説明し、その説明をよく聞く人物が、当然もっと生き残ったはずだ。つまり「正しく説明し伝える能力」がリーダーの最高条件となったのである。

今から20万年前、いよいよ驚くべき能力を備えた'知恵がある人'(ホモ・サピエンス)が登場した。しかし、ここでさらに驚くべきことは、単純に伝わる「言葉」を超えて人類は想像するようになったということだ。わずか3万年前からはこの世に存在しない存在までも思い切り想像して、その想像を表現できる存在になった。我々の祖先の想像力は、このように完成されたのである。

巨大な岩石に刻まれた恐竜の足跡の化石で、私たちはとても遠い古代の恐竜を想像し、その時代を想像した実感のある映画を作る。「数字」を通じてその数だけの大きさや距離を測り、「鯨」という文字だけでも広い海の動く生物体が想像できる。夢見て想像する能力は、人間が進化することになった一番主要ポイントであり、今私たちの周辺に散らばっているすべてが私たちの想像によって作られたものだ。地球の反対側に送ってくれる飛行機、家族の顔が私の手のひらに入ってくるモバイルフォンなど、日常で使うほとんどすべてのものは自然にはない。考えてみれば、想像力なしに成し遂げたことは何もない。今、私たちの頭の中で繰り広げられるこのすべての想像こそ、最も良い勉強であり、最も価値のある経験に違いない。

短くない長い歴史の中で、われわれは「選挙」という制度を通じて信じ、だまされ、後悔する一連の試行錯誤を経験してきた。その一方で、この時期になると、われわれはリーダーになる候補たちの漠然とした公約(言葉)に希望を抱き、その言葉が美しく広がり、実現される未来を自分なりの器として想像するようになる。選挙後、苦杯をなめた候補たちは本当に苦痛だろうが、今リーダーを選ぶためのこの祝祭ではなく、祭りの旅程を選挙前までも、私たち人類の進化が進むもう一つの過程と考えてはいかがだろうか。

2018. 05. 30. Ulsan Maeil

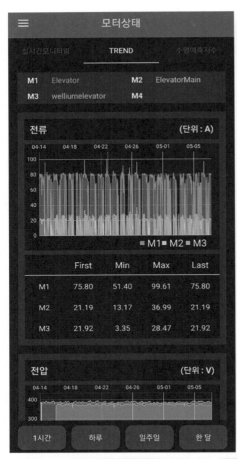

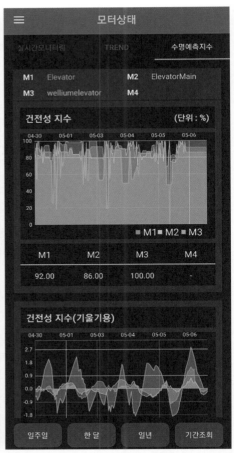

글로벌 스마트 시티 선도 위한
'데이터 쇄국주의' 탈피

데이터 네트워크 의한 4차 산업혁명 시대의 공유 경제 신뢰 바탕
데이터 안전한 활용 전제 공유·협력 '산업 플랫폼' 재도약 기회
최강 제조 기술력·IDT 기반 인공지능 최적화 플랫폼 구축해야

 굴지의 글로벌 IT 기업들이 데이터에 집중하고 있다. 지금 세계의 주요 선진국 미국, 독일, 일본 중국을 주축으로 국가적 차원의 데이터 전략을 마련하면서, 가장 정보에 보수적이었던 중국조차도 서둘러 데이터 개방 확대에 의한 플랫폼과 오픈소스 기술을 전폭적으로 지원하고 있다. 데이터 활용의 유니콘 기업들을 전략적으로 양성하고 있는 중국과 같이, 세계 주요 전략들이 모두 데이터에 기반한 AI 사업으로 영역을 넓히고 있다.

 그러나 이러한 외침에도 불구하고 우리의 현실은 너무나 열악하다. 세계적 경영학의 대가 줄리언 버킨쇼 교수는 기업들이 4차 산업혁명 시대의 빠른 변화에서 '정부가 이를 지원하기는커녕 오히려 방해하고 있다'라고 했다. 이러한 조짐은 제조에서 서비스로 이동하는 대한민국의 3차 산업혁명에서 더욱 드러났고, 그 책임과 결과는 오롯이 시민들에게 전가되면서 IMF라는 국난을 맞았다. 개방으로 경쟁하면 강해지고, 통제로 보호하면 고립되는 대한민국의 역사들을 보았을 때, 개방의 역할은 아무리 강조해도 지나치지 않는다. 제일 혁신적으로 스마트 IDT화로 나아가야 할 금융·의료·교육·노동·법률 등의 서비스 분야는 여전히 공개와 개혁을 미루고 있는 실정이다.

253

4차 산업혁명에서는 생산과 소비의 최적화가 요구된다. 4차 산업혁명의 지능화는 시간의 예측과 공간의 맞춤으로 인간 욕망의 최적화라는 완전히 다른 패러다임에 기반하고 있다. 많이 만드는 것이 중요한 것이 아니라, 개별 인간에게 꼭 맞는 생산과 소비의 최적화가 중요하다. 이에 따라 대량 생산에서 맞춤 생산으로 산업의 개념이 바뀌면서, 산업의 중심은 기업에서 소비자로 전환되었다. 그래서 4차 산업혁명에서는 대중화된 일반적 기술보다, 개인화된 문제 해결 파악 능력이 필수적이다. 바로 이러한 이유가 제조업의 부흥으로 연결되면서, 고객의 서비스를 구현하는 과정이 기술 개발 과정보다 더욱 중요해진 것이다.

고부가 서비스 산업을 통해 공장 생산 중심의 제조업에서 소비자 수요 중심의 스마트 제조업으로의 전환 가치는, 원가 절감보다는 '고객과의 연결'로 창출된다. 그러나 한국의 4차 산업혁명은 고객을 중심으로 개인에게 새로운 가치를 창출하는 제품의 혁신은 없고, '정부와 관을 주축으로 한 생산 중심의 외형적 스마트 공장에만 집중'하고 있다. 민간의 손발이 묶인 상황에서 데이터를 통한 지능화 혁명까지 소외되면서, 대부분의 한국 스마트 공장들은 클라우드를 접하지 못하고 있는 실정이다. 문제는 기술이 아니라 제도다. 현재 4차 산업혁명의 글로벌 비즈니스 세계를 장악하고 있는 아마존의 핵심은 데이터였다. 전 산업 혁신 성장의 핵심 요소는 데이터 개방을 통해 공공·민간 데이터가 융·복합할 수 있도록 한 제도였다. 한국은 세계 10위권의 기술력을 보유하고 있다. 그러나 제도의 경쟁력은 아프리카 수준의 평균 70위권이다. 가상 세계가 현실과 다시 융합하는 4차 산업혁명에서는 기술 융합보다 제도 융합이 훨씬 더 중요하다.

개인 정보와 공공 정보를 안전하게 활용하는 수준이 4차 산업혁명을 선도하는 국가 수준과 비례한다. 이제는 '데이터 쇄국주의'를 끝내야 한다. 실리콘밸리 소프트웨어의 95%는 오픈소스 형태로 5%만 개발해도 된다. 이는 기업 간의 경쟁력 차이는 협력에 있다는 것을 보여준다. 닫힌 경쟁의 파이프라인형 시대는 가고, 열린 협력의 '개방 플랫폼 조성이 국가의 경쟁력'이다. 그에 맞춰 규제도 시대에 맞춰 진화해 나가야 한다. 그러나 언제까지나 국가의 리더십에 규제를 맡길 수도, 의존할 수도 없다. 요구하는 시민에서, 스스로 문제를 해결하는 자세도 당연히 필요하다.

데이터 네트워크에 의한 4차 산업혁명 시대의 공유 경제는 신뢰를 바탕으로 해야 한다. 공유 경제의 최대 난관인 정치적 기득권을 타파하기 위해서라도 시민이 힘을 가져야 한다. 그러기 위한 전제 조건은 '데이터의 안전한 활용'이다. 다른 기업들과 공유, 협력하면 경쟁력이 생긴다. 한국 산업의 미래 경쟁력은 산업 플랫폼에 달려 있다. 주요 분야에서 산업 플랫폼으로의 전환은 재도약할 수 있는 절호의 기회다. 스마트 팩토리는 데이터 축적에 의한 클라우드 인공지능으로 가능하다. 어떠한 산업도 예지보전 인공지능을 활용하지 않고서는 예측과 맞춤의 지능화 서비스는 절대 불가능하다. 단순한 눈속임의 공장 자동화로 가짜 4차 혁명을 외칠 것이 아니라, 우리만이 가진 '최강의 한국 제조 기술력'으로 IDT(Intellectual Data Technologies)에 기반한 인공지능의 최적화 산업 데이터 플랫폼'을 서둘러, 어서 빨리 구축해야만 한다.

2019. 10. 03. Ulsan Maeil

Shed 'Data colonization' to lead the global smart city

Based on the trust of the sharing economy in the 4th Industrial Revolution era by data network,
It should capture the opportunity to have an industrial platform that enables cooperation, safe transaction
Need to build the best manufacturing technology and IDT-based AI optimization platform

Global IT companies are focusing on data. Now, as the world's major industrialized countries, the United States, Germany, Japan, and China, have developed a national data strategy, even the most conservative of China hastened to fully support platforms and open source technologies by expanding data openness. Like China, which is strategically cultivating data-driven unicorn companies, all of the world's major strategies now includes data-based AI businesses.

But despite this cry, reality is too harsh. Professor Julian Birkinshaw, a world-renowned master of business administration, said in the rapid changes of the Fourth Industrial Revolution, "the government is hindering it rather than supporting it." These signs were further revealed in the Republic of Korea's Third Industrial Revolution, which moved from manufacturing to service, and its responsibilities and consequences faced the IMF crisis as it was passed on to citizens. The role of openness cannot be overemphasized, given the history of the Republic of Korea, which is strong when it competes with openness and is isolated when it is protected with control. The services, such as finance, healthcare, education, labor, and law, which are to be most innovatively transformed into smart IDT, are still being restricted in terms of openness and reform.

In the fourth industrial revolution, optimization of production and consumption is required. The intelligence of the Fourth Industrial Revolution is based on a completely different paradigm of optimizing human needs through time prediction and spatial alignment. It's not important to make a lot, but to optimize production and consumption just for the individual person. This changed the concept of industry from mass production to custom production, shifting the center of the industry from company to consumer.

Thus, in the 4th Industrial Revolution, personalized problem-solving ability is essential rather than generalized technology. That is why the process of realizing customer service is more important than the technology development process as it leads to the revival of manufacturing industry. The value of the transition from factory production-oriented manufacturing to consumer demand-oriented smart manufacturing through the high value-added service industry is created through "connecting customers" rather than reducing costs. However, Korea's 4th Industrial Revolution does not innovate products that create new values for individuals, but focuses only on production-oriented smart factories by government and administration. As private companies are tied up and alienated from the data revolution, most Korean smart factories do not have access to the cloud. The problem is not technology, but a system. Data is at the heart of Amazon's current domination of the global business world in the Fourth Industrial Revolution. The core element of the innovation growth of all industries was the system that allowed public and private data to be converged and combined through data opening. Korea ranks tenth in technologies. However, the competitiveness of the system is 70th almost like Africa. In the Fourth Industrial Revolution, where the virtual world merges with reality, institutional convergence is far more important than technology convergence.

The safe use of personal and public information is proportional to the level of the nation leading the Fourth Industrial Revolution. Now we have to end data seclusionism. 95% of Silicon Valley software needs only 5% development in an open source form. This shows that the competitiveness between firms lies in cooperation. The pipelined era of closed competition fades away, and 'open platform creation is the national competitiveness' of open cooperation. In response, regulations must evolve over time. But we can neither entrust nor rely on state leadership. We can't always be demanding citizens. It is also necessary to solve the problem on our own.

The sharing economy in the era of the Fourth Industrial Revolution by data networks should be built on trust. Citizens must have the power to overcome the political vested interests, the biggest challenge of the sharing economy. The precondition for this is 'safe use of data'. Sharing and cooperating with other companies creates competitiveness. The future competitiveness of Korean industry depends on the industrial platform. The transition from key areas to industrial platforms is a great opportunity to take a leap forward. Smart Factory is possible with cloud AI by data accumulation. No industry can predict and tailor intelligent services without the use of predictive intelligence. Rather than shouting the fake fourth revolution through factory automation with simple gimmicks, we must hurry up and build the "optimized industrial data platform based on IDT with the strongest Korean manufacturing technology"

2019. 10. 03. Ulsan Maeil

为了引领全球智能城市，摆脱"数据锁国主义"

推进建设引领全球智能城市的韩国IDT中心
数据网络的4次产业革命时代公有经济信赖的基础
安全利用数据的前提共享合作"产业平台"的再次飞跃机会
必须构筑以最强的制造技术和IDT为基础的人工智能优化平台

全球领先的IT公司都将重点放在数据上。如今，随着世界主要工业化国家，美国，德国，日本和中国正在制定国家数据战略，即使是最保守的中国也趋于通过扩大数据开放性来全面支持平台和开源技术。就像中国一样，中国正在战略上利用数据培养独角兽公司。全球所有主要战略都在扩展到基于数据的AI业务。

但是,我们的现实情况非常恶劣。世界经营学大师朱利安·伯金肖教授认为,企业在第四次产业革命时代的快速变化中,"政府不但没有给予支持,反而在阻挠"。这样的征兆在从制造到服务的韩国第三次产业革命中更加明显,其责任和结果完全委过给市民,从而遭遇了IMF的国难。竞争开放,如果增强,为控制保护孤立的,大韩民国的历史时,开放的作用再怎么强调都不为过。最应该革新的智能IDT化的金融,医疗,教育,劳动,法律等服务领域仍然推迟公开和改革。

第四次产业革命要求优化生产和消费。第四次产业革命的智能化是时间的预测和空间的匹配,基于人类欲望优化。多做不是最重要的,关键是要优化适合个别人的生产和消费。由此,产业概念由大批量生产向定制生产做转变,产业重心由企业转向消费者。因此,在第四次产业革命中,比起大众化的一般技术,解决个人化问题的把握能力是必不可少的。正是由于这些原因,与制造业的复兴相联系,客户服务的过程比技术开发过程更加重要。

通过高附加值的服务产业,从以工厂生产为中心的制造业向以消费者需求为中心的智能制造业转变的价值,比起降低成本,更多的是通过"与顾客的连接"来创造。但

259

是,韩国的第四次产业革命并没有以顾客为中心为个人创造新价值的产品创新,而是"只集中于以政府和官为主的生产为中心的外形智能工厂"。在民间的手脚被束缚的情况下,通过数据的智能化革命也被疏远,大部分韩国智能工厂都没能接触到cloud(虚拟服务器)。问题不是技术,而是制度。目前,掌握着第四次产业革命的全球商业世界–亚马逊,其核心是数据。全产业革新成长的核心要素是通过数据开放,使公共和民间数据融合的制度。韩国拥有世界前10名的技术能力。但是制度的竞争力是像在非洲水平的平均排名第70位。在虚拟世界与现实重新融合的第四次产业革命中,制度融合比技术融合更重要。

安全利用个人信息和公共信息的水平与主导第四次产业革命国家的水平成正比。现在应该结束"数据锁国主义"。95%的硅谷软件采用开放源代码形式,开发只5%也可以。这表明企业之间的竞争力差距在于合作。封闭竞争的pipeline(线性通信模型)时代已经过去了, 开放合作的"建立开放平台是国家的竞争力"。因此,规制也应该随着时代的变化而进化。但是都不能委任一个国家的领导限制,也不能依赖。从要求的市民变成自己解决问题的市民也是理所当然的。

依靠数据网络的第四次产业革命时代的共享经济应该以信赖为基础。即使是为了打破共享经济的最大难关—政治既得权,市民也要有力量。为此,前提条件是"数据的安全利用"。如果与其他企业共享,合作,就会产生竞争力。韩国产业的未来竞争力取决于产业平台。在主要领域里产业平台的转变,是再次腾飞的绝好机会。智能Factory可以通过数据积累的cloud(虚拟服务器)人工智能来实现。任何产业不利用预知保全人工智能,就不可能实现预测和定制生产的智能化服务。不能用单纯的欺瞒性的工厂自动化喊出假第4次产业革命,而应该用我们拥有的"最强的韩国制造技术力量"尽快实现IDT(Intellectual Data Technologies)。

2019. 10. 03. Ulsan Maeil

グローバルスマートシティをリードするための
'データ鎖国主義'から脱却

データネットワークよる4次産業革命時代の共有経済信頼基盤
データセキュアな活用前提 共有・協力 '産業プラットフォーム'再跳躍の機会
最強製造技術力・IDT基盤の人工知能最適化プラットフォームを構築すべき

　屈指のグローバルIT企業がデータに集中している。今、世界の主要先進国、米国、ドイツ、日本、中国を主軸に国家レベルのデータ戦略をまとめながら、最も情報に保守的だった中国ですら、急いでデータ開放拡大によるプラットフォームとオープンソース技術を全面的に支援している。データ活用のユニコーン企業を戦略的に養成している中国のように。世界の主要戦略が全てデータに基づいたAI事業に領域を広げている。

　しかし、このような叫びにもかかわらず、韓国の現実はあまりにも劣悪だ。世界的経営学の大家のジュリアン・バーキンショー)教授は、企業各社が4次産業革命時代の早い変化で'政府がこれを支援するどころか、むしろ妨害している'とされた。このような兆しは製造からサービスに移動する大韓民国の3次産業革命でさらに明るみに出ており、その責任と結果はそのまま市民たちに転嫁され、IMFという国難を迎えた。開放で競争すれば強くなり、統制で保護すれば孤立する大韓民国の歴史から見て、開放の役割はいくら強調しても過言ではない。最も革新的にスマートIDT化に進むべき金融・医療・教育・労働・法律などのサービス分野は、依然として公開と改革を先送りしているのが実情だ。

　4次産業革命では生産と消費の最適化が要求される。4次産業革命の知能化は時間の予測と空間の合わせて人間欲望の最適化とは全く別のパラダイムに基づいている。たくさん作ることが大事なのではなく、個別な人間にぴったりの生産と消費の最適化が重要である。これ

により、大量生産からオーダーメイド生産へと産業の概念が変わり、産業の中心は企業から消費者へとシフトした。 それで4次産業革命では大衆化された一般的技術より、個人化された問題解決把握能力が必須的だ。 まさにこうした理由が製造業の復興につながり、顧客のサービスを具現化する過程が技術開発過程よりも重要になってきたのだ。

　高付加価値サービス産業を通じて工場生産中心の製造業から消費者需要中心のスマート製造業への転換価値は、コスト削減よりも「顧客とのつながり」として創出される。 しかし、韓国の4次産業革命は顧客を中心に、個人に新たな価値を創出する製品の革新はなく、'政府と官を主軸にした生産中心の外形的スマート工場だけに集中'している。 民間では手足を縛られた状況でデータによる知能化革命まで疎外され、多くの韓国のスマート工場はクラウドに接することができないのが実情だ。 問題は技術ではなく制度だ。 現在4次産業革命のグローバルビジネスの世界を掌握しているアマゾンの核心は、データだった。 全産業革新成長の核心要素はデータ開放を通じて公共・民間データが融合복합複合できるようにした制度だった。 韓国は世界10位圏内の技術力を保有している。 しかし、制度の競争力はアフリカと同じレベルの平均70位圏内だ。 仮想世界が現実と再び融合する4次産業革命では技術融合より制度の融合がもっと重要だ。

　個人情報と公共情報を安全に活用する水準が4次産業革命を先導する国家水準と比例する。 もはや「データ鎖国主義」を終わらせなければならない。 シリコンバレーソフトウェアの95%はオープンソースの形で5%だけが開発してもよい。 これは企業間の競争力の差は協力にあることを示している。 閉じた競争のパイプライン型時代は過ぎ去り、開かれた協力の「開放プラットフォームづくりが国の競争力」である。 それに合わせて規制も時代と共にに合わせて進化していかなければならない。 しかし、いつまでも国家のリーダーシップに規制を任せることも、依存することもできない。 要求する市民よりも、自ら問題解決しようとする姿勢も当然必要である。

　データネットワークによる4次産業革命時代の共有経済は信頼を基にしなければならない。 共有経済の最大の難関である政治的既得権を打破するためにも、市民が力を持たなければならない。 そのための前提条件は、「データの安全な活用」である。 他の企業と共有、協力すれば競争力が生まれる。 韓国産業の未来競争力は、産業プラットフォームにかかっている。 主

要分野から産業プラットフォームへの転換は、再跳躍できる絶好のチャンスだ。スマートファクトリーはデータ蓄積によるクラウド人工知能で可能。いかなる産業も予知保全人工知能を活用せずには、予測とオーダーメードの知能化サービスは絶対に不可能だ。単純なごまかしの工場自動化で偽りの4次革命を叫ぶのではなく、自分たちだけが持った'最強の韓国製造技術力でIDT(Intellectual Data Technologies)に基づいた人工知能の最適化工業データプラットフォーム'を急いで,早く構築しなければならない。

2019. 10. 03. Ulsan Maeil

'안전'은 모든 혁명의 요람이다

산업 전반 IT 최첨단화로 진화… 안전 의식은 여전히 제자리
우리나라 산업 구조 시스템 특수 인프라 적용·사회적 혁신 필요
4차 산업 시대 '안전 정보 분야' 대한민국 핵심 산업 주도해야

 최첨단 IT 기술력 변화를 가장 빠르게 흡수하는 장소는 바로 '도시'다. 급변하는 시대만큼, 그 시대에 가장 최적화된 장소로 변화되는 도시. 지금까지 우리의 도시들은 가시적 규모와 크기로 확장해 왔다.

 하지만 스마트 시티는 각종 도시 문제들을, 그 기능의 효율화로 해결하려고 노력한다. 다차원적 도시 공간의 모든 빅데이터 정보들은 첨단 정보통신기술과 사물인터넷 기술로 융합되고, 이 융합 도시는 인간 삶의 문제들을 진단할 뿐만 아니라, 혁신적 방법의 해결책까지도 제시한다. 이것이야말로 4차 산업혁명을 선도하는 똑똑한 도시, 즉 스마트 시티의 등장 목적인 것이다.

 멀지 않았던 지난날, 세계적 유비쿼터스 강국으로 부상했던 대한민국은, 어느 나라보다 먼저 스마트 시티 아이티 강국으로서의 터전을 마련해 오고 있었다. 하지만 꽤 오랜 시간 동안, 터전 마련을 위한 인프라 확보를 게을리하면서, 구체적 성과와 결과 없는 세월들을 보냈다. 그리고 이제 와서, 장기적 비전도 없는 당장의 일자리 마련을 위해 '2022년까지 스마트 팩토리 전국 2만 개 보급'이라는 가시적 숫자의 성과에만 집착하고 있다.

더욱이 4차 산업혁명 플랫폼으로 거듭날 수 있는 한국형 스마트 팩토리에 대한 전략은 거의 전무한 채로, 일부 더티 팩토리의 양산만 초래하고 있다. 이런 구체적 고민들의 해결 과정이 없었으니, 솔루션과 인력이 제고될 수 없는 현재의 난관들은 어쩌면 당연한 것일지도 모른다.

지금 현재도 여전히 한국을 비롯한 세계 곳곳에서는 불감증적 안전 의식 부재로 말미암아, 인류가 상상치도 못한 치명적 사고들을 초래하고 있고, 원인 불명의 전염병 확산과 국가적 재난, 대참사들은 지금도 끊임없이 이어지고 있다. 눈부신 기술들이 발전하는 시대라고 명명하면서도, 이러한 대형 사고들이 여전히 세계 곳곳에서 끊임없이 발생하는 이유는 뭘까. 그 이유는 바로 IT 최첨단화로 진화하고 있는 산업 전반에 비해, 이 시대를 맞이한 우리들의 안전 의식은 여전히 제자리에 머물러 있기 때문이다.

이 난관을 타개하기 위해서는, 기존 대한민국 산업 구조 시스템의 특별하고 특수한 인프라를 적극 활용한, '사회적 혁신'을 먼저 이루어야 한다. 지금이야말로 '안전'과 '기술'의 융합 시스템으로, 여력이 되지 않는 중소기업에 대한 인적·물적 지원과 더불어, 안전 리더십을 이끌어내는 정부의 강력한 지원과 정책이 더욱더 절실하다. 이 절실함이 조금이라도 실현된다면, 그 누구도 상상치 못했던 혁신적 아이템의 창업과 사업, 그로 인한 생산적 일자리 창출로, 다시금 ICT 강국으로서의 대한민국 위상을 세계로 펼칠 수 있을 것이다.

이미, 국내 첨단 안전 산업은 세계 최고 수준이다. 최근 스마트 안전 팩토리 도입으로 모든 설비에 센서를 부착하여, 사물인터넷으로 기계들을 관리하는 공장들이 기하급수적으로 늘고 있다. 현장의 정밀한 에너지 흐름의 측정은, 지금까지의 단순 안전 점검 차원에서 벗어나, 설비들의 과다 사용과 현장 노후화에 따른 위험도 체크로 사전에 사고를 예방함은 물론, 막대한 에너지 절감까지도 가능하다.

하지만, 현재의 정체성 없는 비체계적 지원들은, 안전 산업을 국가 메인 산업으로 성장시키지 못하고 있다. 그 결과, 지금도 여전히 산업 현장 곳곳에서는 경영의 핵심 가치인 '안전'이 무시되고 있다. 최근 산업 현장의 잦은 인명 사고와 화재 및 폭발 사고가 그 대표적 예로, 안전을 무시하고 급진적 신기술 발전에만 목을 매는 구시대적 경제 시스템 사회에서는 진정한 스마트 안전은 불가능하다.

현장의 소리를 외면한 채, 손에 잡히지 않는 장밋빛 비전에만 목매고 있는 4차 산업혁명의 헛된 몽상은, 결국 모두가 눈치채고 말 것이다. 경험과 실체 없는 화려한 산업적 비전이 아니라, 현장의 환경에 부합한 신선한 제도적 정립과 인식 전환이야말로 절대적 요소다. 모든 기술과 생명을 지키는 '안전 산업'이 4차 산업의 핵심이라는 전제하에, 물리 보안에서 한발 더 나아가, 첨단 기술이 더해진 '안전 정보 분야'가 대한민국 핵심 산업으로 주도돼야 할 것이다.

지난해 문재인 대통령은 '국민 안전'을 정부의 핵심 국정 목표로 발표했었다. 늦은 감이 없지 않지만, 지금이라도 서둘러 선택하고 조치해야만 한다. 대한민국이 '4차 산업혁명 안전 강국'으로 부상할지, 아니면 현재와 같은 '사고 공화국의 후진국'으로 전락할지를.

2019. 03. 17. Ulsan Maeil

'Safety' comes first in every revolution

Cutting edge Technology across industries⋯ Safety awareness is still in place
Korea's industrial structural system needs special infrastructure and social
innovation
'Safety Information' Should lead Korea's Core Industry in the Fourth Industrial
Era

Cities take in cutting edge technology at the fastest hours. In a rapidly changing
era, the city has transformed into the most optimized place of the era. Up to now
our cities have expanded to visible scale and size.

However, smart cities try to solve various urban problems by making their
functions more efficient. All big data in multi-dimensional urban space is
converged with advanced information and communication technology and
IoT technology, which not only diagnoses the problems of human life but also
provides solutions with innovative methods. This is the purpose of smart city,
leading the Fourth Industrial Revolution.

For quite a while, Korea, which has emerged as a worldwide ubiquitous nation,
has been preparing a place as a smart city IT nation ahead of any other country.
But for quite some time, it neglected securing infrastructure to lay the ground,
and spent years without specific results. And now, they are obsessed only with the
visible number which aims to provide 20,000 smart factories nationwide by 2022
without a long-term vision.

Moreover, there is almost no strategy for Korean smart factories to transform into
4th industrial revolution platform, resulting in mass production of dirty factories.
Since there were no solutions to this specific concern, the current situation in

which solutions and manpower cannot be enhanced was inevitable.

Even now, in Korea and elsewhere in the world, the lack of insensitivity to safety causes humans unimaginable fatal accidents, the spread of epidemic disease, national disasters and catastrophes. Why is it that these big accidents still occur all over the world even though it is called the era of technologies? It is because with the advancement of industry that has evolved, our safety consciousness still stays the same.

In order to overcome this difficulty, "social innovation" should be prioritized, maximizing the use of the special and specific infrastructure of Korean industrial structure system. Now it is time to have a convergence system of 'safety' and 'technology', and the government's strong support and policies that will lead to safety are needed even more than ever, along with the financial support on workforce and material for SMEs that cannot afford them. If this gets any better, the creation and business of innovative items that no one could have imagined, and the creation of productive jobs resulting from it, will be able to boost Korea's status as an ICT nation again to the world.

The national high-tech safety industry is at the world's highest level. With the introduction of smart factories, the number of factories where sensors attached to all facilities supervise machines with the Internet of Things are increasing exponentially. Measuring precise energy flow is not only a simple safety check but also prevents accidents by checking the risk of overuse and aging of facilities, which can save tremendous energy.

However, current imprudent support system has not been able to make the safety industry a national major industry. As a result, "safety", the core value of management, is still being ignored throughout the industrial field. Frequent fire and explosion accidents at industrial sites are typical examples. Old fashioned system ignores safety and only focuses on the radical development of new technologies, which makes safety impossible.

The vain dreams of the Fourth Industrial Revolution, which is obsessed with a rosy vision that is unobtainable, will eventually be noticed by all. Rather than a brilliant industrial vision without experience and existence, establishing new institution that fits in the environment and transforming the perception is essential.

Under the premise that the 'safety industry' that protects all technologies and lives is the core value of the fourth industry, the 'safety information' with advanced technology, which is one step ahead of physical security, should be the core industry of Korea.

Last year, President Moon Jae-in announced "National Safety" as a key government goal. It seems a little late, but we may as well have to hurry and take actions now. Whether the Republic of Korea will emerge as "the safe nation with the fourth industrial revolution," or whether it will fall into the category of underdeveloped country where accidents break out every single day is up to what we do now.

2019. 03. 17. Ulsan Maeil

"安全"是所有革命的摇篮

整个产业向IT最尖端化进化 但是安全意识仍然原地 踏步
韩国产业结构体系需要特殊基础设施应用和社会革新
第四产业时代"安全信息领域"应主导大韩民国的核心产业

最快吸收最尖端IT技术变化的地方就是"城市"。随着 瞬息万变的时代，城市正在转变为这个时代最优化的地方。韩国的城市已经扩展到了可视规模。

然而，智慧城市试图通过有效运作来解决各种城市问题。多维城市空间中的所有大数据信息都与尖端的信息通信技术和IoT技术融合在一起，这个融合的城市不仅可以诊断人类生活中的问题，而且还提供了创新方法的解决方案。这是智慧城市（即引领第四次工业革命的智慧城市）出现的目的。

过去，曾被称为世界优势强国的大韩民国，比任何国家都先准备了作为智能IT强国的基础。但是在相当长的一段时间里，他忽略建设基础设施，度过了没有具体成果和结果的岁月。而且现在为了创造没有长远规划的眼前工作岗位,只执着于"到2022年为止在全国普及2万个smart factory"的可视数字成果。

此外，对于韩国的智能工厂而言，几乎没有战略可以将其重生为第四次工业革命的平台，从而导致一些工厂的大规模生产。由于没有解决这些特定问题的过程，因此当前无解决方案和人力的困难是很自然的。

目前，包括韩国在内的世界各地仍因缺乏安全意识，导致人类无法想象的致命事故，原因不明的传染病扩散、国家灾难、大惨案至今仍不断发生。在命名为"辉煌技术发展的时代"的同时，这种大型事故仍然在世界各地不断发生的原因是什么呢？究其原因，就是与向IT最尖端化进化的整个产业相比，迎接这个时代的我们的安全意识仍然停留在原地。

为了克服这一困难，必须首先通过积极利用韩国现有产业结构体系的特殊基础设施来实现"社会创新"。借助"安全"和"技术"的融合系统，更需要引导安全领导力的政府强有力的支援和政策以及对负担不起的中小企业的人力和物力支持越来越迫切。如果这一迫切感得以实现，谁都无法想像的革新项目的创业和事业，由此带来的生产性工作岗位创造，再次将韩国作为ICT强国的地位推向世界

目前，国内尖端安全产业水平已达到世界最高水平。最近，引进智能安全factory，在所有设备上附着传感器，从事物网络管理机器的工厂数量随之增加。现场精密的能源流量测量，不仅可以通过简单检查到目前为止的安全，以及设备过滤和现场老化的危险也可以通过检查事先预防事故，还可以节省巨大的能源。

但是，目前没有整体性的非体系性支援，没能使安全产业成长为国家主要产业。其结果是，目前，在产业现场的各个角落，作为经营核心价值的"安全"仍然被忽视。最近工业现场频繁发生人命事故和火灾及爆炸事故就是典型的例子，在无视安全，只关注激进新技术发展的旧经济体系社会中，智能安全是不可能实现的。

不理现场声音，只执着于未到手的玫瑰色愿景的第四次产业革命的虚幻梦想，最终都会被大家察觉。这不是没有经验和实体的华丽产业规划，而是符合现场环境的新鲜制度制定和认识转换才是绝对必需的要素。在守护所有技术和生命的"安全产业"是第四产业的核心的前提下，在物理,保安方面更进一步,加上尖端技术的"安全情报领域"应该主导韩国的核心产业。

去年,文在寅总统曾将"国民安全"作为政府的核心国政目标。虽然感觉有些晚,但即使是现在,也应该尽快选择并采取措施。大韩民国是成为"第四次产业革命安全强国",还是沦落为像现在一样的"事故共和国的落后国家"。

2019. 03. 17. Ulsan Maeil

272

'安全'はすべての革命の揺りかごである

産業全般IT最先端化に進化… 安全意識は依然として足ぶみ状態

韓国の産業構造システムの特殊インフラの適用、社会的な革新が必要

4次産業時代'安全情報分野'韓国核心産業主導してこそ

　最先端のIT技術力の変化を最も早く吸収する場所は、まさに「都市」である。 急変する時代ほど、その時代に最も最適化された場所に変わる都市。 我々の都市は目に見える規模と広さを拡大してきた.

　だがスマートシティは各種都市問題を、その機能の効率化で解決しようと努めている。 多次元的都市空間のすべてのビッグデータ情報は先端情報通信技術と事物インターネット技術で融合し、この融合都市は人間の生活問題を診断するだけでなく、革新的方法の解決策までも提示する。 これこそ4次産業革命を先導する賢明な都市、つまりスマートシティの登場目的であるのだ。

　つい先日、世界的ユビキタス大国に浮上した大韓民国は、どの国よりも先にスマートシティハイチ大国としての土台を築きつつあった。しかしかなり長い時間、地固めのためのインフラ確保に怠りながら、具体的成果と結果のない歳月を送った。今さらながらにして、長期的ビジョンもない上に職場作りに向けて'2022年までにスマートファクトリー全国万ヶ所普及'という可視的な数字の成果のみ執着している。

　さらに、4次産業革命プラットフォームに生まれかわることができる韓国型スマートファクトリーに対する戦略はほとんどが無のまま、一部のダーティ・ファクトリーの量産を招いている。 このような具体的な悩みの解決過程がなかったため、ソリューションと人材が向上できない現在の難関は当然かもしれない。

現在も依然として韓国をはじめ世界各地で不感症的な安全意識の不在、人類が想像もしていなかった致命的な事故をもたらしており、原因不明の伝染病拡散と国家的災難、大惨事は今も絶えず続いている。 目覚ましい技術が発展する時代だと銘打ちながらも、このような大型事故が依然として世界各地で絶えず発生する理由は何だろうが。その理由は、まさにIT最先端化へと進化しつつある産業全般に比べ、この時代を迎えた我々の安全意識は依然として足踏み状態にあるからである。

　この難関を打開するためには、既存の大韓民国産業構造システムの特別かつ特殊なインフラを積極的に活用した「社会的革新」をまず成し遂げなければならない。 今こそ、「安全」と「技術」の融合システムであり、余力にならない中小企業への人材と物質的支援とともに、安全リーダーシップを引き出す政府の強力な支援と政策がますます切実である。 この切実さが少しでも実現できれば、誰も想像できなかった革新的アイテムの創業と事業、それによる生産的雇用創出で、再びICT強国としての大韓民国の地位を世界に広げることができるだろう。

　すでに、国内先端安全産業水準は世界最高水準である。 最近、スマート安全ファクトリーの導入により、すべての設備にセンサーを取り付け、モノネットで機械を管理する工場がねずみ算式に増えている。 現場の精密なエネルギーフローの測定は、これまでの単純安全点検のレベルから離れ、設備の使い過ぎや現場老朽化に伴うリスクチェックで事前に事故を予防するとともに、莫大な省エネまでも可能である。

　だが、現在のアイデンティティのない非体系的な支援たちは、安全産業を国家メイン産業に成長させることができていない。 その結果、今もなお産業現場のあちこちで、経営のコア価値である「安全」が無視されている。 最近、産業現場の頻繁な人命事故と火災および爆発事故がその代表的な例で、安全を無視して急進的な新技術の発展にだけこだわる旧時代の経済システム社会では、真のスマート安全は不可能だ。

　現場の声を無視したまま、手に届かない輝かしいビジョンにだけ縛られている4次産業革命の無駄な空想は、結局、みなが気づいてしまうだろう。 経験と実体のない華やかな産業的ビジョンではなく、現場の環境にマッチした新鮮な制度的確立と認識転換こそ絶対的に必須要素だ。 すべての技術と生命を守る'安全産業'が4次産業の核心という前提のもとに、物理セキュ

リティで一歩進み、先端技術が加わった'安全情報分野'が韓国核心産業として主導されなければならないだろう。

　昨年、文在寅(ムン・ジェイン)大統領は'国民安全'を政府の中核国政目標を発表した。少し遅い気はするが、今からでも急いで選択し、措置しなければならない。大韓民国が'4次産業革命安全強国'に浮上するか、もしくは現在のような「事故王国の後進国」に転落するかどうかを。

2019. 03. 17. Ulsan Maeil

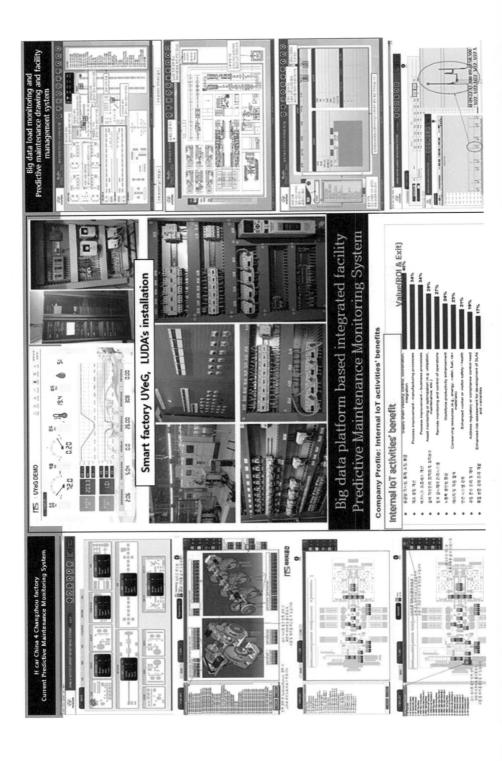

산업 빅데이터 플랫폼 울산을 기원하며

4차 산업혁명 시대 기업 성장엔 데이터 수집·공유 필수
울산도 세계적 산업 데이터 공유 플랫폼 성지 될 수 있어
IDT 센터 건립 등 정부·지자체 지원과 관심 뒷받침돼야

'플랫폼(Platform)'의 사전적 의미는 '승강장' 그리고 '강단'이다. 승강장에서는 기차와 승객이 만나고, 강단에서는 강연자와 관객이 만난다. 승강장과 강단 모두 수요자와 공급자의 직접적 대면이 이루어지는 장(場)이다. 즉 네트워크 플랫폼 개념은 생산자와 소비자의 상호작용으로 서로를 위한 가치를 창출하는 것이다. 제품을 소비자에게 공급하는 대부분의 파이프라인(전통적 비즈니스 환경)의 대기업은 고객과 경쟁 업체를 관찰하고 적응할 시간이 충분히 있었다. 그 덕에 연간 또는 분기별 전략, 목표, 평가, 수정 등의 일련의 프로세스를 꼼꼼히 진행해 올 수 있었다.

하지만 예측 불가능할 정도로 상호작용이 이뤄지는 네트워크 플랫폼 경제 구조는 매우 빠르게 전개될 뿐만 아니라, 고객의 기대치 또한 감히 예상할 수 없다. 기존 기업들의 경험, 자산, 규모 등은 더 이상 시장의 가장 중요한 지위를 유지할 수 없게 됐다. 번뜩이는 아이디어로 승부를 거는 스타트업 기업이 활개 치는 현 경제 시스템에서는 더 이상 자원과 규모의 싸움은 끝났다.

플랫폼 혁명의 대표적 기업 중 하나인 '에어비앤비'는 숙박 공유 플랫폼 스타트업이다. 브라이언 체스키와 조 게비아는 거실에 매트리스 하나를 더 깔

고 샌프란시스코에서 열릴 디자인 관련 콘퍼런스에 참석할 여행객들에게 "파자마 차림으로 인맥을 쌓아 보는 건 어떨까요?"라는 메일을 보냈다. 그들은 단 사흘 동안 손님 세 명을 받아 1,000달러를 벌었고, 방 한 칸 없이 전 세계약 300만 개 이상의 숙박 리스트를 확보하게 됐다.

한국도 플랫폼 혁명의 중심에 있지만, 플랫폼 비즈니스에서 뒤처진다. 국내 기업은 '상생'이 없기 때문이다. 전 세계적 플랫폼 기업 대부분은 미국과 중국에 있다. 3차 산업혁명의 파이프라인은 온라인만을 연결할 뿐이었지만 4차 산업혁명의 플랫폼은 온·오프라인을 연결하는 과정에서 새로운 가치가 창출되고 있다. 4차 산업혁명은 매일 진화하고 있으며, 이 과정에서 플랫폼은 핵심적인 역할을 담당한다.

머신 러닝과 인공지능, 빅데이터 등 4차 산업혁명의 근간이 되는 기술은 모두 데이터를 모아야 구현할 수 있다. 데이터 수집과 공유를 가능케 하는 존재가 바로 플랫폼이다. 따라서 플랫폼을 구축하지 않으면 4차 산업혁명은 진행될 수 없다. 상생을 기반으로 한 플랫폼 기업이 많이 나오지 않으면 세계 시장에서 우리 산업 경쟁력은 점차 약해질 것이다. 국내 플랫폼 비즈니스를 활성화하기 위해선 기존 착취 구조를 넘어, 기업이 상생할 수 있는 '공정한 시장 조성'이 필수다.

울산의 발전은 파이프라인 대기업들의 우월적 지위에 많은 희생을 요구받으며, 성장의 과실을 임금과 도시 경제의 불안감 해소로 보상받아 왔다. 울산이 대기업의 도시라고 불리고 있지만, 대부분 그 대기업들의 본사는 서울 또는 타도시에 있다. 즉, 울산은 브레인이 아닌 손발 기능에 국한된 한계를 안고 있다.

삼성과 LG, 현대자동차 등 글로벌 시장에서 활약하고 있는 우리나라 기업은 많다. 이들은 제품 판매에 의한 매출만을 지향할 뿐, 공급자와 수요자를 직접 연결하는 플랫폼 기능은 거의 하지 않는다. 이런 시스템에서는 생산자와 소비자가 함께 진보해가는 공생 관계는 있을 수 없다. 그렇기에 울산이 창의적인 도시로 발전해 나가는 데는 한계가 있을 수밖에 없다.

그럼에도 불구하고 울산이란 도시는 어느 나라에서도 경험하지 못한 잠재된 산업 데이터 자원이 엄청나다. 그간의 산업 기술이 집약되고 폭발적으로 축적되어 왔기 때문이다. 이 눈에 보이지 않은 지식정보 자산들을 '혁명(플랫폼 레볼루션)'시키기 위해서는 세계 유일의 IDT(Intellectual Data Technology) 센터 건립이 필수다. 관 의존도가 높은 우리나라 기업 실정에서는 정부가 사업자들의 지속적 공정 경쟁을 보장할 수 있는 정책적 기반 조성에 힘써야 한다. 울산 전체의 데이터 자원을 발굴, 개발해 '세계적 산업 데이터 공유 플랫폼 성지'를 구축하기 위해, '공정 경쟁'이 보장되고 지속 성장이 가능한 방안을 마련하기 위해 정부, 울산시, 학계, 기업, 시민 모두가 지속 성장을 위한 자율 정화 방안을 마련해야 한다.

2018. 04. 30. Ulsan Maeil

My wishes for Ulsan to become a Big-data platform

Data collection and sharing are essential for the growth of the 4th Industrial Revolution.
Ulsan can become a global industrial data sharing platform.
Support and attention such as building IDT center can make this happen

The word 'platform' means 'stop' or it can also mean 'podium'. The train and passengers meet at the station, and the lecturer and the audience meet on the podium. Both the platform and the podium are the venues where the direct confrontation between the consumer and the supplier occurs. In other words, the concept of network platform is to create value for each other through interaction between producer and consumer. Conglomerates in most pipelines (traditional business environments) that deliver products to consumers have had plenty of time to observe and adapt to customers and competitors. They were able to carry out a series of strategy making, evaluating, correcting.

But the interaction of network platform economy is not only rapid but also unexpected. The experience, assets and scale of existing companies are no longer able to maintain their most important position in the market. In today's economic system, where start-up companies fight for a creative idea, the fight over resources and scale ended.

All of the technologies that underpin the fourth industrial revolution, such as machine learning, artificial intelligence, and big data, can be realized by gathering data. It is the platform that enables data collection and sharing. Therefore, if the platform is not built, there is no revolution. Without collaborative work among companies, our industrial competitiveness will gradually weaken in the world. In

280

order to revitalize the domestic platform business, it is necessary to create a fair market in which companies can coexist beyond the existing.

The development of Ulsan has been tormented tremendously under the big pipeline enterprises which was very much superior. Although Ulsan is being called the city of big companies, most of its headquarters are located in Seoul or other cities. In other words, Ulsan can merely function as its limb, not the brain.

Many Korean companies are expanding their global markets such as Samsung, LG, and Hyundai Motor. They only aim at sales by selling products, but they do not operate as a platform that directly connects the supplier with the consumer. There is no symbiotic relationship between producers and consumers in such systems. Therefore, Ulsan cannot move forward as a creative city.

2018. 04. 30. Ulsan Maeil

[2018.04.30. 现场声音专栏]
大数据平台,蔚山

数据收集和共享对于第四次工业革命时代的企业发展至关重要
蔚山有望成为世界一流的工业数据共享平台
建立IDT中心等,需要政府,地方政府的支持和关心

"平台(Platform)"的词典意义是"站台"和"讲台"。在站台上火车和乘客见面，在讲台上演讲者和观众见面。站台和讲台都是需求者和供应者直接对面的场所。即，网络平台的概念是通过生产者和消费者的相互作用来创造相互的价值。向消费者提供产品的大部分管（传统商业环境）的大企业有充分的时间观察和适应顾客和竞争企业。得益于此，每年或季度的战略、目标、评价、修改等一系列程序得以顺利进行。

但是，以不可预测的程度进行交互的网络平台的经济结构不仅发展很快，而且无法预测客户的期望。现有公司的经验，资产和规模不再能够维持其在市场上最重要的地位。在当前的经济体系中，初创企业以出色的想法下注，争夺资源和扩大规模的斗争已经结束。

平台革命的代表企业之一"Airbnb"是共享住宿平台的创业企业。布赖恩切斯基和乔格维亚在客厅里再铺上一个床垫,对参加在旧金山举行的设计相关会议的游客说:"穿着睡衣来积累人脉怎么样?"我发了邮件。他们在短短的三天里共接待了3位客人,赚取了1,000美元,而且没有一间房间,全世界约有300多万个住宿名单。

韩国也处于平台革命的中心,但在平台商业方面却落后。因为国内企业没有"相生"。全球大部分平台企业都在美国和中国。第三次产业革命的管道只是连接在线,但第四次产业革命的平台在连接线上线的过程中正在创造新的价值。第四次产业革命每天都在进化,在这个过程中平台扮演着核心角色。

机载,人工智能,大数据等成为第四次工业革命的基础的技术,都需要数据汇总才能体现。让数据收集和共享成为可能的存在就是平台。因此,如果不搭建平台,第四次产业革命就无法进行。如果不出现很多以共赢为基础的平台企业,我国在世界市场上的产业竞争力将逐渐减弱。为了搞活国内平台商业,必须超越现有的剥削结构,构建企业相生的"公平市场"。

蔚山的发展因管道大企业的优越地位而要求牺牲很多, 其增长的成果已被工资和减轻城市经济中的焦虑所补偿 虽然蔚山被称为大企业的城市,但大部分大企业的总部都在首尔或其他城市。也就是说, 蔚山不是智囊大脑, 而是局限于手脚四肢功能。三星、LG、现代汽车等活跃在国际市场的韩国企业很多。他们只追求产品销售的销售, 几乎没有直接连接供应者和需求者的平台功能。在这样的体系下, 生产者和消费者不可能存在共同进步的关系。因此, 蔚山在发展成为具有创意的城市上必然存在局限。

尽管如此, 蔚山这个城市却拥有很多在其他国家都未曾体验过的潜在的产业数据资源。因为之前产业技术的集约性和爆发性的积累。为了将这些看不见的知识信息资产"革命(平台革命)', 必须建立世界上唯一的IDT(Intellectual Data Technology)中心。在高度依赖政府的韩国公司的情况下, 政府应努力建立政策基础, 以确保经营者之间持续不断的公平竞争。政府, 蔚山市, 学术界, 企业和公民都在继续制定措施以确保"公平竞争"和可持续增长, 以发现和开发整个蔚山的数据资源, 以建立"全球工业数据共享平台"。制定促进持续增长的自律净化方案。

2018. 04. 30. Ulsan Maeil

ビッグデータプラットホームの韓国(蔚山)を祈って

4次産業革命時代、企業の成長にはデータ収集・共有必須
蔚山も世界的産業データ共有,プラットホームを立ち上げることができる
IDTセンター建設など政府・自治体支援と関心を支えなければ

'"プラットフォーム(Platform)"の辞書的意味は"昇降場",そして"講壇"である。 乗り場では汽車と乗客が会い、講堂では講演者と観客が会う。 乗り場と鋼断ともに需要者と供給者の直接的対面が実現する場だ。 つまり,ネットワークプラットフォームの概念は,生産者と消費者の相互作用でお互いの価値を生み出すことである。 製品を消費者に供給する大半のパイプライン(伝統的なビジネス環境)の大手企業は,顧客とライバルを観察し,適応する時間が十分あった。 そのため,年間あるいは半期別戦略,目標,評価,修正などの一連のプロセスをきめ細かく進めることができた。

しかし,予測不可能なほど相互作用が行われるネットワークプラットフォームの経済構造は非常に速いスピードで展開されるだけでなく,顧客の期待値も敢えて予想できない。 既存の企業の経験,資産,規模などはこれ以上市場の最も重要な地位を維持できなくなった。 ひらめくアイディアで勝負をかけるスタートアップ企業が横行する現在の経済システムでは,これ以上資源と規模の争いは終わった。

プラットフォーム革命の代表的な企業の一つである"エアビアンビ"は宿泊共有プラットフォームスタートアップである。 ブライアン・チェスキーとジョー・ゲビアは,リビングにマットレスをもう一つ敷いてサンフランシスコで開かれるデザイン関連カンファレンスに出席する旅行客に"パジャマ姿で人脈を築くのはどうでしょうか。""というメールを送った。 彼らはたった三日間お客さん三人を誘致し、1,000ドルを稼ぎ、一部屋もなく全世界約300万個以上の宿泊リストを確保することができた。

韓国もプラットフォーム革命の中心にいるものの,プラットフォームビジネスで遅れを取っている。 国内企業は"共存"がないからだ。 世界的なプラットホーム企業の大半は米国と中国にある。

3次産業革命のパイプラインはオンラインだけを連結するだけだったが4次産業革命のプラットフォームは、オン・オフラインを連結する過程で新たな価値が創出されている。4次産業革命は日々進化しており、この過程でプラットフォームは、核心的な役割を担当する。

マシンラーニングと人工知能、ビックデータなど4次産業革命の根幹となる技術はいずれもデータをためてようやく具現することができる。データ収集と共有を可能にする存在が、まさにプラットフォームである。したがって、プラットフォームを構築しなければ4次産業革命は進行できない。共生を基盤にしたプラットフォーム企業が多く出なければ,世界市場での韓国産業の競争力は次第に弱まるだろう。国内プラットフォームビジネスを活性化するためには既存の搾取構造を超えて,企業が共存できる"公正な市場づくり"が必須だ。

蔚山の発展は,パイプラインの大手企業の優越的地位に多くの犠牲を求められ,成長の果実を賃金と都市経済の不安定感を解消することで補償を受けてきた。蔚山が大企業の都市と呼ばれているが,ほとんどの大企業の本社はソウルまたは他都市にある。すなわち,蔚山はブレーンではなく,手と足の機能にしかならないという限界を抱えている。

三星(サムスン)やLG,現代(ヒョンデ)自動車など,グローバル市場で活躍している韓国企業は多い。これらは製品販売による売上のみを目指すだけで,供給者と需要者を直接つなぐプラットフォーム機能はほとんどない。このようなシステムでは,生産者と消費者がともに進歩する共生関係はありえない。そのため,蔚山が創意的な都市に発展するには限界があり得る。

それにもかかわらず,蔚山という都市はどの国でも経験しなかった潜在的な産業データ資源が莫大だ。これまでの産業技術が集約され爆発的に蓄積されてきたからである。この目に見えない知識情報資産を"革命(プラットフォームレボリューション)"させるためには世界唯一のIDT(Intellectual Data Technology)センターの建設が必須だ。官依存度の高い韓国企業の実情では,政府が事業者達の持続的な公正競争を保障できる政策的基盤作りに努めなければならない。蔚山全体のデータ資源を発掘・開発し,"世界的な産業データ共有プラットフォーム聖地"を構築するため,"公正競争"が保障され,持続成長が可能な方案を用意するため,政府,蔚山市,学界,企業,市民すべてが持続成長のための自律浄化方案を用意しなければならない。

2018. 04. 30. Ulsan Maeil

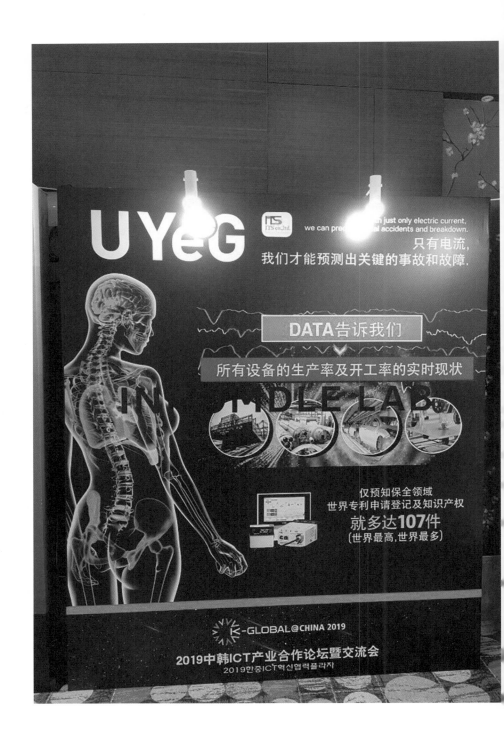

울산 살릴 '산업 인공지능 센터' 유치 청원

4차 산업혁명 시대 도래한 울산
축적된 빅데이터 활용할 기회
산업 인공지능 센터가 초석 되길

'플랫폼(Platform)'의 사전적 의미는 '승강장' 그리고 '강단'이다. 승강장에서는 기차와 승객이 만나고, 강단에서는 강연자와 관객이 만난다. 승강장과 강단 모두 수요자와 공급자의 직접적 대면이 이루어지는 장(場)이다. 즉 네트워크 플랫폼 개념은 생산자와 소비자의 상호작용으로 서로를 위한 가치를 창출하는 것이다. 제품을 소비자에게 공급하는 대부분의 파이프라인(전통적 비즈니스 환경)의 대기업은 고객과 경쟁 업체를 관찰하고 적응할 시간이 충분히 있었다. 그 덕에 연간 또는 분기별 전략, 목표, 평가, 수정 등의 일련의 프로세스를 꼼꼼히 진행해 올 수 있었다.

하지만 예측 불가능할 정도로 상호작용이 이뤄지는 네트워크 플랫폼 경제 구조는 매우 빠르게 전개될 뿐만 아니라, 고객의 기대치 또한 감히 예상할 수 없다. 기존 기업들의 경험, 자산, 규모 등은 더 이상 시장의 가장 중요한 지위를 유지할 수 없게 됐다. 번뜩이는 아이디어로 승부를 거는 스타트업 기업이 활개 치는 현 경제 시스템에서는 더 이상 자원과 규모의 싸움은 끝났다.

플랫폼 혁명의 대표적 기업 중 하나인 '에어비앤비'는 숙박 공유 플랫폼 스타트업이다. 브라이언 체스키와 조 게비아는 거실에 매트리스 하나를 더 깔고 샌프란시스코에서 열릴 디자인 관련 콘퍼런스에 참석할 여행객들에게 "파자마 차림으로 인맥을 쌓아 보는 건 어떨까요?"라는 메일을 보냈다. 그들은 단 사흘 동안 손님 세 명을 받아 1,000달러를 벌었고, 방 한 칸 없이 전 세계 약 300만 개 이상의 숙박 리스트를 확보하게 됐다.

한국도 플랫폼 혁명의 중심에 있지만, 플랫폼 비즈니스에서 뒤처진다. 국내 기업은 '상생'이 없기 때문이다. 전 세계적 플랫폼 기업 대부분은 미국과 중국에 있다. 3차 산업혁명의 파이프라인은 온라인만을 연결할 뿐이었지만 4차 산업혁명의 플랫폼은 온·오프라인을 연결하는 과정에서 새로운 가치가 창출되고 있다. 4차 산업혁명은 매일 진화하고 있으며, 이 과정에서 플랫폼은 핵심적인 역할을 담당한다.

머신 러닝과 인공지능, 빅데이터 등 4차 산업혁명의 근간이 되는 기술은 모두 데이터를 모아야 구현할 수 있다. 데이터 수집과 공유를 가능케 하는 존재가 바로 플랫폼이다. 따라서 플랫폼을 구축하지 않으면 4차 산업혁명은 진행될 수 없다. 상생을 기반으로 한 플랫폼 기업이 많이 나오지 않으면 세계 시장에서 우리 산업 경쟁력은 점차 약해질 것이다. 국내 플랫폼 비즈니스를 활성화하기 위해선 기존 착취 구조를 넘어, 기업이 상생할 수 있는 '공정한 시장 조성'이 필수다.

울산의 발전은 파이프라인 대기업들의 우월적 지위에 많은 희생을 요구받으며, 성장의 과실을 임금과 도시 경제의 불안감 해소로 보상받아 왔다. 울산이 대기업의 도시라고 불리고 있지만, 대부분 그 대기업들의 본사는 서울 또는 타 도시에 있다. 즉, 울산은 브레인이 아닌 손발 기능에 국한된 한계를 안고 있다.

삼성과 LG, 현대자동차 등 글로벌 시장에서 활약하고 있는 우리나라 기업은 많다. 이들은 제품 판매에 의한 매출만을 지향할 뿐, 공급자와 수요자를 직접 연결하는 플랫폼 기능은 거의 하지 않는다. 이런 시스템에서는 생산자와 소비자가 함께 진보해가는 공생 관계는 있을 수 없다. 그렇기에 울산이 창의적인 도시로 발전해 나가는 데는 한계가 있을 수밖에 없다.

그럼에도 불구하고 울산이란 도시는 어느 나라에서도 경험하지 못한 잠재된 산업 데이터 자원이 엄청나다. 그간의 산업 기술이 집약되고 폭발적으로 축적되어 왔기 때문이다. 이 눈에 보이지 않은 지식정보 자산들을 '혁명(플랫폼 레볼루션)'시키기 위해서는 세계 유일의 IDT(Intellectual Data Technology) 센터 건립이 필수다. 관 의존도가 높은 우리나라 기업 실정에서는 정부가 사업자들의 지속적 공정 경쟁을 보장할 수 있는 정책적 기반 조성에 힘써야 한다. 울산 전체의 데이터 자원을 발굴, 개발해 '세계적 산업 데이터 공유 플랫폼 성지'를 구축하기 위해, '공정 경쟁'이 보장되고 지속 성장이 가능한 방안을 마련하기 위해 정부, 울산시, 학계, 기업, 시민 모두가 지속 성장을 위한 자율 정화 방안을 마련해야 한다.

2018. 06. 26. Economic column

Petition for 'Industrial Artificial Intelligence Center' to save Ulsan

Ulsan in the midst of 4th Industrial Revolution
Opportunity to utilize accumulated big data
May the Industrial Artificial Intelligence Center be the cornerstone

The word 'platform' means 'stop' or it can also mean 'podium'. The train and passengers meet at the station, and the lecturer and the audience meet on the podium. Both the platform and the podium are the venues where the direct confrontation between the consumer and the supplier occurs. In other words, the concept of network platform is to create value for each other through interaction between producer and consumer. Conglomerates in most pipelines (traditional business environments) that deliver products to consumers have had plenty of time to observe and adapt to customers and competitors. They were able to carry out a series of strategy making, evaluating, correcting.

But the interaction of network platform economy is not only rapid but also unexpected. The experience, assets and scale of existing companies are no longer able to maintain their most important position in the market. In today's economic system, where start-up companies fight for a creative idea, the fight over resources and scale ended.

All of the technologies that underpin the fourth industrial revolution, such as machine learning, artificial intelligence, and big data, can be realized by gathering data. It is the platform that enables data collection and sharing. Therefore, if the platform is not built, there is no revolution. Without collaborative work among companies, our industrial competitiveness will gradually weaken in the world. In order to revitalize the domestic platform business, it is necessary to create a fair market in which companies can coexist beyond the existing.

The development of Ulsan has been tormented tremendously under the big pipeline enterprises which was very much superior. Although Ulsan is being called the city of big companies, most of its headquarters are located in Seoul or other cities. In other words, Ulsan can merely function as its limb, not the brain.

Many Korean companies are expanding their global markets such as Samsung, LG, and Hyundai Motor. They only aim at sales by selling products, but they do not operate as a platform that directly connects the supplier with the consumer. There is no symbiotic relationship between producers and consumers in such systems. Therefore, Ulsan cannot move forward as a creative city.

2018. 06. 26. Economic column

[2018.06.26.经济专栏]
拯救蔚山的"产业人工智能中心"申办请愿

迎来第4次产业革命时代的蔚山
积累的大数据活用机会
希望产业人工智能中心成为奠基石

不久前结束国内出差后,在前往蔚山的路上,unist紧急联系了她。毛教授告诉我,我从很久以前就一直主张的提案,现在有机会向科技部提出建议,现在就见面谈谈吧。二话没说,车急转直下,驶向联合车站。教授不仅积极说服蔚山应该成为"产业人工智能城市",还拜托蔚山中小企业作为其依据提交请愿书。还好,我们公司研究所的所长也在场,决定各自分担业务。

虽然明天就要结束,但是教授所说的准备物对我来说并不是什么难事。因为蔚山产业大数据中心的企划书从几年前开始就由和我想法一致的公共或民间的对内外专家共同制作资料,同时蔚山大大小小的IT,IoT,ICT相关企业也大举参与其中。

一般经营一家小公司,而且在蔚山经营一家中小企业像我这样的总经理在现场很有经验,其实行动能力是最强的。但是,由于蔚山大部分中小企业都是从大企业的"小转包"开始的,因此比起吸引自己主张的能力,更习惯于听取对方的意见。因此,在有条理的提案上,无论是教授还是公务员都显得相当生疏。公开获奖或机关要求发表时,我也只是说了一些个人技术事例,所以我更热衷于准备这次的资料。

制造业占国内总产值的30%以上,特别是在第四次工业革命时代,制造业已成为非常重要的产业。但是,目前,在大企业为主的垄断增长,低生育高龄化,人口和消费悬崖前,中小企业的一半以上都面临着几乎可以维持生命的命运。在这一危机中,蔚山也迎来了第四次产业革命时代,对于只制造硬件的城市来说,很难保持竞争优势。当务之急是激活产业间经验技术的整合和人员交流的平台。

如果说第二次,第三次产业革命是煤炭,石油等物质资源是其发展的主体,那么第四次产业革命时代,蔚山的生活地产业生产现场本身就是资源,感知着丰富的经验知识和现场变化。但是,韩国和蔚山的现实却是惨不忍睹。蔚山在过去60多年里积累了以产业为基础的数据和经验性数据。众所周知,这些大单位工业设施的维护和良好管理技术,也一直与大公司产业相匹配,这种工程技术已实现人力资源化,成为世界各地高级工程人才输出的见证。这样的产业城市蔚山的外型是高烟囱,不停生产的汽车和正在制造中的船舶等规模,是屈指可数的最高产业输出地区,但由于国际局势,其光荣之火正在逐渐熄灭。

在这种国家危机中,蔚山拥有的机会是,可以利用第四次产业革命和智能面膜的世界制造业革命等方面的量、质量优越、广大的蔚山制造产业的实时运用的好机会。蔚山的多数企业在产业工程设备的实时数据中,预知事故、火灾、故障,在海外活跃的企业也出现了很多。如果在如此肥沃的流量土壤上撒下全世界最高产业人工智能的种子,蔚山又会引起韩国的经济奇迹。在海明威小说《太阳又升起》中问你是怎样成为地板的主人公是这样说的。"慢慢的,然后突然…","希望蔚山不处在这样的命运,于是蔚山产业协会会长和其会员一同成为蔚山产业人工智能中心,成为拯救地区的淑媛事业的基石,并恳切地请求的大海。

2018. 06. 26. Economic column

蔚山を生かす'産業人工知能センター'誘致請願

4次産業革命時代到来した蔚山(ウルサン)
蓄積されたビックデータを活用する機会
産業人工知能センターが礎石になるように

　先日、国内出張を終えて蔚山(ウルサン)に戻る途中、ユニストから急に連絡が来た。 教授がずっと前から主張してきた私の提案を科技部に申し立てるいい機会が来たので、今すぐ会って話そうと言われた。 言うまでもなく急遽車を運転しユニストに向かった。 教授はなぜ蔚山が「産業人工知能都市」にならなければならないのかという積極的な説得と徹底した論理とともに、それに準ずる根拠としてこの事業を切望する多数の蔚山中小企業の請願書も一緒にお願いされた。幸い、その場に当社の研究所の所長も一緒にいたので、各自業務を分担することにした。

　明日には締め切りという緊迫した状況だったが,教授が言われた準備物は私にとってそれほど難しいことではなかった. 蔚山産業ビッグデータセンターのための企画書は、数年前から私と考えを共にした公共または民間の国内外の専門家たちが資料を一緒に作成しており、それと同時に蔚山の大小のIT、IoT、ICT関連企業が大勢一緒にしている韓国の蔚山情報産業協会の請願書と同意書も予め準備しておいたからだ。

　普通、小さな会社を経営し、しかも蔚山で中小企業を営んでいる私のような社長は現場で骨太になり、実に、行動力ひとつは世界最強である。 しかし、通常、蔚山の中小企業は大企業の小さな下請けから始めるがゆえに、自分の主張をアピールする能力よりは、相手の話を受け入れる事の方が慣れている。 そのため、教授や公職についている人たちほど、条理ある提案に非常に対し不慣れである。公開賞を受けたり、機関から発表の要請を受けたりする場合にも、私の個人的な技術事例だけを述べてきたので、私は今回資料の準備をさらに熱心にしてきた。

　国内総生産の30%以上を占める製造業は、特に4次産業革命時代において非常に重要な産業として浮上している。 しかし、現在、大企業中心の独占成長、少子高齢化、人口と消

費絶壁の前に、中小企業の半分はほぼ延命水準に近い運命に立たされている。 この危機の中蔚山(ウルサン)にも4次産業革命時代が到来し、ハードウェアをうまく作り出す都市としては競争の優位を守りづらくなった。 産業間の経験的技術の統合と人的交流の場を活性化させることが急がれる。

　2・3次産業革命は石炭、石油のような物質的資源がその発展の主体なら、4次産業革命時代は蔚山(ウルサン)の生活基盤である産業生産現場そのものが資源となって、その経験的知識と現場の変化を感知する数多くのビックデータが貴重に貴重であり、なお21世紀の黄金となる。 しかし、韓国、それすらも蔚山の現実は凄惨極まりない。 蔚山はこの60年あまり、産業的基盤のデータと経験に基ずくデータが蓄積されている。 誰もが知っているように、このような大規模の産業施設を維持し、うまく管理する技術もまたメジャー産業にふさわしく向上してきたし、このようなエンジニアリング技術は人的資源化され、世界各地の高級エンジニアリング人材の輸出でも証明されている。 このような産業都市蔚山の外形は、高い煙突と絶えず生産される自動車、そして製作中の船舶などの規模で屈指の最高産業輸出地域であったが、国際情勢に追われ、その栄光がますます消えて去っている。

　このような国家的危機に蔚山(ウルサン)が持ち得たチャンスは、4次産業革命とスマートファクトリーの世界的な製造業の革命を背負って量的、質的に優秀で広大な蔚山(ウルサン)大産業のリアルタイムビックデーターを活用できる絶好のチャンスだ。 すでに蔚山の多数の企業が産業エンジニアリング設備のリアルタイムビッグデータで事前に事故、火災、故障を予知しており、海外で活躍している企業も数多く現れている。 このように肥沃なデータ土壌があふれる蔚山に、世界最高の産業人工知能の種をまくことになれば、蔚山は再び韓国の経済奇跡を呼び起こすことになるだろう。 ヘミングウェイ小説 '太陽はまた昇る'で、あなたがどのように底をついたのかと聞くと、主人公はこう話す。 少しづつ、そして突然に. 「蔚山がこのような運命に陥らないことを願い、蔚山情報産業協会会長とその会員一同は、蔚山の産業人工知能センターの誘致が地域を生かす宿願事業の礎石となることを切に、そして切実に願うところだ。

2018. 06. 26. Economic column

APPENDIX

부록 A

실질적인 스마트 솔루션 구축을 가능하게 해 주는
예지보전 솔루션 Q&A

UYeG는 실질적인 스마트 솔루션 구축을
가능하게 해 주는 예지보전 솔루션

〈아이티공간 이영규 대표〉

아이티공간은 스마트 팩토리가 화두로 부상하기 전부터 'UYeG(유예지)' 솔루션의 개발로, 주목 받는 글로벌 벤처기업이다. UYeG는 다양한 산업 공정 생산 설비에서 일어날 수 있는 이상 징후를 사전에 감지하는 것은 물론, 기계의 정비나 교체 시기를 미리 알려주는 'IoT 스마트 모터 보호 계전기'이자 예지보전 통합 솔루션이다. 제조업과 정보통신기술(ICT) 기술이 융합된 스마트 팩토리를 위한 예지보전 종합 솔루션이 필요한 현시점에서, 이 UYeG 시스템이 전 산업 분야로부터 더욱 주목을 끌고 있다.

공장 설비의 신경세포망을 전류 예지 솔루션으로 구축한 아이티공간은 최근, 이를 빅데이터화하여, 머신 러닝을 통한 인공지능 예지보전 솔루션을 완성했다. 국내에서의 성공을 기반으로, 전 세계 예지보전 솔루션 1위 기업으로 성장해 나가고 있다.

Q. 시장에는 'UYeG' 외에도 예지보전 솔루션이 많이 나와 있는데, 많은 고객이 UYeG 솔루션의 예지보전 기능에만 많이 주목하고 있다. 그 이유는?

A. 저렴한 비용으로 공장 전체의 모든 구동부에 대한 예지보전 솔루션을 도입할 수 있어서, 기존의 시스템에서는 할 수 없었던 실질적인 스마트 솔루션 구축이 가능한 유일한 솔루션이기 때문이다.

다른 예지보전 솔루션에 비해 UYeG가 가지는 장점은 현장에 최적화되어 있다는 것이다. 고객이 실시간으로 올라가는 전류의 파형 분석을 요청했다. 그래서 스마트폰에서 사용되는 고성능 분산 기술을 사용해서 빅데이터 초고속 수집 분석망을 구축했다. 또한 "사전에 위험 요소를 미리 파악하고 싶다." 그리고 "수명 예측을 하고 싶다."는 고객의 요청에 대응해, 빅데이터 기반 뉴럴 네트워크 솔루션을 개발하게 됐다. 예지보전 솔루션은 센서로 수집한 데이터를 통합, 분석하여 지능형 시스템을 갖추는 것으로, 이제는 빅데이터를 관리하고 분석하는 기술까지 UYeG 기술 플랫폼에 포함이 됐다. 앞으로 한국에서의 성공을 기반으로 전 세계 예지보전 솔루션 1위 기업으로 성장해 나가겠다.

〈이영규 대표는 'SMATEC2019' 기간 중에 열린 콘퍼런스에서
'스마트 팩토리를 위한 예지보전의 중요성'을 주제로 강연을 했다〉

Q. SMATEC 전시회(2019년 11월, 수원컨벤션센터)를 통해 산업계에 전달하고자 하는 아이티공간의 메시지는?

A. '스마트하게 스마트 팩토리하자.' 이것이 메시지다. 현재 스마트 팩토리에 대해 말은 많은데, 스마트 팩토리의 정의부터 하자, 어떤 게 스마트한 것이냐 묻고 싶다.

AI 기술에서 가장 중요한 게 데이터다. IT 기술만 있으면 ERP나 MES를 통해서 스마트 팩토리가 될 거라고 했는데, 실제로는 IT 기술을 적용해도 스마트 팩토리의 수준이 많이 올라가지 않고, ROI가 안 나온다. 대부분 4백억 원을 투자하면 생산성이 30% 오른다. 그런데 생산성이 30% 올라서 연간 절감시켜 주는 금액이 20억, 30억 원이다. 그럼 ROI가 회수되기까지

10년, 11년이 걸리는 거다. 남들한테 생산성이 30% 올랐다고는 얘기하지만, 얼마를 들여서 얼마의 효과를 봤다는 건 얘기를 못 하는 거다. 대부분이 그런 실정이고, 지금도 정부가 소요되는 금액의 70%를 지원해 주지 않으면 대부분의 중소기업은 스마트 팩토리를 안 한다. ROI가 안 나오니까. 대기업도 마찬가지로 너무 비싸니까, 투자 대비 효율이 떨어지니까 전사적으로 투자를 못 하는 거다. 그러니까 스마트하게 하려면 투자 대비 효율이 올라와야 된다. 지금은 기술적으로만 부각을 시키고 있지, 비용이 얼마 들어가고 효과를 얼마나 봤는지는 딴 얘기다.

그런 비효율을 개선하기 위해서 IT 쪽에서 OT 기술을 알아야 된다. 현장 기술을 알려면 뭐가 데이터인지, 어디에 데이터가 있는지, 어떻게 데이터를 가져올지 데이터 마이닝에 대한 지식이 있어야 된다. 데이터가 있으면 인공지능으로 다 될 거라고 생각해서 AI, AI 했는데, 데이터를 가져와서 보니까 이게 쓰레기인지 데이터인지를 모르겠다는 거다. 즉, 양질의 데이터를 가져오는 게 중요하다. 똑같은 AI가 양질의 데이터를 가져오면 천 배, 만 배 효과가 있고, 쓰레기 데이터를 가져오면 처리 능력이 천 배, 만 배 떨어진다. 그러니까 양질의 데이터가 중요하고, 거기서도 효율을 더 올릴 때 AI 알고리즘이 아니라 피처링을 잘하면 1%, 양질의 데이터를 확보하면 10%의 효과를 낸다. AI 개발자들이나 연구자들이 하는 얘기는 "우리는 다 준비가 되어있는데 데이터가 없다"는 거다. 즉, 데이터 거지들이다.

그런데, 우리 아이티공간의 강점은 바로 양질의 데이터가 있다는 거다. 그리고 현장 예지보전의 피처링을 할 수 있는 이해도가 높다. 그러니까 AI를 잘하는 사람들하고 소통이 된다. AI 기술이 있는 사람도 우리와 파트너십을 맺길 원한다. 현재 서울대학교 AI 연구소와 협업을 계속하고 있고, 우리 자체적으로도 AI 응용 기술을 계속 높이고 있다. AI를 잘하기 위해서 양질의 빅데이터 연구를 더 많이 하고 있다.

Q. 2017년 UYeG 솔루션 개발 이후의 변화

A. UYeG의 웹과 앱을 개발하고, 시스템을 클라우드화시킨 게 소프트웨어적으로 가장 큰 변화다. 이를 통해 데이터를 가지고 현장에서 얘기를 할 수 있게 됨으로써, 설득 비용이 어마어마하게 줄어든다. 한 개인이 아니라 사회적인 신뢰 비용이 줄어드는 것이다. 중소기업은 현실적으로 1, 2억 원 하는 솔루션을 살 수가 없다. 그런데 클라우드화시키니까, 장비 하나에 1, 2만 원만 주면 클라우드로 내 장비의 상황을 볼 수가 있다. 인터넷 회선 하나만 해도 4~5만 원인데, 한 달에 10만 원, 20만 원을 들여서 우리 공장의 예지보전을 할 수 있는 것이다. 캡스 하나 설치하는 비용 정도밖에 안 되니까 중소기업도 쓸 수가 있다.

〈SMATEC2019' 아이티공간 부스 전경〉

Q. 아이티공간의 AI 관련 계획

A. 이미 우리 아이티공간에는 AI 개발팀이 있다. 우리는 기본적으로 데이터를 가지고 있으니까 강화 학습이나 딥 러닝을 이용해서 데이터를 추출해서 미래 예측을 하고 있다. 우리가 구글보다 잘하진 않지만, 기본적인 알고리즘이 있기 때문에 그걸 연구해서 하이퍼 파라미터를 찾고 있는 중이다. 우리는 지금 앱하고 웹까지 클라우드화시켜 놨다. 아이티공간의 루다(LUDA)라는 인사이트 솔루션은 기존의 SPC(통계 분석)라든지 회계 분석 이런 것 가지고 예측을 하는 제품이다. 루다틱스(LUDATics) 솔루션은 인공지능의 아리마(Arimaa)라든지 LSTM(인공 신경망) 같은 알고리즘을 가지고 예측하는 기본적인 AI 모듈을 제공하는 것이다. 그러면 그걸 시각화시켜 주고 인사이트를 던질 수 있게 만들어 준다. 그리고 시각화는 데이터가 공유돼야 한다. 만약 이 데이터를 엑셀로 가져가고 싶다고 하면 엑셀로 넘겨줄 수 있어야 되고, 애저(Azure)로 가져가고 싶다고 하면 애저로, 프레딕스(Predix)로 가져가고 싶다 하면 프레딕스로 가져갈 수 있도록, 연계가 쉽게 연결성을 높이는 루다틱스를 지금 완성시켜서 서로 연결하는 쪽으로 AI를 연구하고 있다. 내부적으로 1.0을 지났으니까 내년 중순 정도면 2.0을 업그레이드할 수 있을 것 같다.

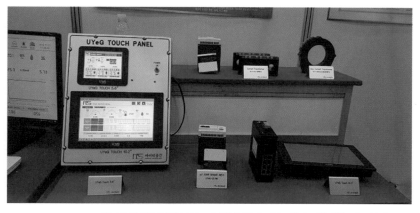

〈SMATEC2019'에서 UYeG 판넬 및 스마트 게이트웨이를 선보였다〉

Q. 예지보전과 관련된 시장의 전망?

A. 예지보전 시장은 우리나라도 30~40% 늘어나고 있지만, 이 기술이 가장 필요한 데는 미국 시장이다. 가트너(Gartner)와 협업해서 수요 조사를 해 봤는데, 남미만 해도 예지보전 시장이 연간 129조 원 규모다. 또, 중국에서는 모터가 한 해에 1억 5천만 대가 생산이 되는데, 중국의 모터 생산량은 전 세계의 50%라고 한다. 중국이 50%니까 전 세계적으로 연간 3억 대의 모터가 만들어지고 있는 거다. 모터 수명을 보통 10년에서 15년을 보는데, 앞으로 모터 시장이 30억대 규모라는 거다. 우리가 목표로 하는 것은 모터의 전류를 예지보전하는 시장이다. 현재 미국의 예지보전 시장만 129조 원이라면, 전 세계적으로 예지보전 시장이 얼마나 크겠나? 중국을 100조 시장 정도로 보고 있고, 모터 시장과 스마트 예지보전 시장을 다 합하면 전 세계적으로 200조 정도의 규모를 예상하고 있다.

국내는 2조 시장으로 커질 것 같은데, 그냥 커지는 것은 아니고 예지보전하기 위해서 시각화 디지털 트랜스포메이션하고 합해져야 그 정도 시장이 될 것 같다. 국내에서는 예지보전을 투자로 생각하지 않고 아직까지 비용으로 생각하기 때문이다. 시장은 2조로 예상하고 있는데, 2조까지 가는 데는 앞으로 5년 이상 걸릴 것으로 보인다.

Q. 스마트 팩토리나 IoT 트렌드가 아이티공간 성장에 상당한 도움이 되고 있는 걸로 보인다.

A. 데이터가 중요한데 사람들이 건전성이라든지 예지보전을 할 때, 품질 데이터를 그냥 PLC에서 가져오면 된다고, PLC에 있는 데이터를 쉽게 생각한다. PLC에서 데이터를 가져오려면 기본적으로 프로토콜을 알아야 되고, 어드레스 맵을 알아야 된다. 그리고 IoT 데이터가 래더 프로그램과 인터페이스를 하려면 래더 프로그램을 개발했던 사람이 있어야 된다. 그리고 IoT 센서를 PLC에 설치하려면 프로그램 수정을 해야 되고 개조를 해야 된다.

공장 하나에 몇천 개의 PLC가 있는데, 한 개 가져오는데 수천만 원씩 돈이 든다. 업체들이 안 그래도 개발자가 없는데, MES 업체라든지 ERP 업체가 데이터를 못 가져오는 이유가 그 비용이 어마어마하기 때문이다.

교수님이나 위원님들은 현장 PLC에서 데이터를 가져오면 된다고 너무 쉽게 생각한다. 가져오는 과정의 비용을 모르는 거다. 회전기는 코일에 의해서 회전기가 돌아가면 전기 흐름이 생긴다. 그걸 분석해서 스마트 워치처럼 딱 채워 버리면 비접촉식으로 전류나 전압을 잴 수 있다. 그런데 이걸 기존의 PLC나 인버터, 서버, 로봇과 인터페이스를 다 맞추려면 인터페이스는 표준화가 안 되어 있고, 래더 프로그램을 다 수정해야 되고, 또 현장에서 라인을 세울 때 공사나 오버호울할 때 들어가야 하기 때문에, 접근 비용이 너무 많이 드는 걸 기업이 감당을 못 하는 거다. 그래서 디지털화가 안 되는 거다.

그리고 또 다른 진입 장벽으로 공장의 공간 비용이 있다. 어디다 놔야 되나? 안에 놓을 데가 없으니까 전기 판넬을 새로 만들어야 된다. 그런 비용들이 어마어마하게 들어간다. 그런 것들은 알고 보면 ROI 나오는 데가 많이 없다.

그런 걸 해 가지고 한 개의 PLC 데이터에서 건전성 데이터나 생산 데이터를 가져오려면 돈이 1, 2천만 원 들어가는데, 우리 아이티공간은 그런 거 필요 없이 로봇이나 구동부 회전체에 그냥 전기가 흘러가는 경로 중에서 어디 한 군데만 EOCR이라든지 스마트 EOCR로 교체를 해 버리면 거기서 쉽게 데이터를 가져올 수 있다. 가져와서 데이터의 특징을 잘 추출하는 방법까지 우리가 특허를 확보하고 있기 때문에, 비용이 정말 적게 든다. 그게 우리 아이티공간의 장점이다. 돈만 많이 벌어오는 아버지가 반드시 좋은 아버지가 아니듯이, 돈을 많이 들여서 스마트 팩토리를 만드는 게 진짜 스마트한 건가 질문을 해 볼 필요가 있다. 돈을 적게 들이면서 효율적으로 제조하는 것, 스마트하게 스마트 제조하는 게 스마트 팩토리다.

〈UYeG 앱〉

Q. 예지보전과 관련된 기술 트렌드를 어떻게 예상하나?

A. AR, VR 이런 것들이 많이 나오고 있는데, 이런 콘텐츠들이 접목하기가 많이 쉬워졌다. 그런 걸 가지고 우리가 디지털 트윈, CPS를 구현해야 되는데, 거기에서 가장 중요한 것도 데이터다. 또 산업 현장에서 자동 제어의 도움으로 생산성을 많이 높였는데, 관리의 생산성을 높이려면 데이터를 가지고 AI를 접목시켜야 된다. 그런데 앞서 얘기했듯이, AI는 가장 중요한 게 데이터다. 고도화된 4차 산업 기술, AI와 디지털 트윈 기술을 접목하려면 앞으로 양질의 데이터를 뽑아 올릴 수 있는 IoT 시스템이 훨씬 더 중요해질 거라는 얘기를 하고 싶다.

Q. 앞으로의 계획?

A. 기업 공개를 목적으로 투자 유치를 시작할 예정이다. 2~3년 내에는 코스닥 또는 나스닥에 상장하는 게 목표다.

기술 측면에서는 솔루션을 고도화시켜서 혁신적이고 더 콤팩트한 제품으로 가야 되고, 우리 기술이 앞으로는 드론이나 전기 자동차, 로봇, 인버터, 드라이브에 다 들어가야 되기 때문에, 이 핵심 기술을 에이직화시키는 연구를 시작할 예정이다. 에이직화시켜서 대량으로 수천만 대를 만들어 라이선스를 받는 것도 검토 중이다. 반도체화시켜서 IC로 팔아야 전기 자동차나 드론에 들어갈 수 있고, 이런 핵심 기술을 축소시켜야 된다. 퀄컴의 방식을 따라가고 싶다. 핵심 기술과 에이직화, 이 두 가지를 병행해야 한다. 이걸 국내 시장만 보고는 할 수 없기 때문에, 전 세계 시장을 목표로 하고 있다.

Q. 에이직을 내놓는 시점을 언제?
A. 투자 유치를 시작해서 4년 후 정도를 예상하고 있다.

UYeG is a predictive maintenance solution that enables the construction of practical smart solutions

IT Space is a global venture company that has attracted attention since the development of the 'UYeG' solution before the smart factory emerged as a hot topic. UYeG is an 'IoT Smart Motor Protection Relay' and a predictive maintenance integrated solution that not only detects abnormal symptoms that may occur in various industrial process production facilities, but also informs when the machine needs to be repaired or replaced. The UYeG system is attracting more attention from all industries at the present time when a comprehensive solution for predictive preservation is needed for smart factories integrating manufacturing and ICT technology. IT Space, which has built a neural cell network of a plant facility as a current prediction solution, completed the artificial intelligence prediction solution with big data through machine learning. Based on its success in Korea, it is growing as the No. 1 global predictive solution company.

Q. There are many predictive maintenance solutions in the market besides "UYeG." Many customers are paying attention to the predictive maintenance features of UYeG solutions. Why is that?

A. It is possible to introduce a predictive maintenance solution for all the drive parts of the entire factory at low cost, so it is the only solution that can build a practical smart solution that cannot be achieved in the existing system.

The advantage of UYeG over other predictive maintenance solutions is that it is optimized for the field. The customer asked for a waveform analysis of the current in real time. So, we built a big data acquisition analysis network using high-performance distributed technology used in smartphones. In addition, in response to following customer requests, "I want to know the risks in advance" and "I want to predict the lifespan," I have developed a big data-based neural network solution. The predictive maintenance solution is to integrate and analyze the data collected by the sensor to have an intelligent system. Now, the technology to manage and analyze big data is in the UYeG technology platform. Based on our success in Korea, we will grow into the world's No. 1 predictive solution provider.

Q. What is the message you want to deliver to the industry through the SMATEC Exhibition (Suwon Convention Center, November 2019)?

A. 'Let's run smart factory smartly.' There's a lot to talk about smart factories today, but let's start by defining a smart factory. I want to ask what's smart.

The most important thing in AI technology is data. It is said that smart factory is possible through ERP or MES, but in fact, even if IT technology is applied on smart factory, the level of it does not increase much, ROI does not reach desired number. In most cases, investing 40 billion won increases productivity by 30%. However, 30% increased productivity leads to annual savings of 2 billion to 3 billion won. Then it takes 10 to 11 years to reach ROI. I tell people that productivity has increased by 30%, but I can't tell you how much you've spent and how much you've seen the effectiveness. Most of them, particularly most small and medium-sized companies do not want smart factories unless the government supports 70% of the money. There's no ROI. Large corporations also think it's too expensive, so they are not efficient enough to invest, so they cannot invest company-wide. So to be smart, you need to be more efficient. Now technology only gets attention, but how much it costs and how much it has worked is a different story.

To improve such inefficiency, IT needs to know OT technology. Knowing technologies used in factories requires knowledge of data mining for example what data is, where data is, and how to get them. People think AI would work if it has data, but it turned out that no one knows what's good and what's bad data. It is important to bring quality data. If AI gets quality data, it will be 10 times more effective, and if it has garbage data, its processing capacity will be 10 million times less.

So the quality data is important, and when it comes to efficiency, if it well processes it gives you the effect of 1% and if you have good data, 10%. What AI developers and researchers say is, "We are all ready, but we have no data." That is, they are data beggars.

A. However, the strength of our IT Space is good data. In addition, there is high understanding of the ability to predict site maintenance. So you can communicate with people who are good at AI. People with AI technology also want to partner with us. We are currently collaborating with Seoul National University's AI research institute, and we are continuously increasing AI application technology on our own. In order to be good at AI, we are doing more research on quality big data.

Q. Changes since UYeG solution development in 2017?

A. The biggest change in software is to develop UYeG's web, apps and cloud. This allows us to talk in the field with the data, thereby reducing the cost of time and energy tremendously. The cost of social trust, not an individual, is reduced. Small businesses cannot realistically buy a solution worth 100 or 200 million won. But once the data is stored in cloud, one can see the status of their equipment in the cloud if you pay only 1 or 20,000 won per device. Even the internet line alone is 4 ~ 50,000 won, we can spend only 100,000 to 200,000 won a month to preserve our factory. It's only about the cost of installing a caps, so it's affordable for SMEs.

Q. Further plans for AI in IT Space

A. We already have an AI development team. Since we basically have data, we use reinforcement learning or deep learning to extract data and make future predictions. We're not doing as well as Google, but we have a basic algorithm, so we're looking into hyper parameters by studying it.

Our app and the web are on cloud. ITS's Luda (LUDA), insight solution makes predictions based on traditional SPC or accounting analysis. The LUDATics solution provides a basic AI module that predicts with algorithms such as Arimaa or LSTM(artificial neural networks). It visualizes it and makes it possible to throw insights. And visualization requires data to be shared. If you want to take this data to Excel, you should be able to pass it to Excel. We are now working on AI to complete the LUDATics that increase connectivity and connect them together. Since we've passed 1.0 internally, it's likely to be able to upgrade it to 2.0 by the second half this year.

Q. What is the outlook of the market for predictive maintenance?

A. The predictive maintenance market is increasing by 30–40% in Korea, but the US market is the place where the technology is most needed. In cooperation with Gartner, we conducted a demand survey. In South America, the predictive maintenance market is worth 129 trillion won annually. In China, 150 million motors are produced a year, with China producing 50% of the world's motors. Since China is 50%, 300 million motors are produced annually worldwide. The motor lasts usually 10 to 15 years, which means that the motor market is about 3-billion-won worth. What we are aiming for is the market that predicts the current of a motor. If the US predictive maintenance market alone is 129 trillion won, how big is the predictive maintenance market worldwide? We see China at around 100 trillion market, and if we combine the motor and smart predictive maintenance market altogether, we expect about 200 trillion globally.

The domestic market is expected to grow into a 2 trillion worth market, but it is not just growing, but it is likely to be a market that needs to be combined with visualization and digital transformation in order to be the size of that. This is because predictive maintenance is not considered as an investment in Korea but as a cost yet. The market is expected to be 2 trillion won, and it will take more than 5 years to get to 2 trillion.

Q. It seems that smart factories and IoT trends are contributing to the growth of IT Space.

A. Data is important. People think when it comes to predictive maintenance, it's easy to think that one can take the data in the PLC as simply importing the quality data from the PLC. To get data from PLC, you basically need to know the protocol and the address map. And for IoT data to interface with a ladder program, the person who developed the ladder program needs to be in place. And in order to install IoT sensor on PLC, program must be modified. There are thousands of PLCs in a factory, which cost tens of thousands of won to import one. There are no developers, and bigger reason why MES companies or ERP company cannot import data is because the cost can be tremendous.

Faculty or committee members find it so easy to get data from PLC, which means they don't know the huge amount of money used to import data. The rotor generates electric flow when the rotor is rotated by a coil. By analyzing it and filling it up like a smart watch, you can measure current or voltage in a non-contact manner. However, to match this interface with existing PLCs, inverters, servers, and robots, there are tons of problems. Such as, the interface is not standardized, the ladder program must be modified, and the construction or overhaul is required when building the line in the field. Companies can't afford this. That's why it can't be digitized.

A. Another barrier is the space of the plant. Where should I put it? There is no room to put something inside, so you have to make a new electrical panel. Such costs are enormous. You do not expect significant ROI from these.

Importing production data from a single PLC costs 10 to 20 million won, and IT Space can do that by installing EOCR or smart EOCR in just one of the paths where electricity flows through a robot or drive rotor. This can lower the cost significantly because we have patents on how to import and extract the data. That is the advantage of IT Space. Just as a father who earns a lot of money is not necessarily a good father, we need to ask ourselves if smart factory makes the whole environment smart. Efficient manufacturing with low cost, smart manufacturing is smart factory.

Q. What do you expect technological trends related to predictive maintenance to be?

A. Things like AR, VR are coming out a lot, it is a lot easier to combine these contents. With that we have to implement digital twin, CPS, and the most important thing is data. In addition, in the industrial field, productivity has been increased by the help of automatic control. To increase management productivity, AI must be combined with data. But as I said earlier, the most important thing is data when it comes to AI. In order to combine advanced fourth industry technology, AI and digital twin technology altogether, I would like to say that IoT system that can extract high quality data will become even more important.

Q. What are your plans for the future?

A. The company plans to attract investment to open the company to the public. The goal is to be listed on KOSDAQ or NASDAQ within two to three years.

Technology wise, we will start researching to advance this core technology because we need to upgrade our solutions to be more innovative and be more compact, and our technology will go into drones, electric cars, robots, inverters and drives in the future. We are also considering creating and licensing tens of millions of units in bulk. It must be semi-conducted and sold as IC to be the part of electric vehicles or drones, and these core technologies must be achieved. I want to follow Qualcomm's way. Core technologies and ASIC must be combined, since we are aiming not only domestic market but also the global market.

Q. When are you going to release ASIC?

A. We expect this to be in the market in four years.

UYeG是一款能够实现实质性智能解决方案的预知保全解决方案

IT空间是在智能工厂成为热门话题之前，由开发"UYeG(优也技)"解决方案而备受关注的全球风险企业。UYeG是"IoT智能电机保护继电器"，也是预知保全的综合解决方案，它不仅能事前感知到多种产业工程生产设备可能出现的异常征兆，还能提前告知机器的维修和更换时间。在制造业和信息通信技术(ICT)技术融合的智能工厂需要预知保全综合解决方案，该UYeG系统更受整个产业领域的关注

将工厂设备网构筑成电流预知解决方案的IT空间最近将实现大数据化，完成了通过机械化的人工智能预知保全解决方案。以在国内的成功为基础，发展为全球预知保全解决方案第一的企业。

Q. 市场上除了"UYeG"之外还有很多预知保全解决方案，很多顾客只关注UYeG解决方案的预知保全功能。理由是什么？

A. 这是因为它是唯一能够构建现有系统无法实现的实用智能解决方案的解决方案，因为可以以低成本为整个工厂的所有驱动部件引入预测性维护的唯一解决方案。

与其他预知保护方案相比，UYeG的优点是优化现场。顾客要求对实时上升的电流进行波形分析。所以使用智能手机使用的高性能分散技术，构建了大数据超高速收集分析网。想事先掌握危险因素。或针对顾客"想预测设备寿命"的要求，我们基于大数据的神经网络解决方案。预知保护解决方案是通过传感器收集的数据进行综合分析，具备智能型系统，现在，用于管理和分析大数据的技术已包含在UYeG技术平台中。未来，基于在韩国的成功，我们将成长为全球排名第一的预测性维护解决方案公司。"

Q. 通过SMATEC展示会(2019年11月，水原会议中心)向产业界传达的IT空间信息是？

A. 大家都说要建智能工厂。现在对智能工厂有很多说法，先从智能工厂的定义开始，想问一下什么是智能？

在AI技术中，最重要的就是数据。"只要有IT技术，就会通过ERP或MES成为智能工厂"，但实际上，即使应用IT技术，智能工厂的水平也不会提高很多，回报率也不会出来。大部分投资400亿韩元，生产效率能提高30%。但是生产性提高了30%，每年节省的金额是20亿，30亿韩元。那么回报率需要10年、11年的时间。我告诉别人我的生产率提高

了30%，但是我不能告诉你我花了一些时间并取得了一些效果。在大多数情况下就是这种情况，即使现在，除非政府提供支出的70%，否则大多数中小型企业也不会做智能工厂。因为没有投资回报率。大型公司同样太昂贵，因此它们不能在整个企业范围内进行投资，因为它的效率不如投资，因此，要想智能化，必须提高投资效率。现在只是在技术上进行否决，费用是多少，效果如何，这是另外一回事。

为了改善这种低效率，IT需要了解OT技术。要了解现场技术，需要具有数据挖掘知识，什么是数据，数据在哪里以及如何带来数据。我认为，如果有数据，它将由人工智能完成，因此也有人工智能。我做了AI，但是当我查看数据时，我不知道它是垃圾还是数据。换句话说，重要的是带来高质量的数据。如果相同的AI提取高质量数据，则效率要高出一千倍，而如果获取垃圾数据，则处理能力将下降一千倍。因此，高质量的数据很重要，如果具有更好的功能而不是AI算法，那么效果也会达到1%；如果进一步提高效率，则如果确保高质量的数据，效果也会达到10%。人工智能开发人员和研究人员所说的是："我们已经准备就绪，但是我们没有数据。"也就是说是数据乞。

我们IT空间的优势在于具有高质量的数据。而且具有很高预知保全的理解能力，可以进行现场预测性维护。因此，可以与擅长AI的人进行交流。具有AI技术的人也希望与我们合作。目前，我们正在与首尔国立大学的AI研究中心进行合作，并且我们自己还将继续改善AI应用技术。为了做好人工智能，我们正在做更多关于高质量大数据的研究。

Q. 2017年UYeG解决方案开发后的变化

A. 开发UYeG的网页和应用程序，将系统云化，这是软件上最大的变化。通过这些数据，可以在现场进行说明，更具说服力，减少了不必要的费用。也就是说，不是一个人，而是社会性的信赖度增加。中小企业实际上买不到1，2亿韩元的解决方案。通过云服务器查看，只要给我一个设备1万~2万韩元，就可以通过云计算看到我的设备运行的状况。网络线铺设项就只需4~5万韩元，每月花费10万韩元、20万韩元就可以对工厂进行预知保全。因为只需要安装的费用，所以中小企业也可以使用。

Q. IT空间AI相关计划

A. 我们IT空间已经有AI开发组。我们基本上的数据都有，所以利用强化学习或深度学习来提取数据，预测未来。但是我们有一个基本的算法，因此我们正在研究它并寻找超参数。我们应用程序和网页都实现了云化。IT空间的"LUDA"Insight Solution是利用现有的SPC(统计分析)或会计分析等预测产品。LUDATics解决方案是提供人工智能的Arimaa或LSTM(人工神经网)等用算法进行预测的基本的AI模块。那么，就能使它视觉化，并使它能投出insight。而且视觉化需要数据共享。如果要将这些数据带到Excel，则可以将其移交给Excel，并且如果要将其带到Azure，则可以将其带到Azure，如果要将其带到Predix，则可以轻松地将其链接以便将其带到Predix。我们正在致力于通过完成Ludatics来彼此连接，从而增加连接性。由于1.0已在内部通过，我想我可以在明年年中

之前升级2.0

Q: 与预测保全相关的市场预测？

A: 在韩国，预测保(预测性维护)全市场也增长了30％至40％，但最需要这项技术的是美国市场。我与Gartner合作进行了需求调查，仅南美的预知保全市场每年就价值129万亿韩元。此外，在中国，每年生产1.5亿台电动机，据说中国的电动机产量占世界的50％。因此全球每年生产3亿台电动机。电机的使用寿命通常为10到15年，这意味着未来的电机市场将达到30亿台。我们的目标是电机的电流预知保全

将中国视为100万亿市场，如果把发动机市场和智能预知保全市场加在一起，全世界预计将达到200万亿规模。

国内似乎将扩大为2万亿市场，但并不是一味地扩大，而是为了预知保全与视觉化、数字化、变形等结合起来才能达到这种程度。因为在韩国国内，人们不把预知保全当作投资，而是一项费用支出。韩国市场预期为2万亿韩元，但要达到2万亿韩元需要5年以上的时间。

Q. 智能工厂和IoT趋势对IT空间的成长有很大的帮助。

A. 数据很重要，人们在稳定性或者预知保全的时候，认为高质量数据直接从PLC拿过来就可以了，认为PLC里的数据很简单。要想从PLC拿回数据，基本上需要知道协议，地址映射等。而且，物联网数据想要与ladder程序进行接口，必须开发ladder程序的人。此外，在PLC上安装外传感器需要修改程序，并进行改造。一家工厂中有数千台PLC，每台PLC成本达数万韩元。企业没有开发者想过MES或ERP公司来获取数据，可能性不大，是因为其费用巨大。

教授和委员们认为从现场PLC拿数据就行，太容易了。他们不知道导入过程的成本。电机转子通过线圈旋转时产生电流。分析它，就可以用非接触式测量电流或电压。但是，要想将该技术与现有的PLC、逆变器、服务器、机器人和接口进行对接，接口没有标准化，而且要修改ladder程序，而且在现场要施工安装及改造，所以企业无法承担过多的接口费用。所以不能数字化。

如果单从一个PLC数据中提取稳定安全性数据或生产数据需要一两千万韩元，那么我们IT空间不需要这些，在机器人或驱动部构造回路中，安装一台EOCR(电机继电保护器)或者智能EOCR，就可以轻松地从那里获取数据。利用IT空间专利专利算法来提取数据特征的方法，费用低成本节约，这就是我们IT空间的优点。就像赚钱多的父亲不一定就是好父亲一样，有必要提出这样的问题，即，花很多钱构建智能工厂是否真的智能？投入少，效率高，智能制造才是智能工厂。

Q: 要如何预测预知保全相关的技术趋势？

A: AR和VR有很多这样的内容，这样的内容很容易接触。我们需要体现数码TWIN,CPS,

其中最重要的是数据。此外，借助于工业现场的自动控制，生产率大大提高了，但是要提高管理的生产率，需将AI与数据结合起来。如前所述，人工智能中最重要的是数据。我想说的是，如果想将高度化的第四产业技术、AI和数码双技术结合起来，今后能够提取并上传优质数据的I-IoT

Q. 以后的计划？

A. 以企业公开为目的开始招商引资。目标是在2~3年内在柯斯达克(KOSDAQ)或纳斯达克(NASDAQ)上市。

在技术方面，要实现解决方案的高度化，走向更具革新性和更紧凑性的产品，而我们的技术今后要全部进入无人机、电动汽车、机器人、逆变器、驱动器等领域，因此，将这一核心技术应用到专用集成电路中并标准化。也正在考虑批量生产数千万台设备并获得许可的方案。只有实现半导体化，以IC形式销售，才能进入电动汽车和无人机，并缩小这些核心技术。我想遵循高通的方法。核心技术和应用型集成电路化的发展，必须将两者结合起来。因为不能只看国内市场，要以全世界市场为目标。

Q. 何时推出ASIC(专用集成电路)？

A. 从开始招商引资，预计4年后左右。

UYeGは実質的なスマートソリューションの構築を可能にする予知保全ソリューション

ITSはスマートファクトリーが話題に浮上する前から「UYeG(ユーイェジー)ソリューション」の開発で、注目されるグローバルベンチャー企業である。UYeGは、様々な産業工程の生産設備において起こりうる異常兆候を事前に感知することはもちろん、機械の整備や買い替え時期をあらかじめ知らせる「IoTスマートモーター保護継電器」であり、予知保全統合ソリューションである。製造業と情報通信技術(ICT)技術が融合したスマートファクトリーのための予知保全総合ソリューションが必要な現時点で、このUYeGシステムが全産業分野からますます注目を集めている。

工場設備の神経細胞網を電流予知ソリューションとして構築したアイティ空間は最近、これをビッグデータ化し、マシンラーニングによる人工知能予知保全ソリューションを完成した。国内での成功を基盤に、全世界の英知保全ソリューション1位の企業に成長している。

Q. 産業現場には「UYeG」のほかにも予知保全ソリューションが多く出ているが、多くの顧客はUYeGソリューションの予知保全機能だけに注目している。その理由とは?

A. 安価なコストで工場全体のすべての駆動部に対する予知保全ソリューションを導入することができ、既存のシステムではできなかった実質的なスマートソリューション構築が可能な唯一ソリューションだからだ。

他の予知保全ソリューションに比べ、UYeG の持つメリットは現場に最適化されていることである。顧客がリアルタイムで上がる電流の波形分析を要請した。それで、スマートフォンで使われる高性能分散技術を使って、ビックデータの超高速収集分析網を構築した。また、「事前に危険要素を事前に把握したい」そして"寿命予測をしたい"という顧客の要請に対応し,ビッグデータベースのニューラルネットワークソリューションを開発することになった。予知保全ソリューションはセンサーで収集したデータを統合分析し知能型システムを備えることで、今やビッグデータを管理分析する技術までUYeG技術プラットフォームに組み込まれた。これから韓国での成功を基盤に全世界の予知保全ソリューション1位の企業に成長していくつもりだ。

Q. SMATECの展示会(2019年11月、水原(スウォン)コンベンションセンター)を通じて産業界に伝えんとするIT空間のメッセージは?

A. 「スマートにスマートファクトリーしよう」これがメッセージだ。現在、スマートファクトリーについてはよく言われているが、スマートファクトリーの定義からしよう、どれがスマートなものなのかたずねたい。

AI技術で最も重要なのがデータだ。IT技術さえあればERPやMESを通じてスマートファクトリーになると言ったが、実際にはIT技術を適用してもスマートファクトリーの水準は上がらないし、ROIが出てこない。大部分4百憶ウォンを投資すれば、生産性が30%引き上げられる。ところが生産性が30%上がり年間節減させてくれる金額が20億、30億ウォンだ。それではROIが回収されるまで10年、11年がかかるのだ。人には生産性が30%上がったとは言えるが、いくらかけてどれだけの効果を得たかという話はすることができない。ほとんどがそのような実情で、今も政府が所要される金額の70%を支援を受けなければ多くの中小企業は、スマートファクトリーをしないというのはROIが出ないためである。大企業も同じく高すぎるために投資対効率が落ちるからと、全社的に投資できないのだ。だからスマート化するには投資対効率が上がらなければならない。今は技術的にだけ浮彫りをさせているが、費用がいくらかかり、効果をどれほど得たかは別の話だ。

A. そのような非効率を改善するために、IT側でOT技術を知るべきである。現場技術を知るためには何がデータなのか、どこにデータがあるのか、どのようにデータをもたらすのか、データマイニングに対する知識がなければならない。データがあれば人工知能で出来ると思ってAI、AIしたが、データを持ってきてみると、これが使い道のないデーターなのか、良質のデータなのかが分からないというのだ。つまり、良質のデータを持ってくることが重要である。まったく同じAIが良質のデータを持ってくれば、千倍以上もの効果があり、使い道のないデータを持ってくれば、処理能力は千倍以上も落ちることにもなる。だから良質のデータが重要であり、そこでも効率をさらに引き上げるときAIアルゴリズムではなく、客演ができたら1%、良質のデータを確保すれば、10%の効果を出す。AI開発者や研究者が話していることは、「我々はすべて準備ができているが、データがない」ということだ。つまり、データ乞食である。

ところが、韓国のIT空間の強みは、まさに良質のデータがあるということだ。そして現場予知保全のフィーチャリングができる理解度が高い。だからAIが上手な人々と疎通ができる。AI技術がある人も私たちとパートナーシップを結ぶことを望んでいる。現在、ソウル大学AI研究所との協業を続けており、韓国自体でもAI応用技術を高めている。AIを成していくために良質のビッグデータ研究をもっと多く行っている。

Q. 2017年UYeGのソリューション開発後の変化

A. UYeGのウェブとアプリを開発し、システムをクラウド化させたのがソフトウェアならではの的に最大の

変化だ。これにより、データを持って現場で話ができるようになることで、説得するための費用がとてつもなく削減される。一個人ではなく、社会的な信頼費用が減るのだ。中小企業は現実的に1、2億ウォンもするソリューションを買うことが出来ない。ところがクラウド化させてから、装備一つに1、二万ウォン万くだけ出すことができれば、クラウドで私の装備の状況を見ることができる。インターネット回線の一つを取っても4~万ウォンなのに、、一ヶ月に10万ウォン、20万ウォンだけかけて私たちの工場の予知保全をすることができるのである。キャップス一つ設置するほどの費用ぐらいなら中小企業も使える。

Q. ハイチ空間のAI関連計画

A. すでに私たちのIT空間にはAI開発チームがある。私たちは基本的にデータを持っているので、強化学習やディープラーニングを利用してデータを抽出して未来予測をしている。グーグルより上手ではないが、基本的なアルゴリズムがあるので、それを研究してハイパーパラメータを探しているところだ。我々は今、アプリやウェブまでクラウド化させている。アイティ空間のルダ(LUDA)というインサイトソリューションは、従来のSPC(統計分析)や会計分析など、このようなもので予測を行う製品だ。ルダティクス(LUDATics)ソリューションは人工知能のアリマ(Arimaa)とかLSTM(人工神経網)といったアルゴリズムを持って予測する基本的なAIモジュールを提供するものである。そうすれば、それを視覚化させて、インサイトを投げられるようにしてくれる。そして、視覚化はデータが共有されなければならない。もしこのデータをエクセルに持って行きたいと言ったらエクセルで渡すべきで、エージャーに持って行きたいと言ったらエージャーに、プレディックスに持って行きたい。すればプレディックスに持ち込めるよう、連携がやさしく連結性を高めるルダティクスを今完成させて相互につなげる方向でAIを研究している。内部的に1.0は過ぎたので来年中旬ぐらいには2.0をアップグレードすることができそうだ。

Q. 予知保全と関連した市場の展望?

A. 予知保全市場は我が国も30~40%増しているが、この技術が最も必要なのは、米国市場だ。ガートナーと協業して、需要調査をして見たが、南米だけでも予知保全の市場は年間129兆ウォン規模だ。また、中国ではモーターが一年に1億5千万台が生産されるが、中国のモーターの生産量は全世界の50%だという。中国が50%だから全世界的に年間3億台のモーターが作られているのだ。モーターの寿命を普通10年から15年として見ているが、これからモーター市場が30億台規模というわれる。われわれが目指すのはモーターの電流を予知保全する市場だ。現在、米国の予知保全市場のみ129兆ウォンなら、全世界的に予知保全市場がどれほど大きいか? 中国を100兆ウォン市場と見て、モーター市場とスマート予知保全市場を全部合わせると全世界的

に200兆ほどの規模が予想される。

国内は2兆ウォン市場に拡大しそうであるが、そのまま大きくなるのではなく、予知保全するために視覚化デジタルトランスフォーメーションと合わせば、その程度の市場になりそうだ。国内では予知保全を投資と考えず、まだ費用と考えているからだ。市場は2組で予想しているが、2兆に達するまでは今後5年以上かかると見られている。

Q. スマートファクトリーやIoTトレンドがIT空間の成長にかなり役立っているようだ。

A. データが重要なのに人々は健全性とか予知保全をする時,品質データーをそのままPLCから持ってくれば良いと,PLCにあるデーターを安易に考える。PLCからデータを取り込むには基本的にプロトコルを知らなければならず、アドレスマップを知らなければならない。そしてIoTデータがラダープログラムとインターフェースをするには、ラダープログラムを開発した人がいなければならない。そしてIoTセンサーをPLCにインストールするにはプログラム修正をしなければならず改造をもしなければならない。工場の一つに何千ものPLCがあるが、一つ持ってくるのに数千万ウォンもの費用がかかる。企業がそうでなくても開発者がいないのに、MES業者とかERP業者がデータを持ってこない理由は、その費用が莫大なためだ。

教授や委員たちは、現場のPLCからデータを持ってくれば良いとあまりにも簡単に考えている。もたらす過程の費用が分からないからだ。回転器はコイルによって回転器が回ると電気の流れが生じる。それを分析してスマートウォッチのように満たしてしまえば、非接触式で電流や電圧を測れる。ところがこれを既存のPLCやインバータ,サーバ,ロボットとインターフェースをすべて合わせるにはインターフェースは標準化されていないし,ラザープログラムをすべて修正しなければならず、また現場でラインを立てる時に工事やオーバーホウルする時に入らなければならないため,接近コストがかかりすぎるため企業が手に負えないのだ。だからデジタル化が進まないのだ。

A. また、他の進入障壁として工場の空間費用がある。どこに置いたらいいのか. 中に置く所がないため電気パネルを新たに作らなければならない。そうしたコストがかさむ. そのようなことは、実はROIの出る場があまりない。

そんなことをしたとしてもして持って一つのPLCデータで健全性データや生産データを読み込むにはお金が1、2千万ウォンかかるが、私たち、IT空間はそのようなものは必要はなく、ロボットや駆動部回転体にそのまま電気が流れる経路のうち、どれか一ヶ所だけEOCRやスマートEOCRに交代をしてしまうとそこで簡単にデータを読み込めることができる。持ちこみデータの特徴をうまく抽出する方法まで我々が特許を確保しているので、コストが本当に少ない。それが韓国のIT空間の長所だ。お金をたくさん稼ぐ父親が必ずしも良い父親ではないように、お金をたくさんかけてスマートファクトリーを作るのが本当にスマートなのかと問いかけてみる必要がある。お金を少なくかけなが

ら効率的に製造すること、スマートにスマート製造するのがスマートファクトリーだ。

Q. 予知保全と関連した技術トレンドをどう予想するか?

A. AR、VRなどがたくさん出ているが、このようなコンテンツが融合しやすくなった。それをもって、我々が
デジタルツイン、CPSを具現しなければならないが、そこで最も重要なのもデータだ。また、産業現
場での自動制御で生産性を大幅に高めたが、管理の生産性を高めるためにはデータを持ってAI
を結びつけなければならない。ところで先に述べたように、AIは最も重要なのがデータだ。高度化
された4次産業技術、AIとデジタルツイン技術を融合するには、今後、良質のデータを選ぶことがで
きるIoTシステムがさらに重要になるという話をしたい。

Q. 今後の計画は?

A. 企業公開を目的に投資誘致を始める予定である。2〜3年内にはコスダックまたはナスダック に上
場するのが目標だ。

技術面では、ソリューションを高度化させ、革新的でさらにコンパクトな製品に進まなければならな
いし、我々の技術が今後、ドローンや電気自動車、ロボット、インバータ、ドライブにすべて入らなけれ
ばならないため、このコア技術をエイジック(ASIC) 化させる研究を開始する予定である。エイジッ
ク化させて大量に数千万台を作ってライセンスを受けることも検討中である。半導体化させてIC
で売らなければ電気自動車やドローンに入ることができず、このような核心技術を縮小させなけ
ればならないクォルコム(Qualcomm)の方式についていきたい。核心技術とエイジック化、この二
つを並行しなければならない。これを国内市場だけ見ることはできないため、全世界市場を目
指している。

Q. エイジック(ASIC) を出す時期はいつ?

A. 投資誘致を始めて4年後くらいを予想している。

APPENDIX

부록 B

4차 산업에 꼭 필요한 스마트 제조, 스마트 공장 시스템

UYeG(유예지) 활동영역 및 가치

〈회전기기 모니터링용 예지보전 기술 분야 장,단점 비교〉

		블루크 진동분석	UYeG(유예지) 전류분석
이상 점출 성능	베어링결함	O	O
	축 비정렬	O	O
	축 불평형	O	O
	기계적 헐거움	O	O
	불순물 끼임	△	O
	과전류/과전압	X	O
	저전류/저전압	X	O
	전류/전압 결상	X	O
	전류/전압 역상	X	O
	STALL	X	O
	JAM	X	O
	전류/전압 불평형	X	O
	과/저 전력	X	O
	지락/단락	X	O
	과/저 역률	X	O
	검출가능 시기	6개월~3개월 전	3개월~3일 전
관리적 요소	빗대리 필요	O	X
	전문가 필요	O	X
정확도 상대성	진동기준 정확도	100%	90%
비용	개소당 센서비용	180만원	34만원
	설치비용 요소	분산설치 고비용	집합설치 저비용
	집합수집기	자용량 다수 고비용	대용량 단수 저비용
데이터	이벤트 발견 측정	불가	실시간 발견
	데이터 수집속도	느림	리얼타임 고속측정 전수저장

전기자동차, 도로 등의 이동 및 수송수단들의 최대 이슈는 안전. 유인 및 무인 자동차, 드론 등의 혁신 제어 순성으로 국민적인 사고 조례, 안전에 대한 실시간 전수 감시의 예측 선행으로 인명사고 및 대형사고 방지

도시재생적 전통시장의 개선을 위해 영약하고 위험한 전기,화재의 대한 사전 감시를 통한 서민경제의 안정과 도시의 불녹을 유지하게 하는 건강한 기술을 구현

스마트시티를 구현하기 위한 전기와 통신과 기계설비에 대 이터과률을 구현하기 위한 가장 경제적이고 편리하고 안 전한 기술

자연환경을 극복해가는 인간의 근력과 이동성을 대체해 주는 눈이 모든 과정에는 회전기라는 기계가 작동. 80억 인류는 향후 기계문명의 환경에서 더 많이 노출되며 기계 와 회전기의 연구는 더욱 발전.

산업사설의 모든 기계와 장비에 안전 및 건전성의 생산성 재고를 위한 에너지효율 정보를 실시간 최적화함된 데이 터로 수집. 산학여성/안전성/자족가능성 기술을 구현으 로 전세계적인 사물 모델 플랫폼 구축 및 데이터 거래 서비 스 제공

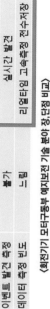

4차 산업에 꼭 필요한 스마트 제조, 스마트 공장 시스템 UYeG

UYeG는 AI 기술을 기반으로 한 딥 러닝 시계열 데이터 해석 기술을 이용하여 예상하지 못한 갑작스러운 사고와 고장을 미리 알려 주어 빠르고 쉽게, 그리고 간편하게 사용할 수 있는 사고 고장 예지 정비 솔루션이다.

야구 유망주에서 프로그램 개발자이며,
IT 분야의 전문 기업 CEO로 변신

아이티공간의 이영규 대표는 지금으로부터 30여 년 전 대학에서 스카우트 제의를 받는 등 당시 촉망받은 선수로, 초중고 학창 시절 10년 이상을 야구 선수로 보냈다. 하지만 어깨 부상을 당하게 되면서 운동을 그만두게 되었다.

야구 선수로의 꿈을 접고, 새로운 진로를 모색하며 컴맹으로 시작해 SW 개발이라는 생소한 분야에 뛰어들게 되었다. 그러면서 자연스럽게 개발의 매력에 빠져 밤낮이 바뀌는 줄도 모르고 파고들게 되었다.

그 후, 산업 도시 울산에 현대중공업 울산 공장 성능 측정 시스템 개발을 시작으로 에너지 관리 및 측정 사업에 몰두하다 오랜 산업 현장 관련 프로그램 개발 경험을 바탕으로 2001년 5월 ㈜아이티공간이라는 환경, 에너지, SCADA 전문 기업을 창업했고, 현재 상용화에 성공한 스마트 팩토리 구축을 위한 AI 기반의 유예지(UYeG) 솔루션 개발에까지 이르게 되었다.

아이티공간의 UYeG 솔루션은 사고가 발생하기 전에 미리 과부하나 운전 불량 여부가 감지되면 경보가 발생하게 되므로 사전 검사가 가능하여 업무의 유연성 및 생산성을 높여줌은 물론, 기계 고장으로 인한 산재의 가능성을 막아 안전한 산업 근로 현장 조성에도 기여하고 있다. 아이티공간이 추구하는 최종적 목표는 산업계, 나아가 사회의 고장, 사고, 위험을 사전에 조치하여 재산과 생명을 지키는 기술을 만드는 것이다.

다년간 국내 굴지의 대기업과 스마트 공간 도입이 필요한 중소기업, 공공기관 등의 제품 공급을 통해 에너지 감시와 관리, 에너지 경영으로 쌓은 지식과 경험을 스마트 제조 공장 사업으로 확장시켰고, 산업 현장의 빅데이터들을 머신 러닝이나, 딥 러닝과 같은 IT 기술과 접목해 왔다.

국내는 물론 세계 시장에서 기술력을 인정받아 4차 산업혁명을 대표하는 스마트 안전과, 스마트 시티, 스마트 팩토리 산업의 중심이 되는 글로벌 기업으로 성장해 나갈 계획이다.

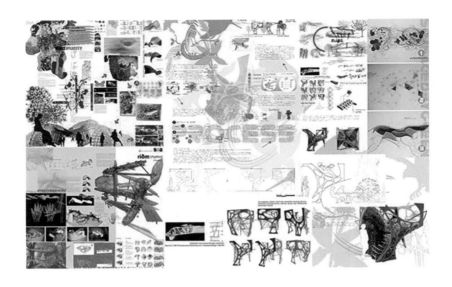

01. 높은 기술 특례 상장 가능성과 47.5억 원의 특허 가치 인정

코스닥 기술 특례 상장 요건에 해당하는
TCB 기술 평가 T1-3 우수 등급 획득!

◆ TCB 기술 평가 T1-3 우수 등급 획득

- 기업의 기술력, 시장성, 사업성, 경영 역량 등을 종합적으로 반영하는 평가로 2018년 ㈜한국기업데이터로부터 투자용 기술 평가 T1-3 등급을 취득하였다

- 기술 평가 T-3 등급은 기술력 수준이 상위 20%에 해당하며, 기술 환경에 대한 능동적 대처를 통해, 미래 성장 가능성이 매우 높은 기업에게 주어지는 등급이다.

- 또한, 2019년 6월 금융위원회의 발표 자료에 따르면 4차 산업혁명 관련 혁신 기업에 대해 차별화된 실적 사장 심사 기준을 적용하여 코스닥 기술 특례 상장을 활성화할 것을 발표해 기술 특례 상장 가능성이 높다.

◆ 보유 특허권 중 3건에 대한 가치 평가액만 47.52억 원

- 아이티공간은 보유 중인 특허(90여 건) 중 3건의 특허에 대해 전문 기관인 '한국발명진흥회'에서 47.25억 원의 가치를 인정받았다.

- 현재 스마트 공장 예지보전 관련 국내 특허 출원 48건/등록 10건, 해외 특허 출원 39건/등록 1건 등 다수의 지식재산권을 보유하여, 경쟁 업체 대비 기술력 우위를 선점하고 있으며, 중소기업 지식 재산 인증서도 획득한 바 있다.

02. 스마트 팩토리, 세계 6%가 이미 도입, 76% 도입 준비 중

〈국내 스마트 팩토리 시장 규모〉

〈전 세계 스마트 팩토리 시장 규모〉

◆ 스마트 팩토리 구축의 막대한 경제적 효용
  ● Capgemini의 자료에 따르면 스마트 팩토리 도입을 통해 창출되는 경제
    효과는 2018년부터 2022년까지 전 세계적으로 최대 1.5조 달러에 달할
    것으로 예상하고 있다.
  ● 또한, 이를 통해 제조업체들은 생산 효율 측면에서 막대한 개선 효과를
    누릴 수 있으며, 그에 따른 경제적 효용 또한 클 것으로 판단하고 있다.

◆ 스마트 팩토리 구축의 필수 시스템 "예지보전".
  ● 스마트 공장은 사물인터넷(IoT), 인공지능(AI) 로봇 및 빅데이터 분석
    등 첨단 기술이 융합된 지능화된 공장을 의미한다.
  ● 스마트 공장의 핵심은 자동화된 설비들이 연결을 통해 기계와 인간과의
    연결을 통해 원활하고 효율적으로 운전될 수 있도록 하는 소프트웨어가
    필수적이다.
  ● 이중 설비가 스스로 결함을 인지하고, 원인과 진전 상태를 관리자에게
    통보해 주는 예지보전 프로그램은 스마트 공장의 핵심 중 하나이다.

◆ 지속적으로 성장하는 예지보전 기술 시장!
  ● 예지보전 기술은 현재 연평균 39% 증가할 것으로 예측하고 있다. 2022
    년에는 약 109.6억 달러(약 12.9조 원) 규모의 시장이 될 것으로 보인다.
  ● 또한 스마트 공장의 국내 및 세계 시장 규모와 전망 또한 꾸준한 상승세

를 보이고 있다. 이미 다양한 기업에 아이티공간의 기술력이 들어가 있으며, 앞으로도 더욱더 성장 할 수 있을 것으로 판단된다.

※ 예지보전 시장
IoT Analytics Research에 따르면 예지 보전 기술은 2016년 15억 달러 규모의 세계 기장이 연평균 39% 성장할 것으로 예상하며, 2022년에는 109.6억 달러가 될 전망

03. 유예지 솔루션으로 전류 예지보전 상용화에 성공

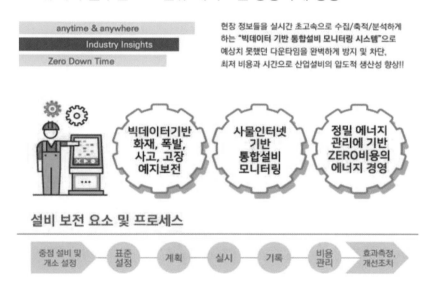

◆ 현대 기아 자동차 포함 유예지만으로 3년 내 누적 매출 108.6억 원의 실적
  ● 2016년에 상용화에 성공한 전류 예지보전의 유예지 솔루션은 이미 현대 기아 자동차에 4,000대를 납품하였고, 표준 기술로 등록하였다
  ● 기존의 설비 예지보전 솔루션 대비 40배 이상의 탁월한 가격 경쟁력과 '스마트 EOCR'을 통한 예지보전 빅데이터 마이닝 특허 알고리즘 기술을 강점으로 국내 시장에서 이미 우위를 선점했다.

- 또한 현재까지 일진NTS, SK이노베이션, 한국항공우주산업, 효성, 포스코 ICT, 경동나비엔 등의 납품 및 개발을 통해 실력을 인정받았다.

◆ 전류가 흐르는 모든 분야에 적용 가능한 확장성이 높은 기술
- 아이티공간에서 개발한 '유예지'는 전류를 이용하는 방식으로 간편한 설치와 최소 비용으로 산업 설비의 주요 구동부인 모터 분야뿐만 아니라, 빌딩 에너지 관리 등 전류가 흐르는 모든 분야에 최적화되어 적용이 가능하다.
- 산업 설비 공정 분석, 초기 설비 조건 개선, 고장 예지, 수명 예측을 가능하게 함으로써, 석유, 화학, 자동차 철강 등 제조 설비부터, 철도, 발전소 등에서 다운 타임 발생으로 인한 피해 사전 예방은 물론, 최고의 효율을 유지할 수 있도록 하는 역할을 수행하고 있다.

UYeG (유예지) 모바일 화면 예시

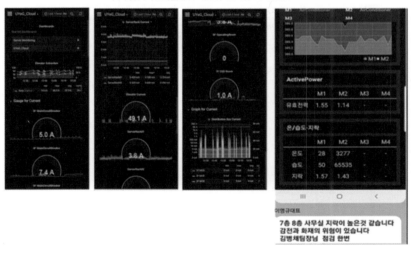

◆ 한국데이터산업진흥원 주관 데이터 바우처 사업 데이터 가공 공급 기업 선정 산업 빅데이터의 데이터 마이닝 및 데이터 리커버리 우수 기술 보유
- 예지보전을 위한 빅데이터 추출의 가장 중요한 것은 어떠한 데이터가 유

의미한 데이터인지를 알고, 데이터를 정확하게 추출할 수 있는 능력이 필요하다.

- ㈜아이티공간의 ITS IoT 센서를 통해 24시간 산업 설비에서 발생하는 누적된 무수한 빅데이터 중 유의미한 데이터만을 추출, 매칭, 분석하는 전문적인 기술력을 보유하고 있다.

◆ 4차 산업혁명 부문 국무총리 표창, 과학기술정보통신부 산하 기관 K-ICT 본투글로벌센터 멤버사, KOTRA P500, 글로벌IP스타, 수출 유망 중소기업 선정 기업

- 개발 제품 상용화에 따른 생산성 향상, 수입 대체 효과 등의 공로를 인정받아 2018년 국가 생산성 대회 4차 산업혁명 부문 특별상 국무총리 표창을 수여받았다.
- 유망 수출 기업의 국제기구 및 해외 정부 조달 시장 진출을 지원하여 글로벌 조달 전문 기업으로 육성하는 사업으로 KOTRA P500에 선정되었다.
- 글로벌IP스타 기업에 선정되어 국내외 다수의 지식재산권 확보를 통해 경쟁력 강화에 힘써온 결과, 2019년 2월 중소기업 IP 경영 인증을 획득하였다.
- 중소벤처기업부 수출 유망 중소기업 선정 및 과학기술정보통신부 산하기관인 K-ICT 본투글로벌센터 멤버사 선정을 통해 바이어 발굴 및 다양한 해외 진출 기회를 확보할 예정이다.

EXIT 전략

㈜아이티공간은 예지보전 시스템 UYeG를 기반으로 글로벌 데이터 자산 거래 플랫폼 시장 1위 기업을 목표를 사업을 추진하고 있다.

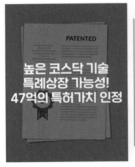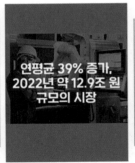

상용화 후 3개년도 누적 매출 108억 달성

UYeG 시스템 사업 확장을 통한 스케일 업

◆ 초경쟁 산업, 대기업, 공공기관을 위한 독립형 시스템 구축
  - 2020년까지 스마트 팩토리의 시장 성장세와 초기 스마트 팩토리 도입을 앞둔 기업의 독립적인 예지보전 시스템을 구축할 계획이다.

◆ SMB(스몰비즈니스) 클라우드형 유예지
  - 통신사와 협업하여 금액을 낮추고, 월 정액제를 이용하여 실시간 모니터링을 이용하기 편하게 만들 계획을 가지고 있다.
  - 고도화 스마트 팩토리의 최종 목표는 결국 데이터를 활용한 완전 자동 효율화 공정의 구현이다.
  - 기존의 UYeG 시스템을 통해 수집한 빅데이터를 기반으로 플랫폼으로서의 경쟁력을 확보할 계획이다.

◆ 전류 예지보전의 강점을 이용한 시장 선점.
  - 미래 활성화가 기대하는 스마트 빌딩 시장 국내 스마트 빌딩 시장을 석권할 계획이다.

- 국내 스마트 빌딩의 약 70만 개를 석권할 계획이며, 지하 시설물, 스마트 안전 시장을 선점할 계획이다.
- 국내에서 쌓은 레퍼런스와 지속적인 R&D를 통해 미국, 중국 및 유럽 시장을 선점하여 매출을 지속적으로 높여 나갈 예정이다.

◆ 코스닥 기술 특례 상장을 통한 향후 전략 계획
- ㈜아이티공간은 이미 ㈜한국기업데이터로부터 TCB 기술 평가 우수 등급 T1-3을 획득하였다.
- 또한, 2019년 6월 금융위원회의 발표 자료에 따르면 4차 산업혁명 관련 혁신 기업에 대해 차별화된 실적 상장 심사 기준을 적용하여 코스닥 기술 특례 상장을 활성화할 것을 발표해 기술 특례 상장 가능성이 높다
- 2023년까지 매출 스케일 업 달성을 통해 코스닥 시장의 기술 특례 상장을 목표로 하고 있다.

Smart manufacturing, smart factory system, UYeG is essential for the 4th industrial revolution

UYeG is a quick, easy, and simple accident failure maintenance solution that uses deep learning time series data analysis technology based on AI to notify you of unexpected accidents and failures.

Currently a program developer, seen as a rising star in baseball when younger Transformed into a CEO specialized in IT

Lee Young-kyu, the head of IT Space, was a promising player who was scouted in college 30 years ago. He spent more than 10 years as a baseball player. But after a shoulder injury, he stopped playing baseball. He started his career as a baseball player, sought new careers, and got to learn unfamiliar field of SW development. He naturally attracted to this and dug deeper.

After that, he began to develop the performance measurement system of Hyundai Heavy Industries' Ulsan factory. The company named IT Space which was specialized in energy, environment and SCADA was founded and led to the development of AI-based solution(UYeG) that has been successfully commercialized for building a smart factory.

Alarm goes off before accidents occur when IT Space's UYeG solution detects overload or malfunction, which can increase work flexibility and productivity, as well as prevent the possibility of industrial accidents. It also contributes to the construction of safe industrial work sites. The ultimate goal of the IT Space is to create technologies that protect property and life by proactively preventing breakdowns, accidents and risks in the industry and society.

We have expanded our knowledge and experience in energy monitoring, management, and energy management into smart manufacturing factories for many years by supplying products to big corporations, small and medium-sized enterprises and public institutions that need to introduce smart factories in Korea. In addition, we have combined industrial data with IT technologies such as deep learning and machine learning.

The company is planning to grow globally that is at the center of smart safety, smart city, and smart factory industry, representing the 4th industrial revolution, with recognition of technology in the domestic and global markets.

Investment Point 01.

High chance of getting advantage through the technology special listing system which lowers the screening standard so that companies with low profitability but high growth potential can be listed on the stock market & patent value of 47.5 billion won

Corresponding to KOSDAQ listing requirements
Received Excellent Grade TCB Technical Evaluation T1-3!

◆ Obtained Excellent Grade for TCB Technology Evaluation, T1-3
- Acquired an investment technology evaluation T1-3 rating from Korea Enterprise Data in 2018 as an evaluation that reflects the company's technology, marketability, business feasibility, and management capabilities.
- The technology evaluation level T-3 means technology is the top 20%, and is given to companies with high potential for future growth through active response to the technological environment.
- In addition, according to the data released by the Financial Services Commission in June 2019, it is highly likely that the KOSDAQ technology special listing will be promoted by applying differentiated performance criteria for innovative companies related to the 4th Industrial Revolution.

◆ The valuation of three among existing patents owned is 4.752 billion won

- IT Space received a value of KRW 4.725 billion from the Korea Invention Promotion Association, a specialized organization, for three of the 90 patents held.
- Currently possessing a number of intellectual property rights, including 48 domestic patent applications / 10 registered patent applications and 39 foreign patent applications / one registered patent related to smart factory predictive maintenance, the company has preoccupied technological superiority over competitors and also obtained IP certificate for SMEs.

Investment point 02.

6% of smart factories are already in the world, 76% ready for adoption

◆ Huge economic utility of smart factory construction
- According to Capgemini, the economic impact of smart factory adoption is estimated to be up to $ 1.5 trillion worldwide from 2018 to 2022.
- In addition, this will allow manufacturers to achieve enormous improvements in production efficiency, which will result in significant economic benefits.

◆ Predictive System, UYeG for Smart Factory Construction
- Smart factories are intelligent factories that combine advanced technologies such as the Internet of Things (IoT), artificial intelligence (AI) robots, and big data analytics.
- At the heart of smart factories is the need for software that allows automated facilities to operate smoothly and efficiently through connections between machines and humans.
- A predictive maintenance program, in which the dual facility is self-aware of defects and notifies the manager of the cause and progress, is one of the key points of a smart factory.

◆ Predictive technology market which is growing continuously!
- Predictive maintenance technology is currently projected to grow at an annual average of 39%. In 2022, the market is expected to be about $ 10.96 billion (about 12.9 trillion won).
- In addition, the size and outlook of the domestic and global markets of smart

factories are steadily rising. The technology of IT Space is already in various companies, and it is expected to grow further.

※ Predictive maintenance Market
According to IoT Analytics Research, predictive maintenance technology is expected to grow at an annual average of 39% of the world's $ 1.5 billion in 2016, reach $ 10.96 billion by 2022.

Investment Point 03.
Succeeded in commercializing current prediction with probation solution

◆ Cumulative sales of KRW 10.86 billion in three years partnered with Hyundai Kia Motors
- In 2016, the solution for current predictive maintenance, which has been commercialized, IT Space has already delivered 4,000 units to Hyundai Kia Motors and the technology became a standard.
- The company has already dominated the domestic market with its strong price competitiveness of more than 40 times that of existing facility maintenance solutions and patented technology for big data mining through "smart EOCR".
- In addition, we have been recognized for our ability through the delivery and development of ILJIN NTS, SK Innovation, Korea Aerospace Industries, Hyosung, POSCO ICT, and Kyungdong Navien.

◆ Highly scalable technology applicable to all areas where current flows
- 'UYeG' developed by IT Space is optimized and applied to all areas where current flows, such as building energy management, as well as the motor field, which is the main driving part of industrial facilities, with simple installation and minimal cost.
- It is possible to prevent damage caused by downtime from manufacturing facilities such as petroleum, chemical, automobile steel, railway, and power plants, etc., and to provide the best efficiency by enabling industrial facility process analysis, initial facility condition improvement, failure prediction, and life prediction.

◆ Selected as a data processing company by Data Voucher Business hosted by Korea Data Industry Promotion Agency Possessing excellent technology in data mining and data recovery of industry big data
  ● The most important aspect of big data extraction for predictive preservation is the ability to know which data is meaningful and to accurately extract the data.
  ● It possesses highly advanced technology to extract, match and analyze only significant data among the accumulated big data generated from industrial facilities for 24 hours through ITS IoT Sensor.

◆ Prime Minister's citation for the 4th Industrial Revolution Division, K-ICT B2G Center member of the Ministry of Science, Technology and Information, KOTRA P500, Global IP Star, Promising SME
  ● Received the Prime Minister's Commendation for the Special Award of the 4th Industrial Revolution in the National Productivity Competition 2018 in recognition of its achievements in productivity improvement and import substitution effect due to commercialization of developed products.
  ● IT Space was selected in KOTRA P500 for the project which was to foster promising exporters into international procurement companies by supporting international organizations and overseas government procurement markets.
  ● As a result of being selected as a global IP star company and striving to strengthen its competitiveness by securing a number of intellectual property rights at home and abroad, in February 2019, it acquired SME IP management certification.
  ● It is expected to secure buyer opportunities and overseas expansion opportunities by being selected as a promising small and medium-sized export company by the Ministry of Small and Medium Venture Business and a member company of K-ICT B2G Center, a subsidiary of the Ministry of Science and ICT.

EXIT Strategy

IT Space Co., Ltd. is pursuing the goal of becoming the No. 1 company in the global data asset trading platform with its flagship product, predictive maintenance system UYeG

Cumulative sales of 10.8 billion won in three years after commercialization
Scale up by expanding UYeG system business

◆ Build stand-alone system for super competitive industries, large corporations and public institutions
  ● By 2020, the company plans to establish an independent predictive maintenance system for smart factories ahead of the introduction of the initial smart factories.

◆ SMB (Small Business) Cloud Type UYeG
  ● It plans to collaborate with telecommunications companies to lower the amount and make real-time monitoring easier with monthly subscriptions.
  ● The ultimate goal of the advanced smart factory is to implement a fully automated efficiency process using data.
  ● It plans to secure competitiveness as a platform based on big data collected through the existing UYeG system.

◆ Preoccupy the market by using the strength of current predictive maintenance
  ● It plans to dominate Smart building market
  ● The company plans to dominate 700,000 smart buildings in Korea and preoccupy the underground facilities and smart safety markets.
  ● It will continue to increase sales by preoccupying the US, China, and European markets through domestic reference and local R & D.

◆ Plan through KOSDAQ Technology Special listing
  ● IT Space has already obtained TCB technology evaluation grade T1-3 from Korea Enterprise Data.
  ● In addition, according to the data released by the Financial Services Commission in June 2019, it is highly probable that the KOSDAQ technology special listing will be promoted by applying differentiated performance criteria for innovative companies related to the 4th Industrial Revolution.
  ● It aims to be listed by technology special listing in KOSDAQ market by achieving sales scale-up by 2023.

第四次产业必须具备的智能制造, UYeG智能工厂系统

UYeG是一种快速，容易且易于使用的事故故障维护解决方案，它使用基于AI技术的深度学习时间序列数据分析技术来反映突发的事故和故障。

从棒球希望之星到程序开发者变身IT领域专业企业CEOEO

IT空间的L ee Yeong Gyu这位代表是一位很有前途的球员，接到了大学的邀请，作为当时备受瞩目的选手，在小学，初中,高中学生时期作为棒球选手度过了10年以上但随着肩膀受伤，他放弃了运动。

放弃成为棒球选手的梦想探索新的发展方向，以电脑盲开始涉足SW开发这一陌生领域自然而然地陷入开发的魅力之中不分昼夜地深入开发。

之后,他开始开发现代重工业位于工业城市蔚山的蔚山工厂，专注于性能测量系统能源管理和测量业务.基于他在开发与工业相关的程序方面的长期经验，"于2001年5月开创了IT空间"-专注于环境能源和SCADA.目前，实现商用化成功的smartfactory的构建，以已经开发了AI为基础的UYeG(优也技)解决方案。

IT空间的UYeG解决方案是在事故故障发生前提前预警，如设备过载，运转不良等，就会发生警报，因此可以事前检查，不仅提高业务的灵活性及生产率，还防止了机械故障引发工伤的可能性，为建立安全的工作现场做出了贡献.IT空间追求的最终目标是事先预防产业界乃至社会的故障,事故,危险，打造守护财产和生命的技术。
多年来，我们通过向需要在韩国引进智能工厂的大公司、中小型企业和公共机构提供产品，将我们在能源监测管理和能源管理管理者方面的知识和经验扩展到智能制造工厂.在该领域额实现大数据深度学习和机器学习的工业数据与IT技术相结合。
凭借其在国内外市场公认的技术实力，计划成长为一家全球公司，并代表第四次工业革命的智能安全和智能城市以及智能工厂行业的中心。

340

01.高新技术特例上市可能性和47.5亿韩元的专利价值认证

KOSDAQ技术特例 符合上市条件的TCB技术评价

获得T1-3优秀等级

◆ TCB技术评估获T1-3优秀 等级

- 2018年从Korea Enterprise Data获得投资技术评估的TI-3等级以反映该公司的技术，适销性，业务可行性和管理能力。

- 技术评价T-3等级相当于技术水平的前20%，通过主动应对技术环境，给予未来成长可能性很高的企业。拥有多个知识产权，抢占技术领先于竞争企业，获得了中小企业知识产权认证书。。

- 根据金融委员会2019年6月发表的资料,很有可能通过对与第四次工业革命有关的创新公司采用差异化的绩效CEO筛选标准来促进KOSDAQ技术特别上市。

◆ 仅对拥有专利权中的3项的价值评估额就达47.52亿韩元。

- IT空间拥有的专利(90多项)中有3项专利被专门机构"韩国发明振兴会"认可，价值为47.25亿韩元

- 目前拥有智能工厂预知保全相关的国内专利申请48件/注册10件、海外专利申请39件/注册2件等多数知识产权，我们在竞争中占据了技术优势，还获得了中小企业知识产权认证书。。

02.全球已有6%的智能工厂，其中76%已准备好加入

◆ 建设智能工厂 巨大经济效用

- 根据凯捷(Capgemini)的数据，从2018年到2022年，通过引入智能工厂所创造的经济效应预计将达到1.5万亿美元。

- 另外，由此判断，制造企业在生产效率方面可以获得巨大的改善效果，由此带来的经济效用也会很大。

◆ 构建智能工厂的必备系统"预知保全"

- 智能工厂是结合了先进技术(例如物联网(IoT),人工智能(AI) 机器人和大数据分析)的智能工厂。

- 智能工厂的核心是，必须具备软件，使自动化设备通过连接与机械和人类的连

接能够顺畅高效地运行。

- 预知保全软件能够让设备自已意识到缺陷并将原因和进展状态通报给管理者，是智能工厂的核心之一。

◆ 不断增长的预知保全
- 预知保全技术预计将以每年39%的速度增长,到2022年市场规模预计将达到1096亿美元(约12.9万亿韩元)。
- 此外智能工厂在国内和金球市场的规模和前景也在稳步上升，IT空间的技术已经在多家公司中使用，并且有望进一步发展。

※ 预知保全市场
预知保金技术预计将在2016年以年与39%的速度增长全球上限为15亿美元到2022年为1096亿美元。

03. UYeG解决方案成功实现电流预知保全商用

◆ 包括现代起亚在内的仅UYeG,公司三年的累计销售额就达到108.6亿韩元
- UYeG当前的电流预知保全解决方案已于2016年商业化，已向现代起亚汽车公司交付了4.00台，并已登录备案为标准必须技术。
- 已经以其强大的价格竞争力(比现有设施的预知保全解决方案高40倍)和通过'智能EOCR'进行预知保全大数据挖掘的专利算法已经占领了国内市场。
- 与现有的设备预知保护解决方案相比，以40倍上的卓越价格竞争力和通过"智能EOCR"的预知保护大数据专利算法技术优势，已经在国内市场抢占了先机。
- 到目前为止，通过日进NTS、SK Innovation、韩国航空宇宙产业、晓星、POSCOICT、Kdnavien等公司的供货及开发，实力得到了认可。

◆ 高度可扩展的技术适用于电流流过的所有领域
- IT空间开发的"UYeG"采用电流方式，简便易安装且成本低，不仅适用于产业设备的主要驱动部电动机领域，还适用于大厦能源管理等流动电流的所有领域。
- 发挥着分析产业设备工程、改善初期设备条件、实现故障预知、寿命预测、从石油、化学、汽车、钢铁等制造设备到铁路、发电厂等，预防因突发停机事故造成的损失及维持最高效率的作用。

◆ 韩国数据产业振兴院主管数据处理项目选定了IT空间为数据加工供应企业，拥有产业大数据的数据挖掘和数据恢复方面优秀技术
  ● 进行预知保全的大数据提取最重要的方面，是知道哪些数据有意义并准确提取数据的能力。
  ● 通过(株)IT空间的ITS IoT传感器，拥有24小时在工业设备中产生的无数大数据中,仅提取需要 分析有意义的数据的专门技术能力。

◆ 第四次产业革命部门国务总理表彰科学技术信息通报部下属机关K-ICT本图全球中心成员公司,KOTRA P500，全球IP明星，选定出口希望中小企业的企业
  ● 因开发产品商用化带来的生产性提高，进口替代效果等功劳得到认可，2018年荣获国家生产性大会第4次产业革命部分特别奖国务总理表彰。
  ● 支持有前途的出口企业进入国际机构及海外政府采购市场将其培养成全球采购专门企业的事业被选定为KOTRA P500。
  ● 由于被选为全球明星企业，并通过在国内外获得一些知识产权而努力增强竞争力，因此于2019年2月获得了中小企业IP经营管理认证。
  ● 通过中小企业厅选择有前途的出口小型企业并选择科学技术，信息和通信部下属的K-ICT Bonto全球中心的成员公司，我们计划寻找买家并确保各种海外进军机会。

EXIT战略
IT空间以预知保全系统UYeG为基础，正在推进以全球数据资产交易平台市场第一名的企业为目标的事业

商用化后3年累计销售额108亿韩元
通过UYeG系统业务规模扩大

◆ 构建针对超竞争产业、大企业、公共机关的独立型系统
  ● 计划到2020年为止，构筑智能工厂的市场增长趋势和即将引进初期智能工厂的企业独立的预知保护系统。

◆ SMB(小型商务)云 UYeG
  ● 与通信公司合作，降低金额，利用月定额制，方便实时监控。
  ● 高度化智能工厂的最终目标是使用数据实施全自动效率过程。
  ● 计划以现有的UYeG系统收集的大数据为基础，确保作为平台的竞争力。

◆ 利用电流预知保全的优势抢占市场
- 计划席卷未来激活期待的智能大厦市场和国内智能大厦市场
- 计划席卷国内约70万座智能建筑,抢占地下设施,智能安全市场。
- 通过在国内积累的reference和持续的R&D,抢占美国,中国及欧洲市场,持续提高销售额。

◆ 通过KOSDAQ技术特例社长的计划
- 计划席卷期待未来活性化的智能大厦市场和国内智能大厦市场
- 计划席卷韩国国内约70万个智能大厦, 抢占地下设施、智能安全市场。
- 我们计划通过国内参考和本地研发来抢占美国、中国及欧洲市场, 持续提高销售额

◆ 通过KOSDAQ技术特例的未来战略计划
- IT空间已从获得TCB技术评价优秀等级T1-3
- 另外, 根据金融委员会2019年6月发表的资料, 对第四次产业革命相关革新企业适用差别化的业绩上市审查标准, 发表激活KOSDAQ技术特例上市, 因此以技术特例上市的可能性较高。
- 通过到2023年为止实现销售规模业, 目标是在KOSDAQ市场以技术特例上市

4次産業に必ず必要なスマート製造、
スマート工場システムUYeG

UYeGはAI技術をベースにしたディープラーニング時系列データ解析技術を用いて、予期せぬ突然の事故と故障をミラーで知らせるスピーディーかつ手軽に使える事故故障予知整備ソリューションである。

野球有望株からプログラム開発者であり、
IT分野の専門企業CEOに変身

IT空間のイヨンギュ代表は、今から30年余り前大学からスカウトを受けるなど、当時脚光を浴びた選手で、小中高時代10年以上を野球選手として日々を送った。しかし、肩にけがをして運動をやめることになった。

野球選手としての夢をあきらめ、新しい進路を模索しながらコンピューター音痴から始め、SW開発という馴染みの薄い分野に飛び込むことになった。そうして自然に開発の魅力にはまり、昼夜を問わず掘り下げるようになった。

その後、産業都市蔚山に現代重工業蔚山(ウルサン)工場の性能測定システム開発を皮切りに、エネルギー管理及び測定事業に没頭する長い産業現場関連プログラム開発経験をもとに、2001年5月(株) IT空間という環境、エネルギー、SCADA専門企業を創業し、現在商用化にソングゥンハンスマートファクトリーの構築に向けたAI基盤のユイェジ(UYeG)ソリューション開発にまで至ることになった。

IT空間のUYeGソリューションは事故が発生する前に過負荷であるが、運転不良が感知されると警報が発生するため、事前検査が可能で業務の柔軟性及び生産性を高めることはもちろん、機械故障による労災の可能性を防ぎ、安全な産業勤労の現場造成にも寄与している。

IT空間が追求する最終的な目標は、産業界、ひいては社会的な様々な故障、事故、危険を事前に予防し、財産と生命を守る技術を作ることだ。

長い間、国内屈指の大企業とスマート工鋼導入が必要な中小企業、公共機関などの製品公金を通じてエネルギー監視と管理、エネルギー経営で培った知識と経験をスマート製造工場事業に拡張させ、産業現場のビッグダエーターたちをマシンランニングやディープランニングといったIT技術と融合させてきた。

国内はもちろん世界市場で、技術力を認められ、4次産業革命を代表するスマート安全と、スマートシティ、スマートファクトリー産業の中心となるグローバル企業に成長していく計画だ。

投資ポイント01. 高い技術特例上場の可能性と47.5億ウォンの特許価値認定

コスダック技術特例上場要件に該当する
TCB技術評価T1-3優秀等級ゲット!

◆ TCB技術評価T1-3優秀等級獲得
- 企業の技術力や市場性、事業性、経営力量などを総合的に反映する評価で2018年(株)韓国企業データから投資用の技術評価T1-3等級を取得した。
- 技術評価T-3等級は技術力水準が上位20％に該当しており、技術環境に対する能動的対処を通じて、未来の成長可能性が非常に高い企業に与えられるランクだ。
- また、2019年6月金融委員会の発表資料によると、4次産業革命関連の革新企業に対して差別化された実績社長審査基準を適用し、コスダック(店頭市場)技術特例上場を活性化することを発表し、技術特例上場の可能性が高い。

◆ 保有特許権のうち3件に対する価値評価額だけで47.52億ウォン
- IT空間は、保有中の特許(90環境)のうち3件の特許の件について専門機関である'韓国発明振興会'で47.25億ウォンの価値を認められた。
- 現在、スマート工場予知保全関連の国内特許出願48件/登録10件、海外特許出願39件/登録1件など多数の知識財産権を保有して、ライバル会社より技術力の優位を先取りしており、中小企業、知識財産の認定証も獲得したことがある。

投資ポイント02. スマートファクトリー、世界6%がすでに導入、76%の導入準備中

◆ スマートファクトリー構築の莫大な経済的効用
- Capgeminiの資料によると、スマートファクトリーの導入を通じて創出される経済効果は2018年から2022年までに全世界的に最大1.5兆ドルに達するだろうと予想している。また、これにより、メーカは生産効率の面で多大な改善効果を享受でき、それによる経済的効用も大きいと判断している。

◆ スマートファクト構築の必須システム"予知保全"
- スマート工場は事物インターネット(IoT)、人工知能(AI)ロボット及びビッグデータ分析など先端技術が融合した知能化された工場を意味する。
- スマート工場の核心は自動化された設備が連結を通じて機械と人間との連結を通じて円滑で効率的に運転できるようにするソフトウェアが必須だ。
- 二重設備が自ら欠陥を認知し、原因と進展具合を管理者に通報する予知保全プログラムはスマート工場の核心の一つである。
- 予知保全技術は、現在は年平均39%増加するものと予測している。 2022年には約109.6億ドル(約12.9兆ウォン)規模の市場になるだろうとみられる。またスマート工場の国内および世界市場規模と展望も上昇傾向にある。 すでに様々な企業にIT空間の技術力が入っており、今後もますます成長できるものと判断される。

※ 予知保全市場
IoT Analytics Researchによると、予知保全技術は2016年15億ドル規模の世界の丈が年平均39%成長するものと予想しており、2022年には109.6億ドルになる見込み

投資ポイント03. 猶予地ソリューションで電流予知保全の商用化に成功

◆ 現代・起亜(キア)自動車を含むユイェジだけで3年以内の累積売上108.6億ウォンの実績
- 2016年に商用化に成果した電流予知保全のユイェジソリューションはすでに現代起亜(キア)自動車に4,000台を納品し、標準技術として登録した。
- 既存の設備予知保全ソリューション比40倍以上の卓越した価格競争力と'スマートEOCR'を通じた予知保全ビッグデータマイニングククホアルゴリズム技術を強みに国内市場ですでに優位を先取りした。

- また現在まで日進NTS、SKイノベーション、韓国航空宇宙産業、暁星、ポスコICT、京東ナビエンなどの納品及び開発を通じて実力を認められた。

◆ 電流が流れるすべての分野に適用可能な拡張性の高い技術
- アイティ空間で開発した「UYeG」は電流を利用する方式で、簡便な設置と最小コストで産業設備の主要駆動部であるモーター分野だけでなく、ビルエネルギー管理など電流が流れるすべての分野に最適化され、適用が可能である。
- 産業設備の工程分析、初期設備条件の改善、故障地、寿命予測を可能にすることにより、石油、化学、自動車、鉄鋼などの製造設備から、鉄道、発電所などでダウンタイム発生による被害の事前予防はもちろん、最高の効率を維持できるようにする役割を果たしている。

◆ 韓国データ産業振興院主管のデータバウチャー事業、データー加工供給企業選定
- 産業ビックデータのデータマイニングおよびデータリカバリ優秀技術を保有
- 予知保全のためのビッグデータ抽出の最も重要なのは、どのようなデーターが有意義なデータかを知り、データを正確に奏出できる能力が必要である。
- (株)ITS間のIoTセンサーを通じて24時間産業設備で発生する累積された数多くのビッグデーターのうち、有意義なデータのみを抽出、マッチング、分析する専門的な技術力を保有している。

◆ 4次産業革命部門の首相表彰、科学技術情報トンシブ傘下機関K-ICT見たトゥグルロボルセンターメンバー会社、KOTRA P500、グローバルIPスター、輸出有望な中小企業の選定企業
- 開発製品の商用化による生産性向上、輸入代替効果などの功労を認められ、2018年国家生産性大会4次産業革命の部分特別賞と首相表彰を授与された。
- の有望輸出企業の国際機関や海外の政府調達市場進出を支援してグローバル調達専門企業に育成する事業で、KOTRA P500に選定された。
- グローバル00スター企業に選定され、国内外の多数の知識財産権の確保を通じて競争力強化に努めてきた結果、2019年2月中小企業IP経営認証を獲得した。
- 中小ベンチャー企業部輸出有望中小企業の選定及び科学技術情報通信部の傘下機関であるK-ICT本ツーグローバルセンターメンバー社の選定を通じてバイヤー発掘及び多様な海外進出の機会を確保する予定だ

EXIT戦略

(株)IT空間は予知保全システムUYeGを基盤に、グローバルデータ資産取引プラットフォーム市場1位の企業を目標として事業を推進している

商用化後3ヵ年も累積売り上げ108億達成
UYeGシステム事業拡張によるスケールアップ

◆ 超競争産業、大企業、公共機関のための独立型システム構築
  ● 2020年までにスマートファクトリーの市場成長の勢いと初期スマートファクトリーの導入を控えた企業の独立的な予知保全システムを構築する計画だ

◆ SMB(スモールビジネス)クラウド型UYeG
  ● 通信会社と協業して価額を下げ、月額定額制を利用してリアルタイムモニタリングを利用しやすいようにする計画を立てている。
  ● 高度化スマートファクトリーの最終目標は、結局データを活用した完全自動効率化工程の実装である。
  ● 既存のUYeGシステムを通じて収集したビッグデータをベースにプラットフォームとしての競争力を確保する計画である。

◆ 電流予知保全の強みを利用した市場を先取り 未来活性化が期待するスマートビル市場 国内スマートビル市場を席巻する計画だ。
  ● 国内スマートビルの約70万個を席巻する計画であり、地下施設物、スマート安全市場を先取りする計画だ。韓国で積んだリファレンスと支所的なR&Dを通じて米国、中国、ヨーロッパ市場を先取りし、売上を持続的に高めていく予定だ。

◆ コスダック(店頭市場)技術特例社長を通じた000計画
  ● (株) IT空間はすでに(株)韓国企業データからTCB技術評価優秀等級T1-3獲得した
  ● また、2019年6月金融委員会の発表資料によると、4次産業革命関連の革新企業に対して差別化した実績上場審査基準を適用し、コスダック(店頭市場)技術特例上場を活性化することを発表し、技術特例上場の可能性が高い
  ● 2023年までの売上のスケールアップの達成を通じ、コスダック市場の技術特例上場を目標にしている。

스마트노멀
Smart Normal
スマートノーマル　智能常态

저　　　자 이영규, 윤혜진

저작권자 이영규, 윤혜진

1판 1쇄 발행 2020년 05월 18일
1판 2쇄 발행 2020년 12월 18일

발 행 처 하움출판사
발 행 인 문현광
교정교열 신선미
편　　　집 유별리
주　　　소 전라북도 군산시 축동안3길 20, 2층(수송동)
I S B N 979-11-6440-143-7

홈페이지 http://haum.kr/
이 메 일 haum1000@naver.com

좋은 책을 만들겠습니다.
하움출판사는 독자 여러분의 의견에 항상 귀 기울이고 있습니다.

이 도서의 국립중앙도서관 출판예정도서목록(CIP)은 서지정보유통지원시스템 홈페이지(http://seoji.nl.go.kr)와
국가자료종합목록 구축시스템(http://kolis-net.nl.go.kr)에서 이용하실 수 있습니다.(CIP제어번호 : CIP2020016233)